Das Betreuungsrecht
im internationalen Privatrecht

Europäische Hochschulschriften

Publications Universitaires Européennes
European University Studies

Reihe II
Rechtswissenschaft

Série II Series II
Droit
Law

Bd./Vol. 2532

PETER LANG
Frankfurt am Main · Berlin · Bern · New York · Paris · Wien

Elisabeth Nitzinger

Das Betreuungsrecht im internationalen Privatrecht

PETER LANG
Europäischer Verlag der Wissenschaften

Die Deutsche Bibliothek - CIP-Einheitsaufnahme

Nitzinger, Elisabeth:

Das Betreuungsrecht im internationalen Privatrecht / Elisabeth Nitzinger. - Frankfurt am Main ; Berlin ; Bern ; New York ; Paris ; Wien : Lang, 1998
(Europäische Hochschulschriften : Reihe 2, Rechtswissenschaft ; Bd. 2532)
Zugl.: Regensburg, Univ., Diss., 1998
ISBN 3-631-33978-X

Gedruckt auf alterungsbeständigem,
säurefreiem Papier.

D 355
ISSN 0531-7312
ISBN 3-631-33978-X

Printed in Germany 1 2 3 4 5 7

Meinen Eltern

und

Momi

Vorwort

Diese Arbeit hat im Wintersemester 1997/1998 der Juristischen Fakultät der Universität Regensburg als Dissertation vorgelegen. Rechtsprechung und Literatur sind bis April 1997 berücksichtigt.

Mein besonderer Dank gilt an dieser Stelle Herrn Prof. Dr. Dott. h.c. Dieter Henrich, der die Arbeit angeregt und mit Interesse und Geduld betreut hat, sowie Herrn Prof. Dr. Peter Gottwald für die zügige Erstellung des Zweitgutachtens. Zum Dank verbunden bin ich auch Frau Prof. Dr. Dagmar Coester-Waltjen. Auch nach Abschluß meiner Tätigkeit an ihrem Lehrstuhl stand mir durch ihre Unterstützung zu jeder Zeit ein Arbeitsplatz im Institut für Internationales Recht und Rechtsvergleichung der Ludwig-Maximilians-Universität in München zur Verfügung.

Danken möchte ich all den Freunden, die mich geduldig bei der Erstellung der Arbeit unterstützten. Vor allem seien hier genannt Sibylle Dworazik, Dr. Wolfgang Beckstein und Helmut Spann.

Inzell, im Juli 1998

Elisabeth Nitzinger

Inhaltsverzeichnis

Abkürzungsverzeichnis

a.A.	anderer Ansicht
ABGB	Allgemeines Bürgerliches Gesetzbuch
Abs.	Absatz
AcP	Archiv für civilistische Praxis
a.E.	am Ende
a.F.	alte Fassung
AG	Amtsgericht
Alt.	Alternative
AMG	Arzneimittelgesetz
Anh.	Anhang
Anm.	Anmerkung
Art., Artt.	Artikel
Aufl.	Auflage
Bay.	Bayern
BayObLG	Bayerisches Oberstes Landesgericht
BayObLGZ	Entscheidungen des Bayerischen Obersten Landesgerichts in Zivilsachen
Bd.	Band
Berl.	Berlin
BGB	Bürgerliches Gesetzbuch
BGBl.	Bundesgesetzblatt
BGH	Bundesgerichtshof
BGHZ	Entscheidungen des Bundesgerichtshofs in Zivilsachen
BR-Drucks.	Bundesratsdrucksache
Brem.	Bremen
BT-Drucks.	Bundestagsdrucksache
BtG	Betreuungsgesetz
BtPrax	Betreuungsrechtliche Praxis
BVerfG	Bundesverfassungsgericht
BVerfGE	Entscheidungen des Bundesverfassungsgerichts
bzw.	beziehungsweise
C.c.	Code civil, Codice civile
DAVorm	Der Amtsvormund
ders.	derselbe

d.h.	das heißt
Diss.	Dissertation
EGBGB	Einführungsgesetz zum Bürgerlichen Gesetzbuch
Einf.	Einführung
Einl.	Einleitung
EMRK	Europäische Menschenrechtskonvention
EuGRZ	Europäische Grundrechtszeitschrift
EuGVÜ	Brüsseler EWG-Übereinkommen über die gerichtliche Zuständigkeit und die Vollstreckung gerichtlicher Entscheidungen in Zivil- und Handelssachen
f., ff.	folgende
FB	föräldrabalken
FamRZ	Zeitschrift für das gesamte Familienrecht
FEVG	Gesetz über das gerichtliche Verfahren bei Freiheitsentziehung
FGG	Gesetz über die Angelegenheiten der freiwilligen Gerichtsbarkeit
Fn.	Fußnote
FuR	Familie und Recht
GG	Grundgesetz
Hes.	Hessen
h.M.	herrschende Meinung
Hmb.	Hamburg
hrsg.	herausgegeben
IPR	internationales Privatrecht
IPRax	Praxis des Internationalen Privat- und Verfahrensrechts
IPRG	Gesetz zur Neuregelung des Internationalen Privatrechts
i.V.m.	in Verbindung mit
Jura	Juristische Ausbildung
JW	Juristische Wochenschrift
JZ	Juristenzeitung

Kap.	Kapitel
KG	Kammergericht
krit.	kritisch
Komm	Kommentar
LG	Landgericht
LSA	Land Sachsen-Anhalt
MSA	Haager Übereinkommen über die Zuständigkeit der Behörden und das anzuwendende Recht auf dem Gebiet des Schutzes von Minderjährigen
MünchKomm	Münchener Kommentar
MV	Mecklenburg-Vorpommern
m.w.N.	mit weiteren Nachweisen
Nds.	Niedersachsen
n.F.	neue Fassung
NJW	Neue Juristische Wochenschrift
Nr.	Nummer
NW	Nordrhein-Westfalen
OLG	Oberlandesgericht
PsychKG	Gesetz für psychisch Kranke
RabelsZ	Zeitschrift für ausländischen und internationales Privatrecht
RG	Reichsgericht
RGBl.	Reichsgesetzblatt
RGZ	Entscheidungen des Reichsgerichts in Zivilsachen
RhP	Rheinland-Pfalz
R & P	Recht und Psychatrie
Rpfleger	Der Deutsche Rechtspfleger
Rz	Randziffer
S.	Seite, Satz, Siehe
s.	siehe
Saarl.	Saarland
sec.	section
SH	Schleswig-Holstein

SH	Schleswig-Holstein
s.o.	siehe oben
StAZ	Das Standesamt
StGB	Strafgesetzbuch
StPO	Strafprozeßordnung
str.	streitig
u.a.	unter anderem
UBG	Unterbringungsgesetz
UN	United Nations
Univ.	Universität
UnterbrG	Unterbringungsgesetz
UntGes	Unterbringungsgesetz
v.	von
vgl.	vergleiche
Vorbem.	Vorbemerkung
z.B.	zum Beispiel
ZGB	Zivilgesetzbuch
Ziff.	Ziffer
ZPO	Zivilprozeßordnung
ZRP	Zeitschrift für Rechtspolitik
ZZP	Zeitschrift für Zivilprozeß

Einleitung

Nach langen Vorarbeiten und ausführlichen Diskussionen trat am 1.1.1992 das Gesetz zur Reform des Rechts der Vormundschaft und Pflegschaft für Volljährige (Betreuungsgesetz)[1] in Kraft. Hauptziel dieser Reform war die Stärkung der Rechte kranker oder behinderter Menschen. Die persönlichen Bedürfnisse der/des[2] einzelnen sollten, wie das Beispiel § 1901 BGB zeigt, in den Vordergrund treten. Das Selbstbestimmungsrecht der Betroffenen wurde gestärkt, indem nur im Rahmen der Erforderlichkeit vormundschaftsgerichtliche Maßnahmen angeordnet werden dürfen (§§ 1896, 1903 BGB). Auch wurden erstmals Regelungen hinsichtlich medizinischer Heilbehandlungen (§ 1904 BGB), der Sterilisation (§ 1905 BGB) und der zivilrechtlichen Unterbringung (§ 1906 BGB) in das Gesetz mitaufgenommen.

Das Betreuungsgesetz konnte jedoch nicht alle Erwartungen, die in das Reformwerk gesetzt wurden, erfüllen. Ein großer Teil der Regelungen, die ein Eingehen auf die persönlichen Bedürfnisse des Betroffenen bewirken sollten, scheiterten im Alltag an zu wenig Personal, an zu hohen Kosten[3]. Eine Reform der Reform steht bereits bevor[4].

Trotz der Schwierigkeiten, die die Umsetzung des Betreuungsrechts in der Praxis mit sich bringt, enthält es viele Ansätze im Bereich des Schutzes der persönlichen Rechtssphäre, die auch Auswirkungen auf andere Rechtsgebiete haben können und haben sollten.

Gerade die Hinwendung zur Person des Betroffenen kann nicht ohne Auswirkung auf die kollisionsrechtliche Behandlung des Betreuungsrechts bleiben. Auch das internationale Privatrecht versucht durch verschiedene Anknüpfungen einen Ausgleich zwischen den Interessen des Einzelnen, des Rechtsverkehrs und des Staates zu finden.

Inwieweit die Regelungen und neuen Schwerpunkte des Betreuungsrechts gerade im persönlichen Bereich auch Auswirkungen auf das internationale Privatrecht haben, soll Gegenstand der nun folgenden Untersuchung sein.

---

[1] BGBl. 1990 Teil I, 2002 ff.

[2] In der weiteren Arbeit wird, um die Lesbarkeit zu erleichtern, nur entweder die weibliche oder die männliche Form gebraucht.

[3] Prantl, Im starken Staat kommt der Schwache zuletzt, BtPrax 1997, 3 ff.

[4] Vgl. Weber/Wienand, Zur Änderung des Betreuungsrechts, FuR 1996, 241 ff.

Ausgangspunkt ist hierbei Art. 24 EGBGB. Dieser enthält die kollisionsrechtlichen Regelungen, die die Betreuung betreffen.
Zunächst wird deshalb der Anwendungsbereich des Art. 24 EGBGB bestimmt, d.h. der Begriff der Betreuung im Sinne von Art. 24 EGBGB wird definiert und von verwandten Begriffen wie Vormundschaft, Pflegschaft und Entmündigung abgegrenzt.
Im Anschluß daran werden die Geltungsbereiche von Art. 24 Abs. 1 S. 1, Art. 24 Abs. 1 S. 2 und Art. 24 Abs. 3 EGBGB anhand der Regelungen des deutschen Sachrechts bestimmt.
Als drittes beschäftigt sich die Arbeit mit der Anerkennung ausländischer Entscheidungen auf dem Gebiet des Betreuungsrechts, insbesondere mit der Anerkennung ausländischer Entmündigungen.
Im Anschluß daran folgen noch Erwägungen zum Schutz des inländischen Rechtsverkehrs gemäß Art. 12 EGBGB, da durch diese Regelung der Schutz des Betroffenen zugunsten des Rechtsverkehrs eingeschränkt wird.

Kapitel 1: Anwendungsbereich des Art. 24 EGBGB

I. Einführung

Als Teil des deutschen internationalen Privatrechts regelt Art. 24 EGBGB die Voraussetzungen für die Anwendung ausländischen oder deutschen Rechts bei Vormundschaft, Betreuung oder Pflegschaft. Es stellt sich hierbei zunächst die Frage nach dem Anwendungsbereich des Art. 24 EGBGB, d.h. welche ausländischen Rechtsinstitute der stellvertretenden Fürsorge unter Art. 24 EGBGB einzuordnen sind. Im internationalen Privatrecht wird diese Frage unter dem Begriff Qualifikation erörtert.

Um den Anwendungsbereich des Art. 24 EGBGB anschließend zu bestimmen, soll zunächst das Problem der Qualifikation grundsätzlich dargestellt werden. Hierbei können nur in gebotener Kürze die Gesichtspunkte angeschnitten werden, die für die weitere Erörterung wichtig erscheinen.

1. Begriff der Qualifikation

Schon darüber, was unter Qualifikation zu verstehen ist, besteht keine Einigkeit.
Teilweise wird als Qualifikation die Auslegung einer Kollisionsnorm verstanden[1].
Mit der h.M. ist jedoch unter Qualifikation mehr zu verstehen als die bloße Auslegung kollisionsrechtlicher Begriffe. Qualifikation setzt Auslegung der Norm voraus, erschöpft sich aber nicht in ihr. Die Qualifikation ist vielmehr die Subsumtion des Qualifikationsgegenstandes unter den Tatbestand einer Kollisionsnorm[2].

---

[1] Z.B. Niederer, Einführung in die allgemeinen Lehren des internationalen Privatrechts, S. 252; Frankenstein, Internationales Privatrecht, Bd. I, S. 278.

[2] Neuhaus, Die Grundbegriffe des internationalen Privatrechts, S. 113 f.; Kropholler, Internationales Privatrecht, § 14 I 1, S. 98; Rabel, Das Problem der Qualifikation, RabelsZ 5 (1931), S. 241, 242; Wengler, Die Qualifikation der materiellen Rechtssätze im internationalen Privatrecht, Festschrift für Martin Wolff, S. 337; Makarov, Theorie und Praxis der Qualifikation, Festschrift für Hans Dölle, Bd. II, S. 149, 151; Looschelders, Die Anpassung im Internationalen Privatrecht, S. 140 f.; MünchKomm-Sonnenberger, EGBGB, Einl., Rz 340 ff.

2. Qualifikationsgegenstand

Auch hinsichtlich des Gegenstandes, der unter den Tatbestand einer Kollisionsnorm subsumiert wird, gehen die Meinungen auseinander.

Zum einen wird die Meinung vertreten, Gegenstand der Qualifikation sei ein Sachverhalt bzw. Lebensverhältnis[3].

Zum Beispiel: Die französische Staatsangehörige A, die seit mehreren Jahren in der Bundesrepublik Deutschland lebt, erleidet einen Gehirnschlag und wird aufgrund dessen zu einem Pflegefall. Eine Unterbringung in ein Pflegeheim wird dadurch erforderlich. Aufgrund ihres gesundheitlichen Zustandes ist A nicht in der Lage den Heimvertrag selbständig abzuschließen.

Dieser Sachverhalt allein reicht nicht aus, um das anwendbare Recht zu bestimmen. Es muß vielmehr erst bestimmt werden, in welcher Hinsicht dieser Sachverhalt rechtlich relevant ist.
Die Frage nach dem anwendbaren Recht, also nach der Kollisionsnorm, ergibt sich erst, wenn ein Lebenssachverhalt auf seine rechtliche Relevanz überprüft wurde[4]. Zwar ist es richtig, daß das auf den Lebenssachverhalt anzuwendende Recht erst zu bestimmen ist, die rechtliche Relevanz eines Sachverhaltes ergibt sich aber schon vorher. Im Beispielsfall stellt sich die Frage nach einer wirksamen Vertretung der A bei Abschluß des Heimvertrages durch einen Bevollmächtigten oder durch einen gesetzlichen Vertreter unabhängig vom anzuwendenden Recht.

Grundlage für die Qualifikation ist vielmehr die sich aus einer zunächst allgemein gehaltenen rechtlichen Einordnung eines Sachverhalt ergebende Rechtsfrage[5].

---

[3] V. Bar, Internationales Privatrecht, Bd. 1, Rz 606; Rabel, Das Problem der Qualifikation, RabelsZ 5 (1931), 241, 245.

[4] Kahn, Abhandlungen zum internationalen Privatrecht, Bd. I, S. 93.

[5] Neuhaus, Die Grundbegriffe des internationalen Privatrechts, S. 120; Makarov, Theorie und Praxis der Qualifikation, Festschrift für Hans Dölle, S. 149, 158 f.; Kropholler, Internationales Privatrecht, § 15 I 3, S. 102; Weber, Die Theorie der Qualifikation, S. 228 f.; Grundmann, Qualifikation gegen die Sachnorm, S. 5; MünchKomm-Sonnenberger, EGBGB, Einl., Rz 345.

3. Qualifikationsstatut

Sehr umstritten ist die Frage, welches Recht einer Qualifikation zugrundegelegt werden soll.

Das internationale Privatrecht hat zur Aufgabe, Rechtsfragen einem ihnen entsprechenden Recht zuzuweisen. Um dies bewerkstelligen zu können, muß sich das Kollisionsrecht Kategoriebegriffen bedienen. Im Rahmen des Streits um das Qualifikationsstatut geht es gerade darum, auf der Grundlage welchen Rechts diese Kategoriebegriffe mit Inhalten zu füllen sind.

In Betracht kommen hierbei die lex fori[6], die lex causae[7] und rechtsvergleichend gewonnene Inhalte[8].
Gegen eine reine Anwendung der lex causae und der rechtsvergleichenden Auslegung spricht, daß der Anwendungsbereich der Norm nicht mehr von derjenigen Rechtsordnung bestimmt wird, der die Norm angehört[9]. Das Kollisionsrecht hat aber gerade die Aufgabe, zu regeln, wann auf die Anwendung eigenen Sachrechts zugunsten eines fremden Sachrechts verzichtet werden soll.
Zudem besteht die Schwierigkeit der Auswahl der heranzuziehenden Rechtsordnungen.

Bei der Auslegung der Kategoriebegriffe, die in Kollisionsnormen verwendet werden, ist daher grundsätzlich das Recht zugrundezulegen, dem die Kollisionsnorm angehört[10].

---

6 Kahn, Abhandlungen zum internationalen Privatrecht, S. 111; Neuhaus, Die Grundbegriffe des internationalen Privatrechts, S. 123; Kropholler, Internationales Privatrecht, § 16 I, S. 105; Makarov, Theorie und Praxis der Qualifikation, Festschrift für Hans Dölle, S. 149, 164; Grundmann, Qualifikation gegen die Sachnorm, S. 80; Soergel-Kegel, EGBGB, Vor Art. 3, Rz 121 (der es allerdings als kollisionsrechtliche Lösung bezeichnet); Basedow, Qualifikation, Vorfrage und Anpassung im Internationalen Zivilverfahrensrecht, in: Materielles Recht und Prozeßrecht und die Auswirkungen der Unterscheidung im Recht der internationalen Zwangsvollstreckung, S. 132, 134;

7 Wolff, Das internationale Privatrecht Deutschlands, S. 54.

8 Rabel, Das Problem der Qualifikation, RabelsZ 5 (1931), S. 241, 287.

9 A.A. Gamillscheg, Überlegungen zur Methode der Qualifikation, in: Vorschläge zur Reform des deutschen internationalen Personen-, Familien- und Erbrechts, S. 244 f., dieser hält je nach Fallgestaltung eine Qualifikation nach der lex fori oder der lex causae für möglich (S. 250 ff.).

10 Neuhaus, Die Grundbegriffe des internationalen Privatrechts, S. 123; Kropholler, Internationales Privatrecht, § 16 I, S. 105; Makarov, Theorie und Praxis der Quali-

Da die Kategoriebegriffe den Zweck haben, gerade auch außerhalb der eigenen Rechtsordnung bekannte, ähnliche Rechtsinstitute zu erfassen, weist das Kollisionsrecht über das eigene Recht hinaus. Zudem berücksichtigt der Gesetzgeber bei der Bildung eines Kategoriebegriffes nur die typischen Vertreter einer Kategorie im internen Recht[11].
Hieraus ergibt sich, daß eine Gleichsetzung der Begriffe des internen Sachrechts mit den Begriffen des Kollisionsrechts weder dem Sinn und Zweck des Kollisionsrechts noch dem Willen des Gesetzgebers entspricht[12].

Vielmehr ist anhand der lex fori ein Begriffskern des kollisionsrechtlichen Kategoriebegriffs zu bilden, der sich an Sinn und Zweck der Kollisionsnorm orientiert. Aufgrund eines Ähnlichkeitsurteils kann dann bestimmt werden, inwieweit eine Rechtsfigur eines fremden Rechts unter diesen Begriff eingeordnet werden kann[13].
Bei der Bestimmung dieses Begriffskerns sind die Grundzüge, Grundgedanken und Sinn und Zweck der nationalen Regelung und des soziologischen Sachverhalts, der durch diese Regelungen erfaßt werden soll, herauszuarbeiten. Dies erfolgt nach den herkömmlichen Methoden, die bei der Auslegung innerstaatlicher Normen angewandt werden[14]. Zur Erweiterung des Blickwinkels ist hierbei auch ein rechtsvergleichender Blick auf andere Rechtsordnungen zu werfen[15]. Dies insbesondere auch deshalb, um Ähnlichkeitskriterien für die spätere Qualifikation auf der Grundlage des Begriffskerns zu erhalten.

---

fikation, Festschrift für Hans Dölle, S. 149, 164; Grundmann, Qualifikation gegen die Sachnorm, S. 14 f.

[11] Grundmann, Qualifikation gegen die Sachnorm, S. 17.

[12] Eine solche "erweiternde" Auslegung der kollisionsrechtlichen Kategoriebegriffe liegt den meisten Qualifikationstheorien zugrunde und wird als funktionale Qualifikation bezeichnet: Weber, Die Theorie der Qualifikation, S. 241; Looschelders, Die Anpassung im Internationalen Privatrecht, S. 151; MünchKomm-Sonnenberger, EGBGB, Einl., Rz 353 ff.; Heyn, Die "Doppel-" und "Mehrfachqualifikation" im IPR, S. 18.

[13] Weber, Die Theorie der Qualifikation, S. 233.

[14] MünchKomm-Sonnenberger, EGBGB, Einl., Rz 353; Heyn, Die "Doppel-" und die "Mehrfachqualifikation" im IPR, S. 28.

[15] Coester-Waltjen, Internationales Beweisrecht, Rz 17; vgl. zur Aufgabe der Rechtsvergleichung: Rheinstein, Einführung in die Rechtsvergleichung, S. 25 ff.

II. Begriff der Betreuung

Um eine Grundlage für eine Qualifikation zu schaffen, ist zunächst zu bestimmen, was nach deutschem Recht unter Betreuung in Sinne von Art. 24 EGBGB zu verstehen ist. Erst dann ist es möglich ausländische Rechtsinstitute einzuordnen.
Dabei ist der Begriff der Betreuung auch von den deutschen Rechtsinstituten Vormundschaft und Pflegschaft abzugrenzen, da beide Begriffe ebenfalls in Art. 24 EGBGB verwendet werden. Eine Abgrenzung ist erforderlich, da im Unterschied zur Betreuung bei Vormundschaft und Pflegschaft gemäß Art. 24 Abs. 1 S. 1 EGBGB der Inhalt einer gesetzlichen Vormundschaft und Pflegschaft dem Heimatrecht des Betroffenen unterstellt wird, während der Inhalt einer angeordneten Vormundschaft, der angeordneten Pflegschaft und der Betreuung gemäß Art. 24 Abs. 3 EGBGB dem Recht des anordnenden Staates unterliegt.
Auch ist gemäß Art. 24 Abs. 1 S. 2 EGBGB nur die Anordnung einer Betreuung nach deutschem Recht für einen ausländischen Betroffenen möglich, wenn dieser seinen gewöhnlichen Aufenthalt oder, mangels eines solchen, seinen Aufenthalt in der Bundesrepublik Deutschland hat.

1. Auslegung nach dem Wortsinn

Die Auslegung nach dem Wortsinn ist die Grundlage jeder anderen Auslegung. Sie zeigt die sprachlich möglichen Bedeutungsvarianten auf. Nur innerhalb dieser Interpretationsmöglichkeiten ist eine Auslegung der Norm gegeben, was darüber hinausgeht, ist ergänzende Rechtsfortbildung[16].
Maßstab für die Auslegung nach dem Wortsinn ist der allgemeine bzw. - soweit vorhanden - der besondere juristische Sprachgebrauch[17].

Die Begriffe "Vormundschaft" und "Pflegschaft" sind dem besonderen juristischen Sprachgebrauch entnommen.
Hinsichtlich des Begriffes "Betreuung" wurde in den das Betreuungsgesetz vorbereitenden Gutachten und Gesetzentwürfen gerade auch zur Bezeichnung des neuen Rechtsinstituts Stellung genommen[18]. Neben der

---

[16] Larenz, Methodenlehre der Rechtswissenschaft, S. 322 f.; Bydlinski, Juristische Methodenlehre und Rechtsbegriff, S. 441.

[17] Bydlinski, Juristische Methodenlehre und Rechtsbegriff, S. 439.

[18] BT.-Drucks. 11/4528, S. 114 f.; Holzhauer, Empfiehlt es sich, das Entmündigungsrecht, das Recht der Vormundschaft und der Pflegschaft über Erwachsene sowie

Bezeichnung "Betreuung" wurden vor allem noch die Begriffe "Sachwalterschaft" und "Beistandschaft" erörtert[19].
Diese Diskussion zeigt, daß der Begriff "Betreuung" zwar aus dem allgemeinen Sprachgebrauch entlehnt wurde, aber nunmehr in anderer Bedeutung als Bezeichnung für ein neu geschaffenes Rechtsinstitut dienen sollte. Für die Auslegung des Begriffes "Betreuung" nach seinem Wortsinn ist somit ebenfalls der besondere juristische Sprachgebrauch heranzuziehen.

a) Vormundschaft, Betreuung und Pflegschaft sind im derzeitigen geltenden deutschen Sachrecht feststehende Begriffe für besonders ausgestaltete Rechtsinstitute der stellvertretenden Fürsorge.

- Vormundschaft ist gemäß §§ 1773 ff. BGB[20] eine fürsorgende Maßnahme gegenüber Minderjährigen, die nicht vollgeschäftsfähig sind und nicht unter elterlicher Sorge stehen.

- Betreuung ist gemäß §§ 1896 ff. BGB die Form der Drittfürsorge für Volljährige[21], die ihre eigenen Angelegenheiten nicht mehr vollständig selbst wahrnehmen können, ohne daß hierbei grundsätzlich in die Geschäftsfähigkeit des Betroffenen eingegriffen wird.

- Pflegschaft ist gemäß §§ 1705 ff. BGB[22] und §§ 1909 ff. BGB vormundschaftliche Fürsorge[23] mit begrenztem Wirkungskreis[24], die nicht

---

das Unterbringungsrecht neu zu ordnen?: Gutachten B (Juristisches Teilgutachten), S. B 60 f.

[19] BT.-Drucks. 11/4528, S. 114 f.

[20] Vom Wortsinn ist von Art. 24 EGBGB auch Amtsvormundschaft und -pflegschaft erfaßt. Nach h.M. unterliegen diese jedoch einer Sonderregelung. Die Amtsvormundschaft bzw. -pflegschaft unterfallen als Einschränkung des Sorgerechts der nichtehelichen Mutter der Regelung des Art. 20 Abs. 2 EGBGB; dies ergibt sich aus Sinn und Zweck der Regelung. Siehe hierzu Kropholler, Internationales Privatrecht, § 50 II 2, S. 374; Palandt-Heldrich, EGBGB, Art. 24, Rz 5; Erman-Hohloch, Art. 24 EGBGB, Rz 9; teilweise abweichend Staudinger-Kropholler, EGBGB, Art. 24 Rz 45 ff.; MünchKomm-Klinkhardt, EGBGB, Art. 24, Rz 51.

[21] Die Begriffe "volljährig" oder "erwachsen" umfassen im folgenden auch für volljährig erklärte Minderjährige.

[22] Vom Wortsinn ist von Art. 24 EGBGB auch Amtsvormundschaft und -pflegschaft erfaßt. Nach h.M. unterliegen diese jedoch einer Sonderregelung. Die Amtsvormundschaft bzw. -pflegschaft unterfallen als Einschränkung des Sorgerechts der nichtehelichen Mutter der Regelung des Art. 20 Abs. 2 EGBGB; dies ergibt sich aus Sinn und Zweck der Regelung. Siehe hierzu Kropholler, Internationales Privatrecht, § 50 II 2, S. 374; Palandt-Heldrich, EGBGB, Art. 24, Rz 5; Erman-

Betreuung ist[25] und auf die Geschäftsfähigkeit des Betroffenen keinen Einfluß hat.

Die Auslegung kollisionsrechtlicher Begriffe ist aber wegen des internationalen Bezugs des Kollisionsrechts nicht an die Systembegriffe des innerstaatlichen Sachrechts gebunden[26]. Bei den vorliegenden Definitionen ergeben sich Schwierigkeiten mit der Einordnung von ausländischen Rechtsinstituten der stellvertretenden Fürsorge, die in die Geschäftsfähigkeit eingreifen, wie z.B. die Erwachsenenvormundschaft nach französischem Recht (tutelle des majeurs; Artt. 492 ff. C.c.), da unter Betreuung nach deutschem Recht nur drittfürsorgende Maßnahmen ohne Eingriff in die Geschäftsfähigkeit zu verstehen sind und unter Vormundschaft nur Maßnahmen gegenüber Minderjährigen fallen.

b) Demzufolge wäre eine andere Auslegungsmöglichkeit folgende:

- Als Vormundschaften sind alle diejenigen Fürsorgemaßnahmen einzuordnen, die darauf gründen, daß der Betroffene nicht geschäftsfähig ist, in seiner Geschäftsfähigkeit beschränkt ist oder ihm die Geschäftsfähigkeit entzogen wurde.

- Unter Betreuung sind alle die fürsorgenden Maßnahmen für Volljährige erfaßt, die bei geschäftsfähigen Personen erforderlich sind, wenn diese ihre Angelegenheiten nicht mehr im vollem Umfang selbst wahrnehmen können.

- Unter den Begriff Pflegschaft fallen alle Maßnahmen der vormundschaftlichen Fürsorge mit begrenztem Wirkungskreis, die nicht Betreuung sind und auf die Geschäftsfähigkeit des Betroffenen keinen Einfluß haben.

Hohloch, EGBGB, Art. 24, Rz 9; teilweise abweichend Staudinger-Kropholler, EGBGB, Art. 24, Rz 45 ff.; MünchKomm-Klinkhardt, EGBGB, Art. 24, Rz 51.

[23] Insoweit wird nur der hier relevante Kernbereich der Pflegschaft berücksichtig, vgl. Gernhuber/Coester-Waltjen, Familienrecht, § 75 I, S. 1210 f.: vermögensbezogene Pflegschaften.

[24] Henrich, Familienrecht, § 26 III 1, S. 314; Palandt-Diederichsen, Einf. vor § 1909, Rz 1.

[25] Auch der Aufgabenkreis des Betreuers ist beschränkt und darf sich nur soweit erforderlich erstrecken, § 1896 BGB.

[26] Kropholler, Internationales Privatrecht, § 16 II 2, S. 107 f.; Heyn, Die "Doppel-" und "Mehrfachqualifikation" im IPR, S. 24 f.; Dörner, Qualifikation im IPR - Ein Buch mit sieben Siegeln?, StAZ 1988, S. 345, 350.

Diese Einordnung würde sich insoweit von den Systembegriffen des deutschen Sachrechts unterscheiden, als unter "Vormundschaft" auch Maßnahmen gegen Volljährige einbezogen sind. "Betreuung" würde danach nur die früher unter den Begriff "Gebrechlichkeitspflegschaft" (§ 1910 BGB a.F.) fallenden Maßnahmen beinhalten.
Die Erwachsenenvormundschaft nach französischem Recht wäre danach unter dem Begriff "Vormundschaft" einzuordnen, auch wenn erst ihre Anordnung den Betroffenen in seiner Geschäftsfähigkeit beschränkt (Art. 492 C.c.).

c) Als weiterer möglicher Wortsinn für "Betreuung" kommt in Abgrenzung zu "Vormundschaft" und "Pflegschaft" in Betracht:

- Vormundschaft erfaßt alle Maßnahmen der vollumfassenden Fürsorge für Minderjährige.

- Betreuung umfaßt alle fürsorgenden Maßnahmen gegenüber Volljährigen, unabhängig davon, ob die Geschäftsfähigkeit berührt wird.

- Pflegschaft erstreckt sich auf alle Maßnahmen der vormundschaftlichen Fürsorge mit begrenztem Wirkungskreis gegenüber Minderjährigen.

In diesem Fall würden von dem kollisionsrechtlichen Begriff der Betreuung, anders als im deutschen Sachrecht, sowohl die in die Geschäftsfähigkeit eingreifende Maßnahmen, wie sie das deutsche Recht nicht mehr kennt - läßt man das Rechtsinstitut des Einwilligungsvorbehalts einmal außer acht -, als auch die nach deutschem Sachrecht als Pflegschaften bezeichneten Pflegschaften gegenüber Volljährigen nach §§ 1911, 1913 BGB erfaßt werden.
Der Begriff "Vormundschaft" würde dem sachrechtlichen Systembegriff entsprechen. Die "Pflegschaft" würde sich anders als im deutschen Sachrecht nicht auf Volljährige beziehen.

In diesem Fall wäre die Erwachsenenvormundschaft nach französischem Recht unter dem Begriff "Betreuung" einzustufen.

Basierend auf den drei gefundenen Möglichkeiten des Wortsinns des Begriffes "Betreuung" ist nun mit Hilfe der systematischen, historischen und teleologischen Auslegung zu ermittelt, welcher Wortsinn dem Begriff "Betreuung" zuzuordnen ist.

2. Systematische Auslegung

Zur Einschränkung und Konkretisierung der möglichen Bedeutungsvarianten ist als weiteres Auslegungskriterium der Bedeutungszusammenhang heranzuziehen. Hierbei ist der Kontext zu berücksichtigen, in dem der Begriff bzw. die Norm steht, der äußere Aufbau des Gesetzes und die zugrunde liegende begriffliche Systematik, soweit diese Schlüsse zuläßt[27].

a) Untersucht man zunächst die Regelung des Art. 24 EGBGB, so fällt auf, daß bzgl. der Betreuung eine andere Regelung als bei Vormundschaft und Pflegschaft getroffen wurde.
Anders als bei Vormundschaft und Pflegschaft wird nicht zwischen angeordneter und gesetzlicher Betreuung unterschieden (Art. 24 Abs. 1 S. 1, Abs. 3 EGBGB) und es besteht nur hinsichtlich der Betreuung die Möglichkeit einer Anordnung nach deutschem Recht bei gewöhnlichem oder schlichtem Aufenthalts eines Angehörigen eines fremden Staates in der Bundesrepublik Deutschland (Art. 24 Abs. 1 S. 2 EGBGB).

Zunächst zur Unterscheidung von gesetzlicher und angeordneter Maßnahme: Eine solche Unterscheidung macht nur dort Sinn, wo beide Formen der Entstehung möglich sind.
Im deutschen Sachrecht ist nur gegenüber Minderjährigen der Eintritt einer Vormundschaft bzw. Pflegschaft kraft Gesetzes bekannt, nämlich Amtsvormundschaft (§ 1791 c BGB) und Amtspflegschaft (§ 1705 BGB) bei nichtehelichen Kindern.
Daraus ergäbe sich, daß unter Betreuung in diesem Bedeutungszusammenhang nur angeordnete Maßnahmen gegen volljährige Personen zu verstehen sind. Aber in anderen Rechtsordnungen ist auch der Eintritt einer fürsorgenden Maßnahmen kraft Gesetzes gegenüber einem Volljährigen möglich[28], wie zum Beispiel die gerichtliche Schutzbetreuung nach französischem Recht[29]. Diese würde eine gesetzliche Pflegschaft darstellen, da die Geschäftsfähigkeit des Betroffenen hiervon nicht berührt wird, sondern er nur erweiterte Widerrufsmöglichkeiten erhält.

---

27 Larenz, Methodenlehre der Rechtswissenschaft, S. 328.

28 Insoweit mißverständlich MünchKomm-Klinkhardt, EGBGB, Art. 24, Rz 7.

29 Sauvegarde judiciaire, Art. 491 C.c. iVm Art. 490 C.c.; diese tritt kraft Gesetzes ohne richterliche Mitwirkung aufgrund Mitteilung eines Arztes einer öffentlichen oder privaten Nervenklinik an die Staatsanwaltschaft ein. Hierzu näheres s. Ferid/Sonnenberger, Französisches Zivilrecht, Bd. III, Rz 4 C 844.

Hieraus ergibt sich, daß nach dem Bedeutungszusammenhang in Art. 24 EGBGB unter Berücksichtigung ausländischen Rechts unter die Begriffe "Vormundschaft" und "Pflegschaft" auch Maßnahmen gegen Volljährige fallen können.

Nach Art. 24 Abs. 1 S. 2 EGBGB kann des weiteren nur ein Betreuer für einen Angehörigen eines fremden Staates nach deutschem Recht bestellt werden, wenn dieser seinen gewöhnlichen Aufenthalt oder, mangels eines solchen, seinen Aufenthalt im Inland hat. Die Regelung des Art. 24 Abs. 1 S. 2 EGBGB stellt wie vorher die der Art. 8 EGBGB a.F. und Art. 24 Abs. 1 S. 2 EGBGB a.F. eine Ausnahmeregelung dar[30]. Die nach altem Recht bestehende Möglichkeit der Entmündigung eines Angehörigen eines fremden Staates nach deutschem Recht gemäß Art. 8 EGBGB a.F. sollte vor allem dem Schutz des inländischen Rechtsverkehrs dienen[31]. Da die Regelung in Art. 24 Abs. 1 S. 2 EGBGB nach Aufhebung des Art. 8 EGBGB a.F. (Art. 7 § 29 Nr. 1 BtG) dessen Regelungsgehalt mitumfassen soll[32], gilt dies auch für Art. 24 Abs. 1 S. 2 EGBGB.
Aus diesem Gesichtspunkt und aus der ausdrücklichen Verweisung der Norm auf die Bestellung eines Betreuers nach deutschem Recht ergibt sich, daß der gewählte Begriff "Betreuung" mit dem Systembegriff des deutschen Sachrechts übereinstimmt.

Aber auch dies führt nicht dazu, daß Betreuung im Sinne von Art. 24 EGBGB mit dem inländischen sachrechtlichen Systembegriff gleichzusetzen ist. Art. 24 Abs. 1 S. 2 EGBGB enthält eine Verweisung auf deutsches Sachrecht und damit auch die Bezeichnung für das inländische Rechtsinstitut.
Darin erschöpft sich jedoch der Begriff "Betreuung" in Art. 24 Abs. 1 S. 1, Abs. 3 EGBGB nicht. Diese Regelungen weisen im Gegensatz zu Art. 24 Abs. 1 S. 2 EGBGB gerade über deutsches Sachrecht hinaus.

Somit führt auch die Betrachtung des Kontextes in Art. 24 EGBGB nicht dazu, daß eine Festlegung auf eine der obengenannten Auslegungsmöglichkeiten möglich wäre.

---

[30] Siehe unten V.; zum alten Recht: statt aller Staudinger-Beitzke, EGBGB, Art. 8, Rz 1.
[31] Staudinger-Beitzke, EGBGB, Art. 8, Rz 35.
[32] BT.-Drucks. 11/4528 S. 194; v.Bar, Internationales Privatrecht, Bd. II, Rz 49.

b) Zum weiteren Kontext des Art. 24 EGBGB sind im Hinblick auf die Geschäftsfähigkeitsproblematik auch Art. 7 EGBGB und Art. 12 EGBGB zu rechnen. Aus diesem Grund ist auch das Verhältnis dieser drei Normen zueinander im Rahmen der systematischen Auslegung genauer zu untersuchen.

Die Frage der Geschäftsfähigkeit ist, wie bisher, selbständig anzuknüpfen[33]. Sie beurteilt sich alleine nach Art. 7 EGBGB.
Fehlt einer Geschäftspartei bei Abschluß eines Vertrages bzw. bei Vornahme eines Rechtsgeschäfts gemäß Art. 7 Abs. 1 EGBGB nach ihrem Heimatrecht die Geschäftsfähigkeit, während sie nach den Regelungen des am Abschlußort geltenden Rechts geschäftsfähig wäre, so kann unter den Voraussetzungen des Art. 12 EGBGB trotz der Regelung des Art. 7 EGBGB das Rechtsgeschäft bzw. der Vertrag der Nichtigkeit bzw. Unwirksamkeit entgehen[34].

Bei der Beurteilung, ob eine fürsorgende Maßnahme in die Geschäftsfähigkeit eingreift, ist damit zunächst immer gemäß Art. 7 Abs. 1 EGBGB auf das Heimatrecht des Betroffenen abzustellen.

Hieraus ergeben sich daher keine neuen Anhaltspunkte für eine Auslegung des Begriffes "Betreuung" und eine Abgrenzung von den Begriffen "Vormundschaft" und "Pflegschaft".

c) Im Rahmen der systematischen Auslegung ist zudem zu beachten, daß Art. 24 EGBGB als Teil des internationalen Privatrechts keine sachrechtliche Regelung, sondern eine kollisionsrechtliche beinhaltet.

Aus dem Wesen des Kollisionsrechts ergibt sich, daß die in den Verweisungsnormen benutzten Begriffe nicht unbedingt mit den Systembegriffen des internen Sachrechts übereinstimmen müssen. Vielmehr müssen sie wegen ihres Bezugs zu ausländischem Recht und damit auch ausländischen Rechtsformen über das interne Sachrecht und dessen Systembegriffe hinausweisen[35].

---

[33] MünchKomm-Klinkhardt, EGBGB, Art. 24, Rz 20; Staudinger-Kropholler, EGBGB, Art. 24, Rz 90; Erman-Hohloch, EGBGB, Art. 24, Rz 1 ; a.A. Oelkers, Internationales Betreuungsrecht, § 4 B III 1 a ccc, S. 217.

[34] Hierzu ausführlich vgl. Kapitel 5.

[35] Neuhaus, Die Grundbegriffe des internationalen Privatrechts, S. 123; Kropholler, Internationales Privatrecht, § 16 I, S. 105; Makarov, Theorie und Praxis der Qualifikation, Festschrift für Hans Dölle, S. 149, 164; Grundmann, Qualifikation gegen

Somit ergibt sich, daß auch aus diesem Kontext heraus keine der oben dargestellten Auslegungen zu bevorzugen ist.

3. Historische Auslegung

Als weiteres Auslegungskriterium ist die Regelungsabsicht und das Normverständnis des historischen Gesetzgebers heranzuziehen[36].

Es würde im Rahmen dieser Arbeit zu weit führen, zu erörtern, inwieweit in einem durch Bundestag und Bundesrat beschlossenen Gesetz vom "Willen des Gesetzgebers" gesprochen werden kann. Es wäre müßig zu erforschen, welche Ziele der einzelne Bundestagsabgeordnete oder Ländervertreter bei der Zustimmung zu diesem Gesetz verfolgt hat. Es würde aber ebensowenig den tatsächlichen Gegebenheiten entsprechen, davon auszugehen, ein Wille des Gesetzgebers sei daher nicht feststellbar. Vielmehr treten in den einzelnen Gesetzesentwürfen Grundabsichten zu Tage, die von den einzelnen am Gesetzgebungsverfahren beteiligten Personen mit der Zustimmung zu diesem Entwurf gebilligt werden. Ebenso treten diese Grundabsichten bei den Beratungen in den Ausschüssen, im Bundestag und im Bundesrat hervor.

Legt man dies nun zugrunde, so sind zur Ermittlung der Absichten des historischen Gesetzgebers die Protokolle der einzelnen Gesetzesberatungen sowie die Begründungen der Gesetzesentwürfe heranzuziehen.

Aus den Gesetzesentwürfen und den Protokollen der Beratungen ergibt sich, daß zwar viel über den Namen des Institutes beraten wurde[37], zum Inhalt des Begriffes "Betreuung" im Rahmen des internationalen Privatrecht jedoch keine Stellungnahme erfolgte. Aus der Begründung des Regierungsentwurfes ergibt sich lediglich, daß Art. 24 EGBGB eine Zu-

---

die Sachnorm, S. 14 f.; Schwind bezeichnet sie daher als "Funktionsbegriffe", Schwind, Die funktionale Anknüpfung im IPR, Festschrift für Müller-Freienfels, S. 547, 550.

[36] Larenz, Methodenlehre der Rechtswissenschaft, S. 328; Engisch, Einführung ins juristische Denken, S. 81.

[37] vgl. BT-Drucks. 11/4528, S. 114 f.; BT-Drucks. 11/6949, S. 68; Protokoll der 153. Sitzung in der 11. Wahlperiode des Deutschen Bundestages, S. 11618; Protokoll der 206. Sitzung in der 11. Wahlperiode des Deutschen Bundestages, S. 16135 f.

sammenfassung von Art. 24 EGBGB a.F. und Art. 8 EGBGB a.F. darstellt und um das "Rechtsinstitut der Betreuung" ergänzt wurde[38].

Da die Neuschaffung des Instituts "Betreuung" und die Einfügung des Begriffes "Betreuung" in Art. 24 EGBGB in einem einheitlichen Gesetz erfolgten[39], ist davon auszugehen, daß der Gesetzgeber den Begriff "Betreuung" einheitlich verstanden wissen wollte.

Dies ergibt aber noch nicht abschließend, wie der Gesetzgeber ausländische Rechtsinstitute, die einen Eingriff in die Geschäftsfähigkeit des Betroffenen beinhalten bzw. voraussetzen, im Rahmen des internationalen Privatrechts einordnen will.
Der Gesetzgeber war sich vielmehr bei der Einfügung des Begriffes "Betreuung" in Art. 24 EGBGB durchaus bewußt, daß anderen Länder andere Regelungen hinsichtlich einer stellvertretenden Fürsorge für Erwachsene getroffen haben. Im Gesetzgebungsverfahren wurden insbesondere fremde Rechtsordnungen rechtsvergleichend herangezogen[40]. So wurde auch das französische Recht vergleichend herangezogen, dessen Erwachsenenvormundschaft (tutelle des majeurs; Artt. 492 ff. C.c.) einen Eingriff in die Geschäftsfähigkeit bewirkt.
Es ist daher nicht davon auszugehen, daß der Gesetzgeber den Begriff nur in dem engen Sinne des soeben geschaffenen Rechtsinstituts verstanden wissen wollte.

Dies alles gibt jedoch noch keinen endgültigen Aufschluß darüber, welche ausländischen Rechtsinstitute unter den Begriff einzuordnen sind und wie er gegenüber Vormundschaft und Pflegschaft abzugrenzen ist.

4. Teleologische Auslegung

a) Die teleologische Auslegung als die Suche nach den erkennbaren Zwecken und den Grundgedanken einer Regelung kann in zweierlei Richtung erfolgen. Zum einen unter einem subjektiven Aspekt, nämlich ge-

[38] BT-Drucks. 11/4528, S. 194.
[39] BGBl. 1990 Teil I, S. 2002, 2022.
[40] BT-Drucks. 11/4528, S. 46 ff.

richtet auf die Zwecke und Grundgedanken des historischen Gesetzgebers[41], zum anderen unter einem objektiven Aspekt. Als Auslegungskriterien dienen hier vom aktuellen Willen des Gesetzgebers unabhängige Prinzipien, ohne die eine sachgerechte Regelung der Materie nicht zu erwarten ist[42].

Diese Unterscheidung macht aber nur Sinn, wenn sich aus den Gesetzgebungsmaterialien Zwecke und Grundgedanken des historischen Gesetzgebers ermitteln lassen bzw. wenn zwischen der Schaffung der Regelung und dem Zeitpunkt der Auslegung des Gesetzes ein solcher Zeitraum verstrichen ist, daß sich ein Unterschied zwischen den Prinzipien des historischen Gesetzgebers und den aktuellen Prinzipien ergibt. Dies kann z.B. aufgrund veränderter sozialer Gegebenheiten der Fall sein.

Da sich, wie oben dargestellt[43], aus den Gesetzgebungsmaterialien die Abgrenzungskriterien nicht entnehmen lassen und Art. 24 EGBGB erst vor wenigen Jahren erlassen wurde[44], ist davon auszugehen, daß die objektiv feststellbaren, sachgerechten Grundgedanken, von denen sich der Gesetzgeber leiten ließ, mit den heute feststellbaren übereinstimmen.

Im Kollisionsrecht steht nicht die Bestimmung der im Einzelfall gerechten Lösung im Vordergrund[45], sondern das Auffinden der angemessenen Rechtsordnung[46]. Bei der teleologischen Auslegung kollisionsrechtlicher Normen sind daher insbesondere die international-privatrechtlichen Interessen, wie Staatsinteressen, Interessen des Geschäftsverkehrs und der Entscheidungseinklang[47], zu berücksichtigen.

---

[41] In dieser Hinsicht wird sie zum Teil der historischen Auslegung zugeordnet, s. Larenz, Methodenlehre der Rechtswissenschaft, S. 328 ff.; Bydlinski, Juristische Methodenlehre und Rechtsbegriff, S. 451 f.

[42] Larenz, Methodenlehre der Rechtswissenschaft, S. 333; Bydlinski, Juristische Methodenlehre und Rechtsbegriff, S. 453 f.; kritisch Neuner, Die Rechtsfindung contra legem, S. 132 ff.

[43] S. II 3.

[44] Art. 7 § 29 Zif. 3 des Gesetzes zur Reform des Rechts der Vormundschaft und Pflegschaft für Volljährige (Betreuungsgesetz - BtG) vom 12.09.1990.

[45] Zur Berücksichtigung der konkreter materiell-rechtlicher Interessen der Beteiligten vgl. Flessner, Interessenjurisprudenz im internationalen Privatrecht, S. 93 ff.

[46] MünchKomm-Sonnenberger, EGBGB, Einl. z. IPR, Rz 67; Kropholler, Internationales Privatrecht, § 4 II 1, S. 25.

[47] Vgl. Kegel, Internationales Privatrecht, § 2 II, S. 82 ff.; Kropholler, Internationales Privatrecht, § 5, S. 31 ff.

Aber es sind auch die Wertungen des Sachrechts bei der Bewertung der kollisionsrechtlichen Interessen miteinzubeziehen, so wie auch die dem Sachrecht zugrundeliegenden Interessen nicht vollständig außer acht gelassen werden können. Die Auslegung einer Kollisionsnorm ist nur unter Berücksichtigung der sachrechtlichen Interessen adäquat möglich[48]. So wirkt sich eine Änderung des Sachrechts meist auch auf das Kollisionsrecht aus, wie auch die Neuregelung des Art. 24 EGBGB zeigt.
Bei der teleologischen Auslegung ist aber nicht nur das inländische Sachrecht heranzuziehen, sondern vielmehr auch ausländisches Sachrecht, um die Strukturen der zu regelnden bzw. geregelten Materie besser zu erfassen[49].

b) Es bleibt somit zu prüfen, ob sich durch die Heranziehung von Sinn und Zweck der Regelung weitere Kriterien zur Bestimmung des Begriffes "Betreuung" und seiner Abgrenzung zu Vormundschaft und Pflegschaft ergeben.

Im Interesse der Betroffenen liegt es, daß möglichst diejenige Rechtsordnung zur Anwendung kommt, mit der sie am engsten verbunden sind[50].

Bei der teleologischen Auslegung des Art. 24 EGBGB hinsichtlich des Begriffes "Betreuung" in Abgrenzung zu den Begriffen "Vormundschaft" und "Pflegschaft" können sich Gesichtspunkte aus der unterschiedlichen Behandlung von Vormundschaft bzw. Pflegschaft und Betreuung in Art. 24 Abs. 1 EGBGB ergeben. Nur eine Betreuung kann gemäß Art. 24 Abs. 1 S. 2 EGBGB nach deutschem Recht angeordnet werden.
Eine solche Regelung bezweckt zum einen den Schutz des Betroffenen, zum anderen den Schutz des Rechtsverkehrs. Dem Betroffenen kann so möglichst schnell und mit geringem Aufwand hinsichtlich der Ermittlung des anwendbaren Rechts eine Hilfsperson beigeordnet werden; z.B.

---

[48] Kropholler, Internationales Privatrecht, § 5 II, S. 32 ff.; Siehr, Wechselwirkungen zwischen Kollisionsrecht und Sachrecht, RabelsZ 37 (1973), S. 466, 478 ff.; Lüderitz, Anknüpfung im Parteiinteresse, Festschr. f. Kegel (1977), S. 31; Neuhaus, Neue Wege im europäischen internationalen Privatrecht, RabelsZ 35 (1971), S. 401, 417.

[49] Vgl. hierzu auch zur Entwicklung im amerikanischen Recht statt aller: Kegel, Internationales Privatrecht, § 3 X 2 b, S. 161 ff m.w.N.

[50] Kegel, Internationales Pvivatrecht, § 2 II 1, S. 109; Lüderitz, Anknüpfung im Parteiinteresse, Festschrift für Kegel, S. 31, 34, 36 ff.; Kropholler, Internationales Privatrecht, § 4 II, S. 25 f.; kritisch Flessner, Interessenjurisprudenz im internationalen Privatrecht, § 4 II 1, S. 78 ff.

wenn dringend die Verlegung des Betroffenen in ein Pflegeheim notwendig wird. Dies spielt gerade dann eine Rolle, wenn Bedenken hinsichtlich der Geschäftsfähigkeit des Betroffenen bestehen.
Aus der Zusammenschau von Art. 24 Abs. 1 S. 1 und S. 2 EGBGB ergibt sich somit, daß der Begriff der "Betreuung" sich auf alle fürsorgenden Maßnahmen gegenüber Volljährigen erstreckt, unabhängig davon, ob sie sich auf die Geschäftsfähigkeit des Betroffenen auswirken oder nicht. Es würde keinen Sinn machen, wenn fürsorgende Maßnahmen, die in die Geschäftsfähigkeit des Betroffenen eingreifen, nicht unter den Begriff "Betreuung" fallen würden und somit nur eine Anordnung nach Heimatrecht möglich wäre. Dies würde dem Ziel des Art. 24 Abs. 1 S. 2 EGBGB zuwiderlaufen.

5. Zusammenfassung

Unter Einbeziehung der mit den verschiedenen Auslegungsmethoden erzielten Ergebnisse ist somit festzustellen, daß unter dem Begriff "Betreuung" im Sinne von Art. 24 EGBGB alle fürsorgenden Maßnahmen der Gerichte oder sonstiger entsprechender staatlicher Stellen zu verstehen sind, die sich auf Volljährige beziehen, unabhängig von ihrer Auswirkung auf die Geschäftsfähigkeit[51].

Unter den Begriff "Betreuung" im Sinne von Art. 24 EGBGB sind sowohl die Erwachsenenvormundschaft nach französischem Recht (tutelle des majeurs; Artt. 492 ff. C.c.), die den Wegfall der Geschäftsfähigkeit nach sich zieht[52], als auch die Pflegschaft nach französischem Recht (curatelle des majeurs; Artt. 508 ff. C.c.), bei der im Aufgabenkreis des Pflegers die Wirksamkeit der Rechtsgeschäfte von dessen Mitwirkung abhängt (Artt. 510 ff. C.c.), und die Schutzbetreuung nach französischem Recht (sauvegarde de justice des majeurs; Art. 491 C.c), die keinerlei Einfluß auf die Geschäftsfähigkeit des Betroffenen hat, einzuordnen. Ebenso fällt hierunter sowohl die Anordnung einer Vormundschaft nach englischem

---

[51] Staudinger-Kropholler, EGBGB, Art. 24, Rz 12 (allerdings mit der Einschränkung, daß nur solche ausländische Maßnahmen zum Schutze Volljähriger unter Betreuung im Sinne von Art. 24 EGBGB einzuordnen sind, die "in ähnlicher Weise eine an den Bedürfnissen des Einzelfalles orientierte Fürsorge ermöglichen."); Erman-Hohloch, EGBGB, Art. 24, Rz 11; Oelkers, Internationales Betreuungsrecht, § 4 B III 1 a aa ccc, S. 220.

[52] Wobei nach Art. 501 C.c. die Möglichkeit besteht, dem Betroffenen hinsichtlich bestimmter Geschäfte die Geschäftsfähigkeit zu belassen oder die Wirksamkeit nur von der Zustimmung des Vormundes abhängig zu machen.

Recht (guardianship; s. 7 (1) Mental Health Act 1983), die sich nur auf die Personensorge bezieht, als auch die Bestellung eines Verwalters nach englischem Recht (receiver; s. 99 Mental Health Act 1983), der im Rahmen seines Aufgabenkreises die Vermögenssorge übernimmt, dessen Bestellung aber keinen Einfluß auf die Geschäftsfähigkeit hat. Auch die Vormundschaft nach italienischem Recht (tutela dell'interdetto; Art. 424 C.c.), die nach erfolgter Entmündigung (Artt. 414 ff. C.c.) angeordnet wird, und die Gebrechlichkeitspflegschaft nach italienischem Recht (curatela dell'inabilitato; Art. 424 C.c.) sind als Betreuung im Sinne von Art. 24 EGBGB zu qualifizieren.

III. Entmündigung

1. Einordnung der Entmündigung

Nachdem, wie oben festgestellt, unter den Begriff "Betreuung" sämtliche fürsorgenden Maßnahmen für Volljährige unabhängig von ihrer Auswirkung auf die Geschäftsfähigkeit zu fassen sind, stellt sich nunmehr die Frage, ob eine Entmündigung ebenfalls als solche Maßnahme zu bewerten ist[53].

a) Unter Entmündigung - wie es sie auch bis zum 31.12.1991 in der Bundesrepublik Deutschland gab - ist jeder staatliche Akt zu verstehen, durch welchen einer Person, der die persönlichen Fähigkeiten, selbständig am Rechtsverkehr teilzunehmen, fehlen, die Geschäftsfähigkeit beschränkt oder entzogen wird[54]. Hierbei ist unter Geschäftsfähigkeit die

---

[53] Von einem Teil der Literatur wird vertreten, daß nunmehr mit Abschaffung der Entmündigung im deutschen Recht und der Aufhebung von Art. 8 EGBGB eine Entmündigung innerhalb der Bundesrepublik Deutschland nicht mehr in Betracht kommt; es könne sich nur das Problem der Anerkennung ausländischer Entmündigungen ergeben (Kropholler, Internationales Privatrecht, § 42 II, S. 289 f; Erman-Hohloch, EGBGB, Art. 8, Rz 1).
Dem ist nicht zu folgen, da der Grundsatz, daß die Geschäftsfähigkeit einer Person durch ihr Heimatrecht bestimmt wird, weiterhin in Art. 7 EGBGB seinen Ausdruck findet.
Davon zu unterscheiden ist die Frage, ob gegebenenfalls eine Entmündigung nach einem bestimmten ausländischen Recht gegen den deutschen ordre public (Art. 6 EGBGB) verstößt.

[54] Vgl. Levis, Das internationale Entmündigungsrecht des Deutschen Reiches, S. 1 ff.; Schrick, Die Entmündigung von Ausländern im Inland und die hierbei zu tref-

Fähigkeit zu verstehen, selbständig und vollwirksam Rechtsgeschäfte zu tätigen.

In einigen Rechtsordnungen wird zunächst die Geschäftsfähigkeit bei Erwachsenen durch staatlichen Hoheitsakt entzogen und zur Auffüllung der dadurch entstandenen Lücke ein gesetzlicher Vertreter bestellt[55]. Einige Länder, wie z.B. Frankreich[56] und Schweden[57], bestimmen als Voraussetzungen für die Anordnung einer fürsorgenden Maßnahme Gründe, die in anderen Rechtsordnungen Entmündigungsgründe darstellen, und verbinden mit der Anordnung einer solchen Maßnahme eine Beschränkung oder Aufhebung der Geschäftsfähigkeit des Betroffenen.

Im letzteren Fall ist das ausländische Rechtsinstitut eindeutig unter den Begriff "Betreuung" in Art. 24 EGBGB einzuordnen[58].
Hinsichtlich des erstgenannten Falles besteht die Möglichkeit, die Entmündigung mit anschließender Bestellung eines gesetzlichen Vertreters ebenfalls als insgesamt fürsorgende Maßnahme aufzufassen, die nur in zwei Teilakte aufgespalten wurde[59], und somit beide Teilakte gemäß Art. 24 EGBGB zu behandeln. Andererseits könnte man die bisher geltende Einordnung beibehalten, nach der eine Entziehung der Geschäftsfähigkeit sich nach Art. 7 EGBGB bestimmt, während die anschließende Anordnung einer gesetzlichen Vertretung unter den Anwendungsbereich des Art. 24 EGBGB fällt[60].

b) Für eine Qualifikation als eine in zwei Teilakte aufgespaltene fürsorgende Maßnahme spricht die Systematik des deutschen Sachrechts. Hier wurden Entmündigung und Vormundschaft durch das neue Rechtsinstitut der Betreuung ersetzt.
Aber auch im deutschen Sachrecht ist die Geschäftsfähigkeit grundsätzlich von dem Bestehen einer Betreuung unabhängig geregelt, vgl. § 104 BGB und §§ 1896 ff BGB. Ziel der Einführung der Betreuung war

---

fenden vorläufigen vormundschaftlichen Maßnahmen, S. 2; MünchKomm-Birk, EGBGB, Art. 7, Rz 62.

55 Vgl. Italien: Artt. 414 ff. C.c.; Schweiz: Artt. 369 ff ZGB.

56 Vgl. Art. 490 ff. C.c.

57 Kap. 11 §§ 7, 4 FB; vgl. hierzu auch Westman, Die schwedische vormundschaftsrechtliche Gesetzgebung im Wandel, FamRZ 1991, 520, 521.

58 S. o. II 5.

59 Oelkers, Internationales Betreuungsrecht, § 4 B III 1 a aa ccc, S. 217 ff.

60 Schrick, Die Entmündigung von Ausländern im Inland, S. 11; Lüderitz, Rechtsfähigkeit, Geschäftsfähigkeit und Entmündigung natürlicher Personen, S. 34, 65; MünchKomm-Birk, EGBGB, Art. 7, Rz 62.

es, die zum Teil unverhältnismäßigen und starren Eingriffe in die Geschäftsfähigkeit des Betroffenen durch die Entmündigung zu verhindern[61]. Da man aber das Bedürfnis sah, daß gegebenenfalls auch zum Wohle des Betroffenen eine Einschränkung der Teilnahme am Rechtsverkehr über die natürliche Geschäftsunfähigkeit (§ 104 Nr. 2 BGB) hinaus erforderlich sein kann, schuf man in § 1903 BGB den Einwilligungsvorbehalt als einschränkende Maßnahme innerhalb des Betreuungsrechts[62].

Die Einordnung entmündigender Maßnahmen unter Art. 24 EGBGB entspricht aber nicht der Systematik des EGBGB, da hier hinsichtlich der Bestimmung des für die Geschäftsfähigkeit anwendbaren Rechts eine ausdrückliche und selbständige Regelung in Art. 7 EGBGB getroffen wurde. Inhalt der Regelung des Art. 24 EGBGB ist dagegen die Bestimmung des anwendbaren Rechts bei fürsorgenden Maßnahmen. Hinsichtlich der Wirkungen, wie zum Beispiel der automatischen Einschränkung der Geschäftsfähigkeit, trifft Art. 24 EGBGB hingegen keine Regelung.[63] Anders als z.B. bei Regelungen hinsichtlich der Ehefähigkeit, Ehevertragsfähigkeit, Adoptionsfähigkeit u.ä., kann hier auch nicht von einer "besonderen" Geschäftsfähigkeit die Rede sein, die besonderen Regelungen unterliegt. Es handelt sich vielmehr um Einschränkungen der allgemeinen Geschäftsfähigkeit, die abschließend von Art. 7 EGBGB geregelt werden.
Die Frage der Geschäftsfähigkeit eines Betroffenen, einschließlich der Entmündigung, ist somit immer unter Heranziehung des Art. 7 EGBGB zu klären, während gemäß Art. 24 EGBGB das Recht bestimmt wird, nach dessen Regelungen die durch die fehlende Geschäftsfähigkeit entstandenen Lücken ausgefüllt werden. Da sowohl Art. 7 EGBGB als auch Art. 24 Abs. 1 S. 1 EGBGB im Grundsatz auf das Heimatrecht des Betroffenen verweisen, ergeben sich auch keine Probleme der Normhäufung oder des Normmangels.

---

[61] BT-Drucks. 11/4528, S. 49, 52.

[62] BT-Drucks. 11/4528, S. 52.

[63] Die Frage, ob die Normen, die eine Entmündigung nach ausländischem Recht regeln, überhaupt noch in der Bundesrepublik Deutschland Anwendung finden können, ist keine Frage der richtigen Qualifikation, sondern eine Frage der Anwendung des ordre public (Art. 6 EGBGB). Dies wird von vielen verneint; vgl. Kropholler, Internationales Privatrecht, § 42 II, S. 289 f.; v. Bar, Internationales Privatrecht, Bd. I, Rz 47; Palandt-Heldrich, EGBGB, Art. 7, Rz 3; Erman-Hohloch, EGBGB, Art. 8, Rz 1.

2. Anwendung ausländischer Entmündigungsvorschriften im Inland

Ordnet man die ausländischen Normen, die Entmündigungen betreffen, unter Art. 7 Abs. 1 EGBGB ein, so stellt sich die Frage, ob diese Regelungen in Anbetracht der Abschaffung der Entmündigung im Inland noch angewandt werden können.
An einer internationalen Zuständigkeit deutscher Gerichte fehlt es dazu nicht. Sie ergibt sich aus der entsprechenden Anwendung des § 69 e S. 1 FGG iVm § 35 b FGG[64]. Insoweit ist die Entmündigung nach ausländischem Recht die der Anordnung einer Betreuung bzw. einer ähnlichen Maßnahme nach ausländischem Recht vorangehende Maßnahme. Da die Entmündigung nach verschiedenen Rechtsordnungen Voraussetzung für die Anordnung einer drittfürsorgenden Maßnahme ist, muß sich die internationale Zuständigkeit auch auf diese Maßnahme erstrecken. Ansonsten könnte es zu einer Rechtsverweigerung bzw. zu einer zwangsläufigen Anwendung deutschen Rechts führen. Beides würde den Grundsätzen des internationalen Privatrechts zuwiderlaufen.

Die Anwendung ausländischer Entmündigungsnormen ist aber unter zwei Gesichtspunkten problematisch. Zum einen könnte die Anwendung ausländischer Normen, die zu einer Entmündigung des Betroffenen führen, durch deutsche Gerichte am Fehlen der wesenseigenen Zuständigkeit scheitern. Zum anderen könnte die Anwendung solcher Normen durch deutsche Gerichte gegen die Vorbehaltsklausel des Art. 6 EGBGB verstoßen und damit im Inland nicht anwendbar sein.

a. Wesenseigene Zuständigkeit

Die Anwendung ausländischen Rechts durch deutsche Gerichte ist nicht nur durch den ordre public, der in der Vorbehaltsklausel des Art. 6 EGBGB Ausdruck gefunden hat, begrenzt, sondern auch dadurch, daß deutsche Gerichte nicht uneingeschränkt in der Lage sind, ausländisches Recht anzuwenden. So kann unter Umständen das ausländische Sachrecht eine Tätigkeit des deutschen Gerichts erfordern, die diesem völlig unbekannt ist. Ist diese Tätigkeit mit den Grundstrukturen der inländischen Gerichtsorganisation oder/und des inländischen Verfahrens unvereinbar, so wird unter Berufung auf das Fehlen der wesenseigenen

[64] A.A. v. Bar, Internationales Privatrecht, Bd. II, Rz 47.

Zuständigkeit die Anwendung des fremden Rechts verweigert[65]. Insoweit ist das Problem der wesenseigenen Zuständigkeit von der Frage eines Verstoßes gegen den ordre public zu unterscheiden[66]. Hier verstößt nicht das Ergebnis der Anwendung fremden Rechts gegen wesentliche Grundsätze der deutschen Rechtsordnung, sondern die Anwendung selbst überfordert die Anpassungsfähigkeit des deutschen Verfahrensrechts.

Hierbei ist aber nicht bei jeder dem deutschen Recht unbekannten Entscheidung die wesenseigene Zuständigkeit deutscher Gerichte zu verneinen. So kann auch ein deutsches Gericht die Trennung von Tisch und Bett nach italienischem Recht aussprechen[67].
Auch der Ausspruch einer Entmündigung ist den deutschen Gerichten nicht so fremd, als daß eine wesenseigene Zuständigkeit zu verneinen wäre. Bis 31.12.1991 war eine solche Entscheidung auch den deutschen Gerichten bekannt. Den sachlich in entsprechender Anwendung des § 65 FGG zuständigen Vormundschaftsgerichten ist eine solche Entscheidung nicht so fremd, daß sie nicht mit dem zur Verfügung stehenden Verfahrensregelungen ausgesprochen werden könnte.
Auch die Bestellung eines Betreuers und die Anordnung eines Einwilligungsvorbehaltes sind Gestaltungsentscheidungen, die in die persönliche Rechtsstellung des Betroffenen eingreifen. Das hierbei durchzuführende Verfahren unterscheidet sich nicht wesentlich von dem Verfahren, das bis 31.12.1991 durchgeführt werden mußte, um eine Person zu entmündigen.

Eine Ablehnung der Entmündigung eines ausländischen Staatsangehörigen nach seinem Heimatrecht wegen Fehlens der wesenseigenen Zuständigkeit kommt somit nicht in Betracht.

---

[65] BGH vom 22.3.1967, BGHZ 47, 324, 333 f.; Mitzkus, Internationale Zuständigkeit im Vormundschafts-, Pflegschafts- und Sorgerecht, S. 21; Heldrich, Internationales Zuständigkeit und anwendbares Recht, S. 259; Schack, Internationales Zivilverfahrensrecht, Rz 506; Kropholler, Internationales Privatrecht, § 57 II 2, S. 493.

[66] Heldrich, Internationales Zuständigkeit und anwendbares Recht, S. 259; Kropholler, Internationales Privatrecht, § 57 II 3, S. 494.

[67] BGH vom 22.3.1967, BGHZ 47, 324, 333 f.

b. Ordre public

Wie oben dargelegt, bestimmt gemäß Art. 7 Abs. 1 EGBGB das Heimatrecht des volljährigen Betroffenen, ob und unter welchen Voraussetzungen diesem durch einen Hoheitsakt die Geschäftsfähigkeit entzogen werden kann.

In Anbetracht dessen, daß im Inland eine Entmündigung nach deutschem Recht nicht mehr möglich ist, stellt sich hier die Frage, ob nicht auch die Anwendung ausländischer Normen, die eine Entmündigung ermöglichen, gemäß Art. 6 EGBGB im Inland ausgeschlossen ist[68].

(1) Die Vorbehaltsklausel des Art. 6 EGBGB greift ein, wenn die nach inländischem Kollisionsrecht gebotene Anwendung der ausländischen Normen im konkreten Fall zu einem Ergebnis führen würde, das mit den unabdingbaren Grundsätzen unserer Rechtsordnung, insbesondere mit den Grundrechten unvereinbar ist[69].
Die Berufung auf Art. 6 EGBGB darf jedoch nicht dazu führen, daß dem deutschen Recht fremde Rechtsfiguren grundsätzlich im Inland keine Anwendung finden. Grundlage des internationalen Privatrechts ist die grundsätzliche Gleichwertigkeit der Rechtsordnungen[70]. Aufgrund dieser Annahme werden für Sachverhalte mit Auslandsbezug durch die inländischen Kollisionsnormen ausländische Rechtsnormen für im Inland anwendbar erklärt. Damit wird hingenommen, daß eine von den deutschen Regelungen abweichende Norm Anwendung findet. Würde man davon ausgehen, daß alle Staaten entsprechende Sachverhalte gleich oder in ähnlicher Weise regeln, wäre eine Verweisung auf ausländisches Recht sinnlos. Es könnte dann ebenso gut deutsches Recht zur Anwendung kommen.

---

[68] So Staudinger-Kropholler, EGBGB, Art. 24, Rz 6; Erman-Hohloch, EGBGB, Art. 8, Rz 1; Palandt-Heldrich, EGBGB, Art. 7, Rz 3; v. Bar, Internationales Privatrecht, Bd. II, Rz 47; a.A. dagegen Soergel-Kegel, EGBGB, Art. 7, Rz 11 ff.: dieser hält die Entmündigung eines Ausländers im Inland für möglich, ebenso Oelkers, Internationales Betreuungsrecht, § 4 B III 1 a aa ccc, S 220.

[69] Staudinger-Blumenwitz, EGBGB, Art. 6, Rz 94; MünchKomm-Sonnenberger, EGBGB, Art. 6, Rz 20; Erman-Hohloch, EGBGB, Art. 6, Rz 13; Palandt-Heldrich, EGBGB, Art. 6, Rz 5; Geimer, Internationales Zivilprozeßrecht, Rz 24; Kegel, Internationales Privatrecht, § 16 IV 2 a, S. 376; Kropholler, Internationales Privatrecht, § 36 I, S. 221; Spickhoff, Der ordre public im internationalen Privatrecht, § 9 II 2, S. 85; Henrich, Wann verbietet der deutsche ordre public die Anwendung ausländischen Rechts?, StAZ 1966, 301, 304.

[70] MünchKomm-Sonnenberger, EGBGB, Art. 6, Rz 11.

Die Vorbehaltsklausel des Art. 6 EGBGB ist daher als Ausnahmevorschrift eng auszulegen[71].

Auf diesem Hintergrund stellt sich nun die Frage nach einer Konkretisierung der wesentlichen Grundsätze des deutschen Rechts.
Der BGH[72] bezeichnet sie als "die Grundgedanken des deutschen Rechts und die ihm zugrundeliegenden Gerechtigkeitsvorstellungen". Solche Grundsätze ergeben sich insbesondere, worauf auch Art. 6 S. 2 EGBGB verweist, aus der Wertordnung, die dem Grundgesetz zugrunde liegt und die in den Grundrechten ihren Ausdruck findet. Auch können internationale Standards, wie sie sich in international vereinheitlichten Rechtssätzen oder sonstigen internationalen Regeln, wie zum Beispiel der EMRK[73], der Konvention über Menschenrechte und Biomedizin des Europarates vom 19.11.1996 oder den UN-Prinzipien zur Verhinderung von Diskriminierung und zum Schutz von Minderheiten vom 26.8.1988[74] finden, Anhaltspunkte für die Wesentlichkeit eines Grundsatzes des deutschen Rechts ergeben[75].
Daneben muß ein gewisser Bezug zum Inland bestehen. Dabei können weder das Ausmaß des Verstoßes gegen die wesentlichen Grundsätze der inländischen Rechtsordnung noch die Intensität des Inlandsbezugs abstrakt bestimmt werden. Die Anwendung des ordre public beruht auf einer Wertung, bei der zunächst durch Vergleich des Ergebnisses nach ausländischem Recht mit dem Ergebnis nach inländischem Recht das Ausmaß des Verstoßes gegen die Grundsätze der deutschen Rechtsordnung bestimmt wird. Im Anschluß daran sind die Inlandsbeziehung des Sachverhalts und die Auswirkung des Ergebnisses auf das Inland festzustellen. Je größer die Inlandsbeziehung ist, umso weniger kann ein Ver-

---

[71] Erman-Hohloch, EGBGB, Art. 6, Rz 11; Staudinger-Blumenwitz, EGBGB, Art. 6, Rz 20; Henrich, Wann verbietet der deutsche ordre public die Anwendung ausländischen Rechts?, StAZ 1966, 301.

[72] BGH v. 28.4.1988, BGHZ 104, 240, 243 = NJW 1988, 2173, 2174.

[73] Ehricke, Auswirkungen der Europäischen Menschenrechtskonvention auf das deutsche Kollisionsrecht, EuGRZ 1993, 113, 117; Staudinger-Blumenwitz, EGBGB, Art. 6, Rz 105; nach Engel (Ausstrahlung der Europäischen Menschenrechtskonvention auf das Kollisionsrecht, RabelsZ 53 (1989), 3, 49) findet die EMRK unmittelbar Anwendung, ohne Transformation durch Art. 6 EGBGB.

[74] Abgedruckt bei Rink, Anforderungen an das Vormundschaftsgericht und die Vormundschaftsrichter aufgrund des Betreuungsgesetzes, FuR 1990, 253, 263 ff.

[75] Jayme, Methoden der Konkretisierung des ordre public im Internationalen Privatrecht, S. 53; MünchKomm-Sonnenberger, EGBGB, Art. 6, Rz 56; Kropholler, Internationales Privatrecht, § 36 II 2 b, S. 226;

stoß gegen die wesentlichen Grundsätze des inländischen Rechts hingenommen werden[76].

Bei der Verletzung von Grundrechten ist streitig, ob Art. 6 EGBGB stets durchgreift[77] oder ob auch in diesen Fällen das Ausmaß der Inlandsbeziehung eine Rolle spielt[78].
Eine uneingeschränkte Anwendung der Grundrechte der deutschen Verfassung auf Sachverhalte mit Auslandsbezug erscheint nicht gerechtfertigt. Bei der Prüfung[79], ob ein Grundrecht durch das Ergebnis der Anwendung der ausländischen Norm verletzt wird, ist zunächst der Schutzbereich[80] der Grundrechtsnorm zu bestimmen. Fällt das Ergebnis der Anwendung in den Schutzbereich des Grundrechts, so ist festzustellen, ob es sich lediglich um einen verfassungsrechtlich zulässigen Eingriff[81] oder um eine nicht verfassungsrechtlich zu rechtfertigende und damit unzulässige Verletzung[82] des Grundrechts handelt.
Schon bei der Bestimmung, ob das Ergebnis der Rechtsanwendung in den Schutzbereich eines Grundrechts fällt, ist der Inlandsbezug des Sachverhalts von Bedeutung, da auch die Grundrechte einen gewissen Bezug zur inländischen Ordnung haben.

Insoweit spielt der Inlandsbezug eines Sachverhalts eine Rolle für die Beurteilung, ob überhaupt eine Grundrechtsverstoß vorliegt[83]. Liegt jedoch ein Grundrechtsverstoß vor, so kommt die Anwendung der ausländischen Norm nicht in Betracht. Eine Unterscheidung zwischen einem "tragbaren" und einem "untragbaren" Grundrechtsverstoß ist dagegen nicht möglich,

---

[76] Staudinger-Blumenwitz, EGBGB, Art. 6, Rz 118; Erman-Hohloch, EGBGB, Art. 6, Rz 17; Palandt-Heldrich, EGBGB, Art. 6, Rz 6; Kropholler, Internationales Privatrecht, § 36 II 2, S. 223; Spickhoff, der ordre public im internationalen Privatrecht, § 12 IV, S. 145.

[77] Spickhoff, Der ordre public im internationalen Privatrecht, § 11 II 3 c bb, S. 125; Stöcker, Der internationale ordre public im Familien- und Familienerbrecht, RabelsZ 38 (1974), 79, 85; Kropholler, Internationales Privatrecht, § 36 IV 1, S. 227; Henrich, Die Bedeutung der Grundrechte bei der Anwendung fremden Rechts, RabelsZ 36 (1972), 2, 5 f.

[78] Erman-Hohloch, EGBGB, Art. 6, Rz 19; MünchKomm-Sonnenberger, EGBGB, Art. 6, Rz 40; Staudinger-Blumenwitz, EGBGB, Art. 6, Rz 104; Kegel, Internationales Privatrecht, § 16 VIII, S. 383;

[79] S. Pieroth/Schlink, Grundrechte: Staatsrecht II, Rz 375 ff.

[80] S. hierzu statt aller Pieroth/Schlink, Grundrechte: Staatsrecht II, Rz 248 ff.

[81] S. hierzu statt aller Pieroth/Schlink, Grundrechte: Staatsrecht II, Rz 256 ff.

[82] S. hierzu statt aller Pieroth/Schlink, Grundrechte: Staatsrecht II, Rz 241.

[83] Kropholler, Internationales Privatrecht, § 36 IV 1, S. 227

da die inländischen Gerichte uneingeschränkt an die Grundrechte gebunden sind.

All die oben genannten Gesichtspunkte sind jedoch nur Anhaltspunkte für die Konkretisierung des ordre public. Es lassen sich aber keine konkreten Kriterien aufstellen, bei deren Vorliegen ein Verstoß gegen den ordre public gegeben wäre. Es ist vielmehr in jedem Einzelfall zu prüfen, ob das Ergebnis der Anwendung einer ausländischen Norm im konkreten Fall unter den konkreten Bedingungen im Inland hingenommen werden kann oder nicht.

(2) Die Anwendung ausländischen Entmündigungsrechts könnte gemäß Art. 6 EGBGB grundsätzlich ausgeschlossen sein, da mit Inkrafttreten des Betreuungsgesetzes am 1.1.1992 eine Entmündigung im Inland nach deutschem Recht nicht mehr möglich ist.
Ein solch pauschaler Ausschluß der Anwendung ausländischen Rechts würde aber nur dann der Maxime der grundsätzlichen Gleichwertigkeit der Privatrechtsordnungen, wie sie dem internationalen Privatrecht zugrunde liegt, und dem Ausnahmecharakter des ordre public entsprechen, wenn jeder denkbare Fall ihrer Anwendung gegen wesentliche Grundsätze des deutschen Rechts verstoßen würde.
Hierbei ist zu berücksichtigen, daß die deutschen Regelungen des Betreuungsgesetzes nicht zum Maß aller Dinge gemacht werden dürfen. Dies gilt insbesondere dann, wenn eine Regelung in Frage steht, die bis vor kurzem auch in der inländischen Rechtsordnung gegolten hat[84].
Zudem darf ausländisches Recht nicht schon dann von der Anwendung ausgeschlossen werden, wenn es das auch vom deutschen Recht verfolgte Ziel in anderer Art und Weise zu erreichen sucht[85].
Bis 31.12.1991 war auch in der Bundesrepublik Deutschland die Entmündigung möglich. Es besteht aber auch heute noch die Möglichkeit, einen Betreuer mit einem Aufgabenkreis zu bestellen, der alle Angelegenheiten des Betroffenen umfaßt, und für diesen Aufgabenkreis einen Einwilligungsvorbehalt anzuordnen. Dies kann in weiten Teilen einer Entmündigung gleich kommen.
Somit unterscheidet sich eine Entmündigung von ihrem Sinn und Zweck, dem Schutz des Betroffenen, nicht wesentlich vom deutschen Recht.

---

[84] Vgl. Kropholler, Internationales Privatrecht, § 36 II 3, S. 224.

[85] Henrich, Elterliche Sorge in den islamischen Rechten und ordre public, IPRax 1993, 81, 83.

Ein vollständiger Ausschluß der Anwendung ausländischer Entmündigungsnormen im Inland käme deshalb nur dann in Betracht, wenn die Anwendung dieser Normen in jedem Fall eine schwerwiegende Verletzung der Grundrechte darstellen würde bzw. nicht einmal den internationalen Mindeststandards, wie zum Beispiel der EMRK, entsprechen würde. Die Entmündigung eines Betroffenen könnte insbesondere gegen Art. 2 Abs. 1 GG, Art. 3 Abs. 3 S. 2 GG oder Art. 8 EMRK[86] verstoßen.
Aus allen obengenannten Normen ergibt sich jedoch nicht ein vollständiges Verbot entmündigender Maßnahmen. Vielmehr gestatten diese Normen solche Maßnahme, soweit sie aufgrund Gesetzes ergehen und im Einzelfall nicht unverhältnismäßig sind.
Die Anwendung ausländischer Normen, die eine Entmündigung ermöglichen, verstößt somit nicht prinzipiell gegen Art. 6 EGBGB. Ein Verstoß gegen Art. 6 EGBGB kann sich aber im Einzelfall ergeben.

Im konkreten Fall kann jedoch eine Entmündigung das Menschen- bzw. Grundrecht auf freie Entfaltung der Persönlichkeit (Art. 8 EMRK, Art. 2 Abs. 1 GG) verletzen und zwar dann, wenn der Eingriff unverhältnismäßig[87] ist.

Das Rechtsinstitut der Entmündigung wurde durch das Betreuungsgesetz abgeschafft, da die Entmündigung einen unverhältnismäßigen und zu starren Eingriff in die Rechte des Betroffenen darstellte[88]. Für das neue Rechtsinstitut der Betreuung gilt demgegenüber der mit Verfassungsrang ausgestattete Grundsatz der Erforderlichkeit[89] (bzw. Verhältnismäßigkeit). Durch den Erforderlichkeitsgrundsatz war auch die Abschaffung der Totalentmündigung geboten, da diese nicht ausreichend die Umstände des Einzelfalles berücksichtigte und damit zu unverhältnismäßigen Eingriffen in die Rechte der Betroffenen führte[90].

---

[86] Vgl. Engel, Ausstrahlungen der Europäischen Menschenrechtskonvention auf das Kollisionsrecht, RabelsZ 53 (1989), 3, 13.
[87] Zum verfassungsrechtlichen Verhältnismäßigkeitsgrundsatz vgl. Pieroth/Schlink, Grundrechte: Staatsrecht II, Rz 300ff.
[88] BT-Drucks. 11/4528, S. 49.
[89] BT-Drucks. 11/4528, S. 58.
[90] BT-Drucks. 11/4528, S. 60; Schulte, Die "sozialstaatliche Umsetzung" des Betreuungsrechts, R & P 1991, S. 162, 165; zur Verhältnismäßigkeit im Recht der Geschäftsfähigkeit s. auch Canaris, Verstöße gegen das verfassungsrechtliche Übermaßverbot im Recht der Geschäftsfähigkeit und im Schadensersatzrecht, JZ 1987, 993, 996 ff. und Canaris, Zur Problematik von Privatrecht und verfassungsrechtlichem Übermaßverbot, JZ 1988, 494 ff.

Die Anwendung ausländischer Normen scheidet damit dann aus, wenn nach dem Grundsatz der Erforderlichkeit es ausreichen würde, nur für bestimmte Angelegenheiten den Betroffenen in seiner Geschäftsfähigkeit zu beschränken, und eine solche Einschränkung der entmündigenden Wirkung der Entscheidung nicht möglich ist.

Wenn zum Beispiel ein italienischer Staatsangehöriger, der sich für längere Zeit im Inland aufhält, aufgrund einer psychischen Erkrankung nicht mehr in der Lage ist, die Einkünfte, die er aus Vermietung erzielt, ordnungsgemäß zu verwalten, im übrigen aber seine Angelegenheiten noch selbst wahrnehmen kann, so bedürfte er nach deutschem Recht nur eines Betreuers mit dem Aufgabenkreis der Verwaltung der Mieteinnahmen und gegebenenfalls eines Einwilligungsvorbehalts für diesen Aufgabenkreis. Würde demgegenüber das Ausmaß der psychischen Erkrankung nach italienischem Recht ausreichen, den Betroffenen nach Art. 414 C.c. zu entmündigen, so wäre die Anwendung dieser Vorschrift durch die Vorbehaltsklausel des Art. 6 EGBGB ausgeschlossen. Eine solche Entmündigung würde in nicht tragbarer Weise gegen Art. 2 Abs. 1, Art. 1 Abs. 2 GG verstoßen.

Dies gilt auch dann, wenn nach ausländischem Recht die Einschränkung der Geschäftsfähigkeit allein aufgrund einer körperlichen Behinderung erfolgen kann. Nach deutschem Recht kann aufgrund des Erforderlichkeitsgrundsatzes für eine körperbehinderte Person ein Einwilligungsvorbehalt nicht angeordnet werden[91]. Nach italienischem Recht kann jedoch zum Beispiel eine taubstumme Betroffene gemäß Art. 415 Abs. 3 C.c. in ihrer Geschäftsfähigkeit durch richterliche Entscheidung beschränkt werden (Inabilitazione).

Zusammenfassend ist die Anwendung ausländischer Normen zur Entmündigung einer Person im Inland gemäß Art. 7 EGBGB nicht generell durch die Vorbehaltsklausel des Art. 6 EGBGB ausgeschlossen. Nur soweit das Ergebnis ihrer Anwendung zu einem gravierenden Verstoß gegen den verfassungsrechtlich geschützten Erforderlichkeitsgrundsatz führt, liegt ein Verstoß gegen den inländischen ordre public vor.

---

[91] BT-Drucks. 11/4528, S. 137; Bienwald, Betreuungsrecht, § 1903, Rz 12; MünchKomm-Schwab, § 1903, Rz 12; Palandt-Diederichsen, § 1903, Rz 5.

IV. Einordnung des Verfahrenspflegers

Für einen Betroffenen ist gemäß §§ 67, 70 b FGG im Betreuungs- bzw. Unterbringungsverfahren ein Verfahrenspfleger zu bestellen, falls dies für die Wahrnehmung der Interessen des Betroffenen erforderlich ist.

In kollisionsrechtlicher Hinsicht bleibt zu klären, ob die Regelungen bzgl. des Verfahrenspflegers als prozessuale Normen der lex fori unterliegen oder als materiell-rechtliche dem Anwendungsbereich des Art. 24 EGBGB.

Die Regelungen hinsichtlich des Verfahrenspflegers befinden sich im Verfahrensrecht; dies allein reicht aber noch nicht aus, um abschließend beurteilen zu können, ob es sich hier um ein prozessuales oder ein materiell-rechtliches Rechtsinstitut handelt[92].

Grundsätzlich kommen beide Einordnungen in Betracht, da der Verfahrenspfleger zwar nur im Verfahren auftritt, dort aber als gesetzlicher Vertreter neben dem uneingeschränkt verfahrensfähigen Betroffenen (§ 66 FGG) agiert.

Zudem handelt es sich bei der Bestellung des Verfahrenspflegers grundsätzlich auch um eine drittfürsorgende Maßnahme, die damit unter den Anwendungsbereich des Art. 24 EGBGB fallen würde.
Aufgabe des Verfahrenspflegers ist es, dem Betroffenen zur Wahrung seiner Rechte im Verfahren zur Seite zu stehen. Dies ist insbesondere dann erforderlich, wenn der Betroffene aufgrund seiner Erkrankung oder Behinderung nicht in der Lage ist, den vollen Umfang des Verfahrens zu erfassen und selbständig seine verfahrensmäßigen Rechte wahrzunehmen.

Es handelt sich hierbei um einen "Pfleger eigener Art", der nicht der Aufsicht des Gerichts untersteht[93]. Die Aufgaben des Verfahrenspfleger beinhalten nur die Wahrung der verfahrensmäßigen Rechte des Betrof-

---

[92] Coester-Waltjen, Internationales Beweisrecht, Rz 94 m.w.N.

[93] BT-Drucks. 11/4528, S. 171; Bienwald, Betreuungsrecht, § 67 FGG, Rz 1; Zimmermann, Das neue Verfahren in Betreuungssachen, FamRZ 1991, S. 270, 274; Pohl, Verfahrenspflegschaft, Teil 2, BtPrax 1992, S. 56, mit dem Unterschied, daß Pohl § 1915 BGB für anwendbar hält.

fenen[94], das Amt endet mit Abschluß des Verfahrens in der jeweiligen Instanz, umfaßt aber noch die Berechtigung zur Einlegung eines Rechtsmittels[95].

Aus Sinn und Zweck und der Ausgestaltung des Rechtsinstituts des Verfahrenspflegers ergibt sich, daß es sich hier zwar um eine fürsorgende Maßnahme handelt, diese aber allein dem Verfahrensrecht zuzuordnen ist, und somit der lex fori unterliegt.[96]

[94] Bienwald, Betreuungsrecht, § 67 FGG, Rz 5 ff; Zimmermann, Das neue Verfahren in Betreuungssachen, FamRZ 1991, S. 270, 274; Pohl, Verfahrenspflegschaft, Teil 1, BtPrax 1992, S. 19, 24.

[95] Bienwald, Betreuungsrecht, § 67 FGG, Rz 44; Pohl, Verfahrenspflegschaft, Teil 1, BtPrax 1992, S. 19, 24.

[96] So auch Oelkers, Internationales Betreuungsrecht, § 4 A II, S. 170.

Kapitel 2: Das gemäß Art. 24 EGBGB anwendbare Recht

Nachdem feststeht, welche drittfürsorgenden Maßnahmen unter dem Begriff Betreuung im Sinne des Art. 24 EGBGB einzuordnen sind, muß nun das maßgebende Recht bestimmt werden. Art. 24 EGBGB unterscheidet hierbei zwischen Entstehung, Änderung und Ende (Werdegang) einer Betreuung und Inhalt einer Betreuung.

I. Abgrenzung der Anwendungsbereiche des Art. 24 Abs. 1 S. 1 EGBGB und Art. 24 Abs. 3 EGBGB hinsichtlich Werdegang und Inhalt einer Betreuung

Gemäß Art. 24 Abs. 1 S. 1 EGBGB unterliegen Entstehung, Änderung und Ende einer Betreuung dem Heimatrecht des Betroffenen, nur unter den in Art. 24 Abs. 1 S. 2 EGBGB genannten Voraussetzungen kann für einen ausländischen Staatsangehörigen eine Betreuung nach deuschem Recht angeordnet werden.

1. Entstehung, Änderung und Ende einer Betreuung

a) Systematisch gesehen ist bei der Auslegung der Begriffe Entstehung, Änderung und Ende einer Betreuung zum einen zu berücksichtigen, daß ihnen der Begriff des Inhaltes der Betreuung in Art. 24 Abs. 3 EGBGB gegenübersteht, von dem sie abzugrenzen sind, und zum anderen, daß sie im Kontext der Regelungen des internationalen Privatrechts verwandt werden.

Zur Entstehung einer Betreuung sind in Abgrenzung zum Inhalt einer Betreuung all diejenigen Regelungen zu zählen, die regeln, unter welchen Voraussetzungen und mit welchem Umfang ein solches Rechtsinstitut zur Entstehung kommt. Eine Änderung einer Betreuung liegt dementsprechend dann vor, wenn Umfang oder Art einer solchen Maßnahme umgestaltet werden. Dem Ende einer Betreuung sind die Regelungen zuzuordnen, die zur Aufhebung der Maßnahme insgesamt führen.
Dem Inhalt der Maßnahme sind demgegemüber alle diejenigen Vorschriften zuzuordnen, die der Durchführung der angeordneten Maßnahme dienen.

Da Art. 24 EGBGB eine Regelung des internationalen Privatrechts ist, werden jedoch alle verfahrensrechtlichen Vorschrift weder von Art. 24 Abs. 1 S. 1 EGBGB noch von Art. 24 Abs. 3 EGBGB erfaßt.

b) Bei Schaffung des Art. 24 EGBGB a.F. unterstellte der Gesetzgeber gemäß Art. 24 Abs. 3 EGBGB den Inhalt einer angeordneten Vormundschaft dem Recht des anordnenden Staates, da dies wegen des engen Zusammenhanges zwischen den Vorschriften zur Durchführung einer angeordneten Vormundschaft und dem Verfahrensrecht zweckmäßig erschien[1]. Demgegenüber sollte der Werdegang einer Vormundschaft wegen des Eingriffs in die persönliche Rechtsstellung im Parteiinteresse dem Staatsangehörigkeitsprinzip unterstellt werden[2].
Nach Ansicht des Gesetzgebers bei Schaffung des Art. 24 EGBGB a.F. gehörten zum Inhalt der Vormundschaft die Auswahl, Bestellung, Beaufsichtigung sowie allgemein die Rechte und Pflichten des Vormunds[3]. Bei Schaffung des Art. 24 EGBGB n.F. nahm der Gesetzgeber hierzu nicht Stellung[4]. Es ist daher davon auszugehen, daß die bei Schaffung des Art. 24 EGBGB a.F. geltende Auffassung übernommen wurde, da Art. 24 Abs. 3 EGBGB bis auf die Einfügung des Wortes Betreuung unverändert blieb[5].

c) Die Anwendung des Heimatrechts des Betroffenen auf den Werdegang einer drittfürsorgenden Maßnahme für Volljährige beruht auf der Auffassung des deutschen Kollisionsrechts, die persönlichen Rechtsverhältnisse einer Person seien nur einer Rechtsordnung zu unterstellen, dem Personalstatut[6]. Nach deutscher Auffassung werden vom Personalstatut grundsätzlich die Regelungen des Personen-, Familien- und Erbrechts erfaßt, wie z.B. die Rechts- und die Geschäftsfähigkeit (Art. 7 Abs. 1 EGBGB), das Namensrecht (Art. 10 Abs. 1 EGBGB), die Voraussetzungen einer Eheschließung (Art. 13 Abs. 1 EGBGB) und das Erbrecht (Art. 25 Abs. 1 EGBGB).

---

[1] BT-Drucks. 10/504, S. 73.
[2] BT-Drucks. 10/504, S. 73.
[3] BT-Drucks. 10/504, S. 73.
[4] BT-Drucks. 11/4528, S. 194
[5] So auch Staudinger-Kropholler, EGBGB, Art. 24, Rz 35; Erman-Hohloch, EGBGB, Art. 24, Rz 13; Soergel-Kegel, EGBGB, Art. 24, Rz 45; Palandt-Heldrich, EGBGB, Art. 24, Rz 4; Oelkers, Internationales Betreuungsrecht, § 4 B III 5, S. 245 f.; zu Art. 24 EGBGB a.F.: MünchKomm-Klinkhardt, EGBGB, Art. 24, Rz 23 ff.
[6] Kropholler, Internationales Privatrecht, § 37 I 1, S. 236; Kegel, Internationales Privatrecht, § 13 II 2, S. 322; Palandt-Heldrich, EGBGB Art. 5 Rz 1.

Die Rechtsordnung, der das Personalstatut unterliegt, sollte dabei diejenige Rechtsordnung sein, mit der die Person am engsten verbunden ist[7]. Nach der Auffassung des deutschen Kollisionsrechts besteht zu der Rechtsordnung des Staates, dessen Staatsangehörigkeit die Person hat, grundsätzlich die engste Verbindung[8]. Die Anknüpfung an die Staatsangehörigkeit soll nicht vor allem hoheitlichen Interessen dienen, sondern erfolgt auch im Interesse der Betroffenen[9]. Dem liegt die Ansicht zugrunde, daß in der überwiegenden Anzahl der Fälle eine engere persönliche und kulturelle Beziehung zum dem Staat, dessen Staatsangehörigkeit die betroffene Person besitzt, und zu dessen Rechtsordnung besteht als zum Aufenthaltsstaat und der dort geltenden Rechtsordnung[10].

Entstehung, Änderung und Ende einer Betreuung sind daher als schwerwiegende Eingriffe in die persönliche Rechtsstellung des Betroffen nach dessen Heimatrecht zu beurteilen[11].

d) Berücksichtigt man nun sowohl das Interesse des Betroffenen, daß Eingriffe in seine persönliche Rechtsstellung sich nach dem Recht, mit dem er am engsten verbunden ist, richten, als das Interesse des Betroffenen und des Rechtsverkehrs an einer effektiven Durchführung der Schutzmaßnahme, so ergibt sich für die Abgrenzung von Werdegang und Inhalt der Betreuung folgendes:

Unter Entstehung der Betreuung sind alle die Normen einzuordnen, die materiell-rechtlich die Voraussetzungen, Umfang und Art und Weise der Anordnung einer fürsorgenden Maßnahme bestimmen und damit unmittelbar in die persönliche Rechtsstellung des Betroffenen eingreifen.
Zur Änderung der Betreuung zählen alle die Normen, die die materiellrechtlichen Voraussetzungen, Umfang und Art und Weise der Ausdeh-

---

7 Kropholler, Internationales Privatrecht, § 37 I 1, S. 236; Kegel, Internationales Privatrecht, § 13 II 2, S. 322; Palandt-Heldrich, EGBGB, Art. 5, Rz 1; Mansel, Personalstatut, Staatsangehörigkeit und Effektivität, Rz 36.

8 Vgl. hierzu Staudinger-Blumenwitz, EGBGB, Art. 5, Rz 17 ff; MünchKomm-Sonnenberger, EGBGB, Einl., Rz 514 ff; Kegel, Internationales Privatrecht, § 13 II 1 a, S. 318 f.; Kropholler, Internationales Privatrecht, § 38, S. 243 ff.; Neuhaus, Die Grundbegriffe des Internationalen Privatrechts, S. 208.

9 Staudinger-Blumenwitz, EGBGB, Art. 5, Rz 18; MünchKomm-Sonnenberger, EGBGB, Einl., Rz 514.

10 MünchKomm-Sonnenberger, EGBGB, Einl., Rz 514; Staudinger-Blumenwitz, EGBGB, Art. 5, Rz 18, 29 ff.; kritisch Kropholler, Internationales Privatrecht, § 38 I 2, S. 244 f., § 38 IV, 3, S. 251.

11 Staudinger-Kropholler, EGBGB, Art. 24, Rz 30; Zum Anwendungsbereich des Art. 24 Abs. 1 S. 2 EGBGB demgegenüber s. u. II.

nung oder Einschränkung einer fürsorgenden Maßnahme regeln. Unter den Begriff Ende sind alle die Regelungen zu fassen, die materiell-rechtlich die Aufhebung einer fürsorgenden Maßnahme betreffen.

2. Inhalt einer Betreuung

a. Begriff des Inhalts einer Betreuung

Problematischer ist der Begriff "Inhalt der Betreuung"; systematisch ist er, wie oben dargelegt, von den Begriffen "Entstehung", "Änderung" und "Ende" der Betreuung abzugrenzen.
Die Regelung des Art. 24 Abs. 1 S. 1 EGBGB soll, wie oben dargestellt, dem Interesse des einzelnen daran dienen, daß Eingriffe in seine persönliche Rechtsstellung grundsätzlich nach dem Recht beurteilt werden, mit dem er am engsten verbunden ist. Diesem Interesse an der Anwendung des Heimatrechts steht das Bedürfnis sowohl des Betroffenen als auch des Staates gegenüber, Schutzmaßnahmen schnell und effektiv durchführen zu können. Gerade bei der Durchführung und Ausgestaltung einer Maßnahme der stellvertretenden Fürsorge sind materielles Recht und Verfahrensrecht eng verflochten[12], z.B. bei Erteilung vormundschaftsgerichtlicher Genehmigungen, Überwachung des Betreuers, Vergütung des Betreuers.

Zum Inhalt der Betreuung i.S.v. Art. 24 EGBGB sind daher alle die materiell-rechtlichen Regelungen zu rechnen, die eng mit dem Verfahrensrecht verflochten sind und die die Durchführung der Betreuung regeln. Dies sind unzweifelhaft die Regelungen über die Rechnungslegung (z.B. § 1908 i Abs. 1 S. 1 BGB iVm § 1802 Abs. 1 S. 1, Abs, 2, 3 BGB), die Vergütung des Betreuers[13] (§ 1908 i Abs. 1 S. 1 BGB iVm §§ 1835, 1836 BGB).

---

[12] Zum alten Recht: MünchKomm-Klinkhardt, EGBGB, Art. 24, Rz 23; Staudinger-Kopholler, EGBGB, Art. 24, Rz 32; Pirrung, Internationales Privat- und Verfahrensrecht, S. 168; Kegel, Zur Reform des internationalen Vormundschafts- und Pflegschaftsrechts, S. 183, 193.

[13] Staudinger-Kropholler, EGBGB, Art. 24, Rz 40; Oelkers, Internationales Betreuungsrecht, § 4 B III 5, S. 245.

b. Maßgebendes Recht

Nach Art. 24 Abs. 3 EGBGB unterfällt der Inhalt einer Betreuung dem Recht des anordnenden Staates. Anordnender Staat kann der Staat sein, der das entsprechende Rechtsinstitut der stellvertretenden Fürsorge angeordnet hat. Es kann aber auch der Staat sein, der nunmehr für die Anordnung einer konkreten Maßnahme im Rahmen einer Betreuung oder eines ähnlichen Rechtsinstituts zuständig ist. Ist in Art. 24 Abs. 3 EGBGB der das Rechtsinstitut anordnende Staat gemeint, so ergibt sich wiederum das Problem, daß auch beim Inhalt der Maßnahme materielles und Verfahrensrecht aus verschiedenen Rechtsordnungen zu entnehmen sein könnten. Dies ist jedesmal dann der Fall, wenn nicht ein Gericht des Staates tätig wird, in dem ursprünglich die Maßnahme angeordnet wurde. Die Formulierung des Art. 24 Abs. 3 EGBGB "..der Inhalt der Betreuung ....unterliegen dem Recht des anordnenden Staates" weist darauf hin, daß sich "anordnen" auf die Anordnung einer Betreuung beziehen soll und nicht auf eine einzelne Maßnahme innerhalb einer Betreuung. Auch würde es weder dem Interesse des Betroffenen noch dem Staatsinteresse entsprechen, wenn innerhalb einer Betreuung einzelne Maßnahmen nach verschiedenen Rechtsordnungen getroffen würden, je nachdem welcher Staat für die Maßnahme zuständig wäre. Um eine gewisse Vorhersehbarkeit und Kontinuität in der fürsorgenden Maßnahme zu gewährleisten, kann es daher eher hingenommen werden, wenn in bestimmten Fällen das materielle Recht und das formelle Recht auch im Bereich der Durchführung der fürsorgenden Maßnahme verschiedenen Rechtsordnungen entnommen werden.

Anordnender Staat im Sinne des Art. 24 Abs. 3 EGBGB ist daher der Staat, der die Betreuung bzw. die entsprechende drittfürsorgende Maßnahme angeordnet hat[14].

Wurde in Frankreich für einen französischen Staatsangehörigen eine tutelle des majeurs angeordnet und wird diese im Inland anerkannt[15], so bestimmt das französische Recht auch die Durchführung der Betreuung, auch wenn für die konkrete Maßnahme gemäß § 69 e S. 1 FGG iVm § 35 b FGG deutsche Gerichte international zuständig sind. Wurde demgegenüber im Inland eine curatelle des majeurs für einen französischen Staatsangehörigen angeordnet, so unterliegt die Durchführung dieser fürsorgenden Maßnahme dem deutschen Recht.

---

[14] MünchKomm-Klinkhardt, EGBGB, Art. 24, Rz 23; Soergel-Kegel, EGBGB, Art. 24, Rz 44;

[15] Vgl. zur Anerkennung ausländischer Entscheidungen unten Kapitel 3.

II. Einordnung einzelner Regelungen des Betreuungsrechts in die Bereiche Werdegang und Inhalt der Betreuung

Anhand der unter I. gewonnenen Abgrenzungskriterien zwischen Werdegang und Inhalt einer Betreuung im Sinne von Art. 24 EGBGB sollen nun die einzelnen Maßnahmen dem jeweiligen Bereich zugeordnet werden.

Soweit ersichtlich wurde in der Literatur trotz der Neuregelungen des Betreuungsgesetzes die Zuordnung der einzelnen Regelungen zu Werdegang oder Inhalt aus dem bisherigen Vormundschafts- bzw. Pflegschaftsrecht übernommen[16].
So werden dem Werdegang der Betreuung folgende Regelungen zugeordnet:
- die Regelungen, die die Voraussetzungen für die Anordnung einer Betreuung bestimmen[17];
- die Regelungen, die die Voraussetzungen für die Änderung der Maßnahme bei Verbesserung oder Verschlimmerung der Krankheit festlegen[18];
- die Regelungen, die festlegen, wann ein Fürsorgebedürfnis nicht mehr besteht und wann somit die fürsorgende Maßnahme aufzuheben ist[19].

Dem Inhalt einer Betreuung werden demgegenüber zugeordnet:
- Auswahl, Qualifikation, Ablehnungsrecht und Bestellung des Betreuers[20];
- Vergütung und Beaufsichtigung des Betreuers[21];
- Rechte und Pflichten des Betreuers, insbesondere die Art und Weise der Personen- und Vermögenssorge[22];

---

[16] Der Gesetzgeber hat bei der Neuformulierung des Art. 24 EGBGB durch das Betreuungsgesetz hierzu nicht Stellung genommen, vgl. BT-Drucks. 11/4528, S. 194.

[17] Staudinger-Kropholler, EGBGB, Art. 24, Rz 28; Oelkers, Internationales Betreuungsrecht, § 4 B III 1 b, S. 223.

[18] Staudinger-Kropholler, EGBGB, Art. 24, Rz 32.

[19] Staudinger-Kropholler, EGBGB, Art. 24, Rz 33.

[20] Staudinger-Kropholler, EGBGB, Art. 24, Rz 30, 37; Erman-Hohloch, EGBGB, Art. 24, Rz 13; Palandt-Heldrich, EGBGB, Art. 24, Rz 4; Soergel-Kegel, EGBGB, Art. 24, Rz 45; Oelkers, Internationales Betreuungsrecht, § 4 B III 5, S. 245.

[21] Staudinger-Kropholler, EGBGB, Art. 24, Rz 40; Erman-Hohloch, EGBGB, Art. 24, Rz 13; Palandt-Heldrich, EGBGB, Art. 24, Rz 4; Soergel-Kegel, EGBGB, Art. 24, Rz 45; Oelkers, Internationales Betreuungsrecht, § 4 B III 5, S. 245.

[22] Staudinger-Kropholler, EGBGB, Art. 24, Rz 41; Erman-Hohloch, EGBGB, Art. 24, Rz 13; Palandt-Heldrich, EGBGB, Art. 24, Rz 4; Soergel-Kegel, EGBGB, Art. 24, Rz 45; Oelkers, Internationales Betreuungsrecht, § 4 B III 5, S. 245.

- der Umfang der Vertretungsmacht des Betreuers[23], insbesondere die Festlegung des Aufgabenkreises[24] und die Reichweite des Einwilligungsvorbehalts[25];
- das Bestehen eines gesetzlichen Pfandrechts des Betreuten am Vermögen des Betreuers[26];
- die Haftung des Betreuers[27].

Im Anschluß wird nun gezeigt, daß eine Übernahme der bisher vorgenommenen Einordnung der Regelungen nicht ohne weiteres möglich ist[28], sondern daß auch hier die Besonderheiten des neuen Rechtsinstituts zu berücksichtigen sind.

1. Bestimmung des Aufgabenkreises eines Betreuers, § 1896 Abs. 2 S. 1 BGB

Im Unterschied zur bisherigen Vormundschaft über Erwachsene wird eine Betreuung nicht grundsätzlich für alle Angelegenheiten des Betroffenen angeordnet, sondern nur für die Angelegenheiten, für die sie erforderlich ist. Gemäß § 1896 Abs. 2 BGB ist der Aufgabenkreis des Betreuers bei seiner Bestellung festzulegen. Nur innerhalb dieses Aufgabenkreises hat der Betreuer gemäß § 1902 BGB gesetzliche Vertretungsmacht.

Sieht man in der Bestimmung des Aufgabenkreises lediglich eine Festlegung der Vertretungsmacht des Betreuers, so wäre sie entsprechend der bisher h.M.[29] dem Inhalt der Betreuung zuzurechnen[30].

---

[23] Staudinger-Kropholler, EGBGB, Art. 24, Rz 42; Erman-Hohloch, EGBGB, Art. 24, Rz 13; Palandt-Heldrich, EGBGB, Art. 24, Rz 4; Soergel-Kegel, EGBGB, Art. 24, Rz 45; Oelkers, Internationales Betreuungsrecht, § 4 B III 5, S. 246.

[24] Oelkers, Internationales Betreuungsrecht, § 4 B III 5, S. 246.

[25] Palandt-Heldrich, EGBGB, Art. 24, Rz 4.

[26] Staudinger-Kropholler, EGBGB, Art. 24, Rz 43.

[27] Oelkers, Internationales Betreuungsrecht, § 4 B III 5, S. 245 f.; a.A. Erman-Hohloch, EGBGB, Art. 24, Rz 13: die Haftung richtet sich nach dem Deliktsstatut, ebenso Staudinger-Kropholler, EGBGB, Art. 24, Rz 41, der jedoch das Deliktsstatut akzessorisch an die rechtliche Beziehung zwischen Betreuer und Betreutem anknüpfen will.

[28] A.A. Staudinger-Kropholler, EGBGB, Art. 24, Rz 36; Oelkers, Internationales Betreuungsrecht, § 4 B III 5 Fn 851, S. 245.

[29] Für Art. 24 EGBGB a.F. wurde die Auffassung vertreten, daß der Umfang der Vertretungsmacht des Vormunds bzw. des Gebrechlichkeitspflegers dem Inhalt der Vormundschaft bzw. Pflegschaft zuzuordnen sind und daher dem Recht des die Vormundschaft/Pflegschaft anordnenden Staates unterliegt; vgl. MünchKomm-Klinkhardt, EGBGB, Art. 24, Rz 48; Staudinger-Kropholler, EGBGB, Art. 24, Rz

a. Anordnung einer Betreuung und Bestimmung des Aufgabenkreises nach dem Betreuungsrecht

Die Bestimmung des Aufgabenkreises stellt nicht nur einen verfahrensrechtlichen Teil der Anordnung der Betreuung dar; ohne sie ist die Bestellung eines Betreuers nicht möglich.
Voraussetzungen für die Bestellung eines Betreuers sind gemäß § 1896 Abs. 1 BGB das Vorliegen einer psychischen Krankheit oder einer körperlichen, geistigen oder seelischen Behinderung mit der darauf beruhenden sozialen Folge, daß der Betroffene seine Angelegenheiten ganz oder teilweise nicht besorgen kann[31]. Das Vorliegen dieser subjektiven Voraussetzungen rechtfertigt allein aber noch nicht die Bestellung eines Betreuers. Zusätzlich muß objektiv eine Betreuung zur Regelung bestimmter Angelegenheiten erforderlich sein, d.h. es muß Handlungsbedarf bestehen und weniger einschneidende Maßnahmen dürfen nicht in Betracht kommen[32]. Ist z.B. ein Betroffener nicht mehr in der Lage, seine Vermögensangelegenheiten selbst zu regeln, hat er jedoch kein Vermögen, so ist eine Betreuerbestellung wegen fehlenden Handlungsbedarfs unzulässig. Ebenso ist sie gemäß § 1896 Abs. 2 S. 2 BGB unzulässig, wenn der Betroffene zwar Vermögen hat, aber noch in gesunden Tagen jemanden bevollmächtigt hat, seine Vermögensangelegenheiten zu regeln[33].

§ 1896 Abs. 1 BGB enthält demnach den Grundtatbestand, der durch den Erforderlichkeitsgrundsatz (§ 1896 Abs. 2 BGB) seine Einschränkung erhält[34]. Das Prinzip der Erforderlichkeit soll zum Schutze des Betroffenen verhindern, daß in seine Rechtsstellung über das notwendige Maß hinaus

---

39; Soergel-Kegel, EGBGB, Art. 24, Rz 26; Kegel, Internationales Privatrecht (6.Auflage), § 20 XV 2 c, S. 641.

[30] So Palandt-Heldrich, EGBGB, Art. 24, Rz 4; Erman-Hohloch, EGBGB, Art. 24, Rz 13; Oelkers, Internationales Betreuungsrecht, § 4 III 5, S. 246.

[31] Palandt-Diederichsen, § 1896 Rz 4; MünchKomm-Schwab, § 1896 Rz 18; Bienwald, Betreuungsrecht, § 1896 Rz 13; HK-BUR/Bauer, § 1896, Rz 50.

[32] BayObLG vom 25.7.1994, BayObLGZ 1994, 209 (Leitsatz 2), 211 = BtPrax 1994, 209 (Leitsatz 2), 210; BayObLG vom 22.12.1994, BtPrax 1995, 64, 65; BayObLG vom 3.8.1995, BtPrax 1995, 218, 219; HK-BUR/Bauer, § 1896, Rz 114; MünchKomm-Schwab, § 1896, Rz 20; Bienwald, Betreuungsrecht, § 1896, Rz 104 ff.; Sonnenfeld, Betreuungs- und Pflegschaftsrecht, Rz 14; Gernhuber/Coester-Waltjen, Familienrecht, § 76 II 3, S. 1237 f.

[33] In einem solchen Fall kann aber die Bestellung eines Kontrollbetreuers nach § 1896 Abs. 3 BGB notwendig sein.

[34] BT-Drucks. 11/4528, S. 120; Bienwald, Betreuungsrecht, § 1896 Rz 14; Gernhuber/Coester-Waltjen, Familienrecht, § 76 II 3, S. 1237.

eingegriffen wird. Aus diesem Grunde genießt das Erforderlichkeitsprinzip Verfassungsrang[35].

Aus dem Erforderlichkeitsprinzip folgt zum einen, daß der Aufgabenkreis eines Betreuers so konkret wie möglich zu bestimmen ist[36], zum anderen, daß in der konkret benannten Angelegenheit im Augenblick oder in absehbarer Zeit ein konkreter Handlungsbedarf bestehen muß[37].
So ist der Aufgabenkreis "Sorge für die Gesundheit" des Betroffenen dann zu weit gefaßt, wenn der im übrigen körperlich gesunde Betroffene nur der nervenärztlichen Behandlung bedarf und sich aufgrund seiner Krankheit einer solchen entzieht[38].

b. Einordnung der Bestimmung des Aufgabenkreises in Art. 24 EGBGB

Der Erforderlichkeitsgrundsatz ist damit untrennbar mit der Bestellung eines Betreuers verbunden. Den Umfang des Eingriffs in die Handlungsfreiheit des Betroffenen legt gerade die Bestimmung des Aufgabenkreises nach § 1896 Abs. 2 S. 1 BGB fest.
Würde man alleine § 1896 Abs. 1 BGB der Anordnung einer Betreuung im Sinne von Art. 24 Abs. 1 S. 1 EGBGB zuordnen, während man die Bestimmung des Aufgabenkreises als Festlegung der gesetzlichen Vertretungsmacht des Betreuers dem Inhalt einer Betreuung im Sinne von Art. 24 Abs. 3 EGBGB zurechnen würde, so würde dies den grundlegenden Prinzipien des Betreuungsrechts widersprechen.
Das Heimatrecht bestimmt daher gemäß Art. 24 Abs. 1 S. 1 EGBGB sowohl die Voraussetzungen der Anordnung als auch den Umfang der stellvertretenden Drittfürsorge.

---

35 BT-Drucks. 11/4528, S. 120; zum alten Recht: BVerfG vom 7.10.1981, BVerfGE 58, 208, 225 f.

36 BayObLG vom 25.7.1994, BayObLGZ 1994, 209, 211 = BtPrax 1994, 209, 210; BayObLG vom 22.12.1994, BtPrax 1995, 64, 65; BayObLG vom 3.8.1995, BtPrax 1995, 218, 219; OLG Karlsruhe vom 30.8.1994, BtPrax 1995, 70, 73.

37 BayObLG vom 22.12.1994, BtPrax 1995, 64, 65.

38 BayObLG vom 22.12.1994, BtPrax 1995, 64, 65.

2. Auswahl eines Betreuers

Bisher wurde die Auswahl des Vormundes bzw. Gebrechlichkeitspflegers unter den Begriff Inhalt einer angeordneten Vormundschaft bzw. Gebrechlichkeitspflegschaft (Art. 24 Abs. 3 EGBGB a.F.) eingeordnet[39].

Anders als das bis 31.12.1991 für Volljährige geltende Vormundschafts- und Pflegschaftsrecht unterscheidet das Betreuungsrecht jedoch nicht mehr zwischen Anordnung der Betreuung und Auswahl des Betreuers. Beides erfolgt in einer Entscheidung des Gerichts. Die Entscheidung über die Bestellung eines Betreuers (§ 1896 BGB) hat gemäß § 69 FGG die Bezeichnung des Betroffenen, des Betreuers und des Aufgabenkreises zu enthalten.

In Anbetracht der Zusammenfassung von Anordnung einer Betreuung und Auswahl des Betreuers im Betreuungsrecht stellt sich somit die Frage, ob die Auswahl der Person des Betreuers weiterhin dem Inhalt des Betreuung zuzurechnen ist[40] oder ob sie nicht unter die Entstehung der Betreuung im Sinne von Art. 24 Abs. 1 EGBGB eingeordnet werden sollte.

a. Auswahl eines Betreuers nach dem Betreuungsrecht

Wegen des persönlichen Kontakt und des für eine sinnvolle Betreuung erforderlichen Vertrauensverhältnisses zwischen Betreuer und Betreutem ist die Person des Betreuers für den Betroffenen ebenso wichtig wie die abstrakte Anordnung der Betreuung[41]. Deshalb wurden im neuen Betreuungsrecht Anordnung der Betreuung und Bestellung des Betreuers in einer sogenannten Einheitsentscheidung zusammengefaßt (§ 1896 Abs. 1 BGB).

Die Kriterien für die Auswahl des Betreuers regeln §§ 1897 - 1900 BGB. Ihnen liegt das Leitbild der persönlichen Betreuung zugrunde. Wenn möglich soll die Betreuung durch natürliche Personen erfolgen. Als Betreuer kommen nach § 1897 Abs. 2 BGB auch Mitarbeiter von Betreu-

---

[39] MünchKomm-Klinkhardt, EGBGB, Art. 24 Rz 26; Staudinger-Kropholler, EGBGB, Art. 24, Rz 35, 37.

[40] So Oelkers, Internationales Betreuungsrecht, § 4 B III 5, S. 245; Erman-Hohloch, EGBGB, Art. 24, Rz 13; Palandt-Heldrich, EGBGB, Art. 24, Rz 4.

[41] BT-Drucks. 11/4528, S. 50; Coester, Von anonymer Verwaltung zu persönlicher Betreuung, Jura 1991, 1, 5.

ungsvereinen und der Betreuungsbehörden in Betracht. Nur wenn die Betreuung durch eine natürliche Person nicht ausreicht, kann ein Betreuungsverein oder die zuständige Betreuungsbehörde als Betreuer bestellt werden (§ 1900 Abs. 1, 4 BGB).
Bei natürlichen Personen und juristischen Personen des Privatrechts ist es unproblematisch, ob diese nach dem Recht des Heimatstaates des Betroffenen oder nach dem Recht des die Betreuung anordnenden Staates ausgewählt werden. Auch ein ausländischer Staatsangehöriger bzw. eine ausländische juristische Person des Privatrechts kann grundsätzlich als Betreuer ausgewählt werden. Diese Entscheidung entfaltet zunächst aber nur Wirkungen im Inland. Dies ist ausreichend, soweit sich die ausgewählte Person im Inland aufhält. Anders ist dies bei ausländischen staatlichen Einrichtungen bzw. juristischen Personen des öffentlichen Rechts. Eine Auswahl solcher Institutionen ist nicht möglich, da dies einen Eingriff in die Hoheitsrechte eines anderen Staates darstellen würde, zu dem die inländischen Behörden grundsätzlich nicht berechtigt sind.

b. Einordnung der Auswahl eines Betreuers in Art. 24 EGBGB

Es besteht danach zwar ein unbestreitbarer Zusammenhang zwischen der Auswahl des Betreuers und den Einrichtungen, die das Recht des anordnenden Staates zur Verfügung stellt. Dieser Zusammenhang zieht aber nicht zwingend die Anwendung des Recht des anordnenden Staates auf die Auswahl des Betreuers nach sich.

Ausschlaggebend ist vielmehr die Bedeutung der Auswahl des Betreuer für den Betroffenen. Aus diesem Grund ist die Auswahl des Betreuers der Entstehung einer Betreuung und damit Art. 24 Abs. 1 EGBGB zuzuordnen. Diese Gewichtung entspricht den oben dargelegten Grundsätzen des Betreuungsrechts. Diese haben Vorrang vor der erleichterten Durchführung der Auswahl des Betreuers. Soweit das Heimatrecht des Betroffenen die Bestellung einer staatlichen Einrichtung vorsieht, ist insoweit eine Anpassung erforderlich, als dann im Inland zur Verfügung stehende Einrichtungen, ob Betreuungsverein oder -behörde, diese Aufgabe übernehmen müssen.

3. Übernahmepflicht des Betreuers

a. Übernahmepflicht des Betreuers nach dem Betreuungsrecht

Gemäß § 1898 Abs. 1 BGB besteht grundsätzlich für jede Person, die als Betreuer ausgewählt wurde, die Verpflichtung, dieses Amt auch zu übernehmen.
Die Person des Betreuers ist wegen des Grundsatzes der persönlichen Betreuung für den Betroffenen von großer Bedeutung[42], so daß eine zwangsweise Bestellung eines Betreuers für den Betroffenen sehr nachteilig sein könnte. Wird jemand zur Übernahme des Amtes gezwungen, so besteht die große Gefahr, daß er bei Führung des Amtes das notwendige Engagement nicht zeigt und somit ein Vertrauensverhältnis zwischen dem Betroffenen und dem Betreuer nicht entstehen kann. Aus diesem Grund wurde in § 1898 Abs. 1 BGB die ausgewählte Person zwar zur Übernahme der Betreuung verpflichtet, sie darf aber gemäß § 1898 Abs. 2 BGB nur bestellt werden, wenn sie sich zur Übernahme des Amtes auch bereit erklärt hat. Somit ist eine Bestellung eines Betreuers gegen seinen Willen nicht möglich. Ebenso kann die Verpflichtung zur Übernahme des Amtes nicht durch die Verhängung eines Zwangsgeldes gegen die ausgewählte Person durchgesetzt werden[43].

b. Einordnung der Übernahmepflicht im internationalen Privatrecht

Die in § 1898 BGB aufgestellt Übernahmeverpflichtung hat zwar Einfluß auf die Auswahl des Betreuers und damit auch auf die Bestellung des Betreuers, sie greift aber nicht in die Rechtsstellung des Betroffenen ein. Sie steht aber in engem Zusammenhang mit der Auswahl des Betreuers, so daß zu überlegen wäre, ob sie nicht derselben Rechtsordnung unterstehen sollte. Nach der hier vertretenen Auffassung[44] wäre dann die Übernahmeverpflichtung bzw. das Ablehnungsrecht der Entstehung einer Betreuung zuzuordnen und würde dem Heimatrecht des Betroffenen unterliegen.

---

[42] Vgl. oben II 2.

[43] BT-Drucks. 11/4528, S. 129; MünchKomm-Schwab, § 1898, Rz 10; Bienwald, Betreuungsrecht, § 1898, Rz 5; HK-BUR/Bauer, § 1898, Rz 8.

[44] Ordnet man weiterhin die Auswahl des Betreuers dem Inhalt der Betreuung zu, so wäre die Übernahmeverpflichtung danach dem Inhalt der Betreuung zuzuordnen, so Staudinger-Kropholler, EGBGB, Art. 24, Rz 30; Oelkers, Internationales Betreuungsrecht, § 4 B III 5, S. 246.

Andererseits greift die Verpflichtung zur Übernahme einer Betreuung in die Rechtsstellung des Betreuers bzw. der Person, die zu einem Betreuer bestellt werden soll, ein.

Deshalb war bereits vor Inkrafttreten des Betreuungsgesetzes streitig, ob das Ablehnungsrecht eines Vormundes sich gemäß Art. 24 Abs. 3 EGBGB nach dem Recht des die Vormundschaft anordnenden Staates bestimmt[45] oder nach dem Heimatrecht des Betreuers bzw. der Person, die zum Betreuer bestellt werden soll[46].

Für die Unterstellung des Ablehnungsrecht bzw. der Übernahmepflicht für eine Betreuung unter das Heimatrecht der verpflichteten Person spricht, daß dies ein erheblicher Eingriff in die Rechtsstellung dieser Person darstellt. Solche Eingriffe sollten grundsätzlich dem Recht unterstehen, mit dem der Betreffende am engsten verbunden ist, also nach deutscher Auffassung dem Heimatrecht[47].

Gegen die Anwendung des Heimatrechts der verpflichteten Person spricht, daß in keiner Norm des EGBGB eine entsprechende Verweisung enthalten ist.

Es bleibt noch zu berücksichtigen, daß der Gesetzgeber in § 1898 BGB nicht nur eine Übernahmeverpflichtung für deutsche Staatsangehörige geschaffen hat, sondern auch ausländische Staatsangehörige zur Übernahme verpflichtet[48]. Im Unterschied zu § 1785 BGB a.F. beschränkte er die Übernahmeverpflichtung ausdrücklich nicht mehr auf deutsche Staatsangehörige.
Daraus ergibt sich zunächst, daß bei Anwendung deutschen Sachrechts die Übernahmeverpflichtung unabhängig vom Heimatrecht der verpflichteten Person besteht.

Mit der Erstreckung der Übernahmeverpflichtung auf ausländische Staatsangehörige enthält § 1898 BGB aber auch einen kollisionsrechtlichen Bezug. Es stellt sich daher die Frage, ob § 1898 BGB nur anzuwen-

---

[45] Staudinger-Kropholler, EGBGB, Art. 24, Rz 30; Oelkers, Internationales Betreuungsrecht, § 4 B III 5, S. 246.

[46] Soergel-Kegel, EGBGB, Art. 24, Rz 17 a; Kegel, Zur Reform des internationalen Vormundschafts- und Pflegschaftsrechts, in: Vorschläge und Gutachten zur Reform des deutschen internationalen Kindschafts-, Vormundschafts- und Pflegschaftsrechts, S. 216, 235; MünchKomm-Klinkhardt, EGBGB, Art. 24, Rz 27.

[47] Vgl. oben I 1 d.

[48] BT-Drucks. 11/4528, S. 129.

den ist, wenn gemäß Art. 24 Abs. 1 S. 1 EGBGB deutsches Sachrecht auf die Durchführung der Betreuung Anwendung findet oder ob § 1898 BGB darüberhinaus Geltung beansprucht.
Das wäre dann der Fall, wenn § 1898 BGB eine eigenständige Kollisionsnorm hinsichtlich des auf die Übernahmeverpflichtung anwendbaren Rechts enthielte[49] oder als sozialpolitische Ordnungsnorm Geltung unabhängig von dem ansonsten auf die Betreuung anwendbaren Recht beanspruchen würde[50].

§ 1898 BGB ist Ausdruck des Grundsatzes, nach dem es zu den "Bürger"-Pflichten eines jeden gehört, sich im Rahmen seiner Möglichkeiten an der Betreuungsarbeit für hilfsbedürftige Menschen zu beteiligen[51].
Der Staat ist auf die Mitwirkung des einzelnen angewiesen, um seine Aufgabe, für hilfsbedürftige Personen Fürsorge zu tragen, wahrnehmen zu können. Insoweit hat die Verpflichtung zur Übernahme einer Betreuung auch einen gemeinschaftsbezogenen Zweck.
Der Gesetzgeber besteht aber nicht auf einer Durchsetzung dieser Verpflichtung um jeden Preis, vielmehr bleibt die Weigerung, dieser Verpflichtung nachzukommen, sanktionslos[52] und ist nicht durch staatliche Maßnahmen durchsetzbar[53].
Es handelt sich somit bei § 1898 BGB nicht um eine Norm, die unter allen Umständen und unabhängig vom auf die Betreuung anzuwendenen Recht gelten will.

Auch beinhaltet § 1898 BGB keine eigenständige, versteckte Kollisionsnorm, sondern die Regelung, daß auch bei Anwendung deutschen Sachrechts die Staatsangehörigkeit des zu bestellenden Betreuers für das Bestehen der Übernahmeverpflichtung unerheblich ist.

---

[49] Sog. versteckte Kollisionsnorm, vgl. hierzu Kropholler, Internationales Privatrecht, § 12 IV, S. 91 f.; MünchKomm-Sonnenberger, EGBGB, Einl., Rz 327 f.
[50] Sog. Eingriffsnorm, vgl. hierzu Kropholler, Internationales Privatrecht, § 3 II, S. 17 ff., § 12 V, S. 93 f.; MünchKomm-Sonnenberger, EGBGB, Einl., Rz 30 ff.; Staudinger-Sturm F./Sturm G., EGBGB, Einl. z. IPR, Rz 15, 34 ff.
[51] Bienwald, Betreuungsrecht, § 1898, Rz 1; HK-BUR/Bauer, § 1898, Rz 8.
[52] Derjenige, der entgegen § 1898 BGB die Übernahme einer Betreuung verweigert, hat jedoch gemäß § 1908 i Abs. 1 S. 1 BGB iVm § 1787 Abs. 1 BGB den Schaden zu ersetzen, der durch eine infolge der Weigerung verzögerte Betreuerbestellung entstanden ist.
[53] Bienwald, Betreuungsrecht, § 1898, Rz 5; HK-BUR/Bauer, § 1898, Rz 8; MünchKomm-Schwab, § 1898, Rz 10.

Das Ablehnungsrecht bzw. die Übernahmeverpflichtung des Betreuers ist somit der Entstehung der Betreuung zuzuordnen und unterliegt damit dem Heimatrecht des Betroffenen[54]

4. Einwilligungsvorbehalt, § 1903 BGB

a. Einwilligungsvorbehalt nach dem Betreuungsrecht

Die Bestellung eines Betreuers allein reicht in manchen Fällen nicht aus, um den Betroffenen ausreichend zu schützen. Es kann die Gefahr bestehen, daß der Betreute trotz der Betreuung, die sein Geschäftsfähigkeit nicht beeinträchtigt, sich durch die Abgabe von Willenserklärungen erheblich selbst schädigt. Dies wurde nach altem Recht durch die Entmündigung des Betroffenen verhindert. Das neue Betreuungsrecht wollte den grundsätzlich vollumfänglichen Ausschluß einer Person von der Teilnahme am Rechtsverkehr, wie ihn die Entmündigung bewirkte, verhindern[55]. Der Einzelne soll durch Anordnung eines Einwilligungsvorbehaltes gemäß § 1903 BGB nur soweit von der Teilnahme am Rechtsverkehr ausgeschlossen werden, wie dies zur Abwendung einer erheblichen Gefahr für Vermögen oder Person des Betroffenen notwendig ist[56].

Ein Einwilligungsvorbehalt kann daher nur für solche Willenserklärungen angeordnet werden, die in den Aufgabenkreis des Betreuers fallen.
Der Einwilligungsvorbehalt hat zur Folge, daß ein zweiseitiges Rechtsgeschäft des Betreuten, das ohne Einwilligung des Betreuers getätigt wurde, unwirksam ist, sofern es der Betreuer nicht genehmigt (§ 1903 Abs. 1 S. 2 BGB iVm § 108 BGB). Ein einseitiges, ohne die Einwilligung des Betreuers vorgenommenes Rechtsgeschäft ist gemäß § 1903 Abs. 1 S. 2 BGB iVm § 111 BGB von Anfang an unwirksam.

Im Hinblick auf Realakte kann ein Einwilligungsvorbehalt nicht angeordnet werden, da er in diesem Fall keinen Sinn macht. Der vom Betreuten vorgenommene Realakt ist mit Vornahme existent und damit "wirksam".

---

[54] A.A. Staudinger-Kropholler, EGBGB, Art. 24, Rz 30; Oelkers, Internationales Betreuungsrecht, § 4 B III 5, S. 246; Soergel-Kegel, EGBGB, Art. 24, Rz 17 a.
[55] BT-Drucks. 11/4528, S. 59 ff.
[56] BT-Drucks. 11/4528, S. 63 f.

Auch hinsichtlich einer Einwilligung in eine medizinische Untersuchung oder eine Heilbehandlung ist die Anordnung eines Einwilligungsvorbehaltes nicht möglich[57]. Nach deutschem Recht stellt jede Heilbehandlung einen Eingriff in die verfassungsrechtlich geschützte körperliche Unversehrtheit einer Person dar. Sie ist nur gerechtfertigt und damit zulässig, wenn der Patient oder ggf. dessen gesetzlicher Vertreter in die Behandlung einwilligt. Die Einwilligung ist dabei keine Willenserklärung, sondern eine geschäftsähnliche Handlung, für die nicht Geschäftsfähigkeit, sondern Einwilligungsfähigkeit erforderlich ist. Die Einwilligungsfähigkeit einer Person ist unabhängig von ihrer Geschäftsfähigkeit gegeben, wenn sie aufgrund ihrer natürlichen Einsichts- und Steuerungsfähigkeit Art, Ausmaß, Alternativen und möglichen Konsequenzen der Behandlung erfassen kann und entsprechend dieser Einsicht handeln kann.

Voraussetzung für die Einwilligung durch den gesetzlichen Vertreter ist das Fehlen der Einwilligungsfähigkeit des Betroffenen für diese ärztliche Maßnahme[58]. Nur bei Vorliegen der Einwilligungsunfähigkeit ist die Bestellung eines Betreuers als gesetzlicher Vertreter möglich, da es sich hier um einen Eingriff in ein höchstpersönliches Recht des Betroffenen handelt. Eine Einwilligung des Betreuers in eine ärztliche Maßnahme trotz entgegenstehenden Willens des einwilligungsfähigen Betroffenen ist in keinem Fall zulässig[59].

Da somit eine Vertretung des Betroffenen bei der Einwilligung in eine Heilbehandlung nur möglich ist, wenn vorher die Einwilligungsunfähigkeit des Betroffenen festgestellt wurde, findet auf die Einwilligung in eine Heilbehandlung § 1903 BGB weder direkt noch analog Anwendung. Eine direkte Anwendung scheidet aus, da die Einwilligung in eine medizinische Behandlung keine Willenserklärung darstellt, sondern eine geschäftsähnliche Handlung.

§ 1903 BGB findet aber seinem Wortlaut nach nur auf Willenserklärungen Anwendung. Eine analoge Anwendung des § 1903 BGB scheidet aus,

---

[57] OLG Hamm vom 30.8.1994, BtPrax 1995, 70, 73; Bienwald, Betreuungsrecht, § 1904, Rz 14; Sonnenfeld, Betreuungs- und Pflegschaftsrecht, Rz 56, 279; a.A. Palandt-Diederichsen, § 1904, Rz 1.

[58] MünchKomm-Schwab, § 1904, Rz 4; Gernhuber/Coester-Waltjen, Familienrecht, § 76 V 2, S. 1249 f.; Sonnenfeld, Betreuungs- und Pflegschaftsrecht, Rz 278; Müller, Das neue Betreuungsrecht - Auswirkungen auf die ärztliche Behandlung, DA-Vorm. 1992, 151, 152; Stolz, Betreuungsgesetz: Umsetzungsdefizite im Bereich Heilbehandlung und freiheitsentziehende Maßnahmen bei Heimbewohnern, FamRZ 1993, 642, 644.

[59] MünchKomm-Schwab, § 1904, Rz 4; Kollmer, Selbstbestimmung im Betreuungsrecht, S. 137 f., 193 f.; Schweitzer, Heilbehandlung und Selbstbestimmung, FamRZ 1996, 1317, 1318.

da eine Regelungslücke, die der Ausfüllung bedürfte, nicht vorliegt. Ist der Betroffenen einwilligungsfähig, so bedarf er keines Betreuers für die Einwilligung; ist er einwilligungsunfähig, so kann nur der Betreuer für ihn handeln, er selbst jedoch nicht. Da zudem die Einwilligungsfähigkeit auf jeden Fall festgestellt werden muß, besteht auch im Hinblick auf eine Beweiserleichterung kein Bedarf für die Anordnung eines Einwilligungsvorbehaltes.

b. Einwilligungsvorbehalt und Geschäftsfähigkeit

Geschäftsfähigkeit ist die Fähigkeit einer Person durch Abgabe rechtsgeschäftlicher Willenserklärungen selbständig Rechtswirkungen zu erzielen, d.h. selbständig und vollwirksam Rechtsgeschäfte tätigen zu können[60]. Die Geschäftsfähigkeit ist damit die Grundlage für die Ausübung der in Art. 2 GG geschützten Privatautonomie. Diese beruht darauf, daß jeder einzelne grundsätzlich die Möglichkeit hat seine Rechtsgeschäfte eigenständig und frei zu gestalten[61].
Nach der Konzeption des Gesetzgebers berührt die Bestellung eines Betreuers gemäß § 1896 BGB die Geschäftsfähigkeit des Betroffenen nicht[62]. Die Geschäftsfähigkeit einer Person bestimmt sich danach allein gemäß § 104 BGB.

Bei einer nach § 104 BGB geschäftsfähigen Person bedeutet aber die Bestellung eines Betreuers auch eine Einschränkung der Handlungsfreiheit, da der Betreuer als gesetzlicher Vertreter (§ 1902 BGB) des Betroffenen Rechtsgeschäfte tätigen kann und diese der Betreute gegen sich gelten lassen muß[63].
Über die Bestellung eines Betreuers geht die Anordnung eines Einwilligungsvorbehalts gemäß § 1903 BGB hinaus. Hinsichtlich des gesamten Aufgabenkreises oder eines Teiles des Aufgabenkreises kann das Gericht, soweit es erforderlich ist, einen Einwilligungsvorbehalt anordnen. Im Geltungsbereich eines Einwilligungsvorbehalts wird ein geschäftsfähiger Betroffener nicht nur von seinem Betreuer gesetzlich vertreten, sondern er kann trotz nach § 104 Nr. 2 BGB bestehender Geschäftsfähigkeit keine

---

[60] Vgl. MünchKomm-Birk, EGBGB, Art. 7, Rz 21; Schwimann, Die Institution der Geschäftsfähigkeit, S. 47; Zurmühl, Die Rechtsgeschäfte der beschränkt Geschäftsfähigen, S. 1.
[61] Schwimann, Die Institution der Geschäftsfähigkeit, S. 29.
[62] BT-Drucks. 11/4528, S. 52.
[63] Holzhauer, Abschied von der Entmündigung, FuR 1990, 249, 252.

Rechtsgeschäfte ohne Zustimmung des Betreuers wirksam tätigen[64]. Die Anordnung eines Einwilligungsvorbehalts schränkt somit in den durch gerichtlichen Beschluß festgelegten Bereichen die Fähigkeit des Betreuten ein, selbständig und eigenverantwortlich durch Willenserklärungen Rechtswirkungen zu erzeugen. Die Anordnung eines Einwilligungsvorbehalts bewirkt damit, wenn auch keinen vollständigen Entzug, so doch eine Beschränkung der Geschäftsfähigkeit[65].

Die Anordnung eines Einwilligungsvorbehalts sagt dabei nichts über die Geschäftsfähigkeit des Betroffenen aus, da auch bei nach § 104 Nr. 2 BGB geschäftsunfähigen Personen ein Einwilligungsvorbehalt zur Klarstellung angeordnet werden kann[66].

c. Einwilligungsvorbehalt und Art. 7 EGBGB

Da die Anordnung eines Einwilligungsvorbehaltes einen Eingriff in die Geschäftsfähigkeit des Betroffenen beinhaltet, stellt sich die Frage, ob die Anordnung eines Einwilligungsvorbehaltes als ein Art teilweiser Entmündigung nicht unter Art. 7 EGBGB einzuordnen ist.

Wie bereits oben[67] festgestellt wurde, fallen unter den Begriff der Betreuung im Sinne von Art. 24 EGBGB alle fürsorgenden Maßnahmen der Gerichte oder sonstiger Stellen, unabhängig von ihrer Auswirkung auf die Geschäftsfähigkeit, ausgenommen die Entmündigungen[68].

Der Einwilligungsvorbehalt kann nur in Zusammenhang mit einer bereits bestehenden oder gleichzeitig erfolgten Betreuerbestellung angeordnet werden. Seine Anordnung erfolgt allein nach dem Prinzip der Erforderlichkeit, unabhängig von der Geschäftsfähigkeit des Betroffenen.
Auch wenn eine Einwilligungsvorbehalt erst im Laufe einer Betreuung erforderlich wird, so kann er nur innerhalb des Aufgabenkreises des Be-

---

[64] BT-Drucks. 11/4528, S. 64; Bienwald, Betreuungsrecht, § 1903, Rz 59; MünchKomm-Schwab, § 1903, Rz 32.

[65] Vgl. auch Holzhauer, Empfiehlt es sich das Recht der Vormundschaft und der Pflegschaft für Erwachsene sowie das Unterbringungsrecht nur zu ordnen?: Gutachten B (Juristisches Teilgutachten), B 75 f.

[66] BT-Drucks. 11/4528, S. 137; Bienwald, Betreuungsrecht, § 1903, Rz 60; MünchKomm-Schwab, § 1903, Rz 12.

[67] S. Kapitel 1 II 5.

[68] S. Kapitel 1 III 2.

treuers angeordnet werden oder der Aufgabenkreis muß entsprechend erweitert werden.

So greift zwar die Anordnung eines Einwilligungsvorbehalt in die Geschäftsfähigkeit des Betroffen - falls dieser noch geschäftsfähig war - ein, aber sie ist in der Hauptsache ein Teil der Betreuungsanordnung. Eine Einordnung des Einwilligungsvorbehalts als eine die Geschäftsfähigkeit beschränkende Maßnahme unter Art. 7 EGBGB kommt daher nicht in Betracht.

d. Einordnung des Einwilligungsvorbehalts in Art. 24 EGBGB

Die Anordnung eines Einwilligungsvorbehalt ist nach den oben dargestellten Abgrenzungskriterien dem Werdegang einer Betreuung zuzuordnen, falls sein Schwergewicht in einem zusätzlichen Eingriff in die persönliche Rechtsstellung des Betroffenen liegt und er damit der Anordnung einer fürsorgenden Maßnahme bzw. bei nachträglichem Einwilligungsvorbehalt der Änderung des Umfangs einer Betreuung zuzurechnen ist. Er ist dem Inhalt der Betreuung zuzuordnen, falls sein Hauptzweck der Durchführung der Betreuung dient.

Bei gemäß § 104 Nr. 2 BGB ganz oder partiell geschäftsunfähigen Betreuten bewirkt die Anordnung eines Einwilligungsvorbehalts, soweit Geschäftsunfähigkeit vorliegt, keinen zusätzlichen Eingriff in die persönliche Handlungsfähigkeit des Betroffenen. Die Rechtsgeschäfte sind gemäß § 105 BGB von vornherein nichtig. Hier dient der Einwilligungsvorbehalt der Beweiserleichterung im Hinblick auf die Geltendmachung der Unwirksamkeit eines Rechtsgeschäfts, das durch den Betroffenen allein getätigt wurde[69]. In diesem Fall kann man im Einwilligungsvorbehalt eine Regelung zur Durchführung der Betreuung sehen.

Ist der Betroffene dagegen geschäftsfähig, so wird mit Anordnung des Einwilligungsvorbehalts seine Handlungsfähigkeit weiter eingeschränkt, als wenn nur ein Betreuer bestellt würde.
Der Betroffene steht nun bei den unter den Einwilligungsvorbehalt fallenden Rechtsgeschäften in seiner rechtsgeschäftlichen Handlungsfähigkeit einem beschränkt geschäftsfähigen Minderjährigen gleich. In diesem Fall

---

[69] MünchKomm-Schwab, § 1903, Rz 12.

beinhaltet die Anordnung eines Einwilligungsvorbehaltes einen sehr weitgehenden Eingriff in die persönliche Rechtsstellung des Betroffenen.
Man könnte nun je nachdem, ob es sich um einen nach § 104 Nr. 2 BGB geschäftsfähigen oder nicht geschäftsfähigen Betroffenen handelt, die Maßnahme einmal der Durchführung und einmal der Anordnung bzw. Änderung der Betreuung zuordnen.

Dies erscheint aber aus zweierlei Gründen nicht sinnvoll. Zum einen müßte dann schon bei der Zuordnung der Maßnahme die Geschäftsfähigkeit des Betroffenen geprüft werden. Zum anderen würde dies nicht mit der Systematik des Betreuungsrechts in Einklang stehen. Die Unterscheidung von Geschäftsfähigen und Geschäftsunfähigen sollte gerade vermieden werden. So hat auch das für die Anordnung eines Einwilligungsvorbehalts nach § 68 b Abs. 2 FGG erforderliche Gutachten nur zu Erforderlichkeit und Umfang des Einwilligungsvorbehaltes, nicht aber zur Frage der Geschäftsfähigkeit (§ 68 b Abs. 1 FGG) Stellung zu nehmen.
Es kommt somit nur eine einheitliche Einordnung der Maßnahme für alle Betroffenen in Betracht, die sich aus dem Schwerpunkt der Maßnahme ergibt.

Die Anordnung eines Einwilligungsvorbehaltes folgt denselben Verfahrensregeln wie die Bestellung eines Betreuers, unabhängig davon, ob sie gleichzeitig mit der Betreuerbestellung oder erst zeitlich später erfolgt (§§ 68 ff FGG).
So ist der Betroffene gemäß § 68 Abs. 1 S. 1 FGG persönlich anzuhören und es ist gemäß § 68 b Abs. 2 FGG ein Sachverständigengutachten über die Erforderlichkeit und den Umfang des Einwilligungsvorbehaltes einzuholen.
Der Grund für dieses umfangreiche Verfahren liegt darin, daß die Anordnung eines Einwilligungsvorbehaltes für den Betroffenen einen weitergehenderen Eingriff in seine Handlungsfähigkeit darstellt als die Bestellung eines Betreuers[70].

Wegen der Tragweite des Eingriffs für den Betroffenen ist daher die Anordnung eines Einwilligungvorbehaltes der Entstehung bzw. Änderung der Betreuung zuzuordnen und unterliegt damit grundsätzlich dem Heimatrecht des Betroffenen gemäß Art. 24 Abs. 1 S. 1 EGBGB[71]. Diese Grundsätze gelten auch für die Aufhebung eines Einwilligungsvorbehaltes gemäß § 1908 d BGB.

---

[70] MünchKomm-Schwab, § 1903, Rz 17.
[71] A.A. Palandt-Heldrich, EGBGB, Art. 24, Rz 4.

5. Die Vertretung des Betroffenen bei einer Einwilligung in eine Heilbehandlung, § 1904 BGB

a. Einwilligung und Einwilligungsfähigkeit im deutschen Sachrecht

Nach deutschem Recht stellt jede medizinische Untersuchung, jede Heilbehandlung und jeder sonstige ärztliche Eingriff, auch wenn sie lege artis durchgeführt werden, einen Eingriff in die verfassungsrechtlich geschützte körperliche Unversehrtheit einer Person dar (Art. 2 Abs. 2 S. 1 GG). Findet ein Eingriff in die körperliche Integrität nicht statt, so ist durch eine Behandlung dennoch das allgemeine Persönlichkeitsrecht (Art. 2 Abs. 1 GG iVm Art. 1 Abs. 1 GG) des Betroffenen berührt.[72]
Ein solcher Eingriff wird daher im deutschen Recht als Körperverletzung bzw. Verletzung des Persönlichkeitsrechts verstanden, der zivilrechtlich den Tatbestand des § 823 BGB und strafrechtlich bei Eingriff in die körperliche Integrität den Tatbestand der Körperverletzung nach §§ 223, 223 a StGB erfüllt[73].

Die ärztliche Maßnahme ist nur gerechtfertigt und damit zulässig, wenn der Patient oder ggf. dessen gesetzlicher Vertreter in die Behandlung einwilligt. Die Einwilligung ist dabei keine auf eine bestimmte Rechtsfolge gerichtete Erklärung, also keine Willenserklärung, sondern vielmehr eine Gestattung der Vornahme tatsächlicher Handlungen, die in die körperliche Integrität des Betroffenen eingreifen[74]. Ein Patient kann nur wirksam in eine ärztliche Behandlung einwilligen, wenn er ausreichend durch den Arzt über Art der Maßnahme, Durchführung, Alternativen und Risiken aufgeklärt wurde[75] und die Einwilligungsfähigkeit besitzt[76]. Die Einwilligungsfähigkeit einer Person ist unabhängig von ihrer Geschäftsfähigkeit gegeben, wenn der Betroffenen aufgrund seiner natürlichen Einsichts- und Steuerungsfähigkeit Art, Ausmaß, Alternativen und möglichen Konse-

---

[72] BT-Drucks. 11/4528, S. 71.

[73] Zur beabsichtigten Schaffung eines Sondertatbestandes: Katzenmeier, Ein Sondertatbestand der eigenmächtigen Heilbehandlung, ZRP 1997, 156 ff.

[74] BayObLG vom 30.1.1985, BayObLGZ 1985, 53, 55 f.; BGH vom 5.12.1958, BGHZ 29, 33, 36; BGH vom 28.6.1988, BGHZ 105, 45, 47 f.; ausführlich Kuhlmann, Einwilligung in die Heilbehandlung alter Menschen; S. 19 ff.

[75] Zum Umfang der Aufklärungspflicht im einzelnen statt aller: Laufs, Arztrecht, Rz 185 ff.

[76] Laufs, Arztrecht, Rz 221.

quenzen der Behandlung erfassen und entsprechend dieser Einsicht handeln kann[77].

Voraussetzung für die Einwilligung durch den gesetzlichen Vertreter ist das Fehlen der Einwilligungsfähigkeit des Betroffenen für diese ärztliche Maßnahme[78]. Nur bei Einwilligungsunfähigkeit des Betroffenen hinsichtlich der konkreten Behandlung kann ein Betreuer mit dem Aufgabenkreis "Gesundheitsfürsorge", "Einwilligung in ärztliche Eingriffe" o.ä. als gesetzlicher Vertreter für den Betreuten einwilligen, da es sich um einen Eingriff in ein höchstpersönliches Recht des Betroffenen handelt. Für eine Einwilligung in eine ärztliche Maßnahme, obwohl der Betroffenen einwilligungsfähig ist, fehlt dem Betreuer auch im Rahmen seines Aufgabenkreises die Vertretungsmacht[79].

b. Einwilligung, Einwilligungsfähigkeit und Vertretung des Betroffenen bei der Einwilligung im internationalen Privatrecht

Kollisionsrechtlich ist ein ärztlicher Eingriff ebenfalls entsprechend dem deutschen Sachrecht als unerlaubte Handlung zu qualifizieren[80]. Bei Geltendmachung von Schadensersatzansprüchen durch den Patienten kommt zudem noch eine vertragliche Haftung aufgrund Behandlungsvertrages in Betracht[81].

---

[77] Ausführlich hierzu statt aller Kuhlmann, Einwilligung in die Heilbehandlung alter Menschen, S. 25 ff.

[78] MünchKomm-Schwab, § 1904, Rz 4; Gernhuber/Coester-Waltjen, Familienrecht, § 76 V 2, S. 1249f.; Sonnenfeld, Betreuungs- und Pflegschaftsrecht, Rz 278; Müller, Das neue Betreuungsrecht - Auswirkungen auf die ärztliche Behandlung, DA-Vorm. 1992, 151, 152; Stolz, Betreuungsgesetz: Umsetzungsdefizite im Bereich Heilbehandlung und freiheitsentziehende Maßnahmen bei Heimbewohnern, FamRZ 1993, 642, 644.

[79] Kuhlmann, Einwilligung in die Heilbehandlung alter Menschen, S. 145; MünchKomm-Schwab, § 1904, Rz 4; Kollmer, Selbstbestimmung im Betreuungsrecht, S. 137 f., 193 f.; Schweitzer, Heilbehandlung und Selbstbestimmung, FamRZ 1996, 1317, 1318; Coester, Von anonymer Verwaltung zu persönlicher Betreuung, Jura 1991, 1, 8.

[80] Deutsch, Das Internationale Privatrecht der Arzthaftung, Festschrift für Murad Ferid zum 70. Geburtstag, S. 117, 118; Mansel, Kollisionsrechtliche Bemerkungen zum Arzthaftungsrecht, Festschrift für Hermann Weitnauer, S. 33, 34.

[81] Deutsch, Das Internationale Privatrecht der Arzthaftung, Festschrift für Murad Ferid zum 70. Geburtstag, S. 117, 118 f.; Mansel, Kollisionsrechtliche Bemerkungen zum Arzthaftungsrecht, Festschrift für Hermann Weitnauer, S. 33, 34.

Somit stellt sich das Problem, nach welchem Recht die Wirksamkeit der Einwilligung und insbesondere die Einwilligungsfähigkeit zu beurteilen ist. Sie kann zum einen dem Deliktsstatut unterliegen, wenn man sie akzessorisch anknüpft, oder sie könnte dem Personalstatut unterliegen, wenn man sie selbständig anknüpft und man in ihr einen Ausfluß des Persönlichkeitsrechts sieht.

(1) Deliktsstatut ist prinzipiell das Recht des Tatortes. Tatort ist sowohl der Handlungsort, also der Ort, an dem die rechtswidrige Schädigungshandlung vorgenommen wurde, als auch der Erfolgsort, d.h. der Ort, an dem sich das unmittelbar beschädigte Rechtsgut befand[82]. Ausnahmen von der Anwendung des Tatortrechtes sind dann erforderlich, wenn andere Gesichtspunkte die Anwendung des Tatortrechts als zufällig erscheinen lassen, z.B. wenn beide Parteien eine gemeinsame, nicht dem Tatort entsprechende Staatsangehörigkeit besitzen[83].
Dem Deliktsstatut unterliegen grundsätzlich die Voraussetzungen, d.h. Tatbestandsmäßigkeit, Kausalität, Rechtswidrigkeit und Verschulden, sowie der Umfang der Haftung aus unerlaubter Handlung[84].
Danach würde auch die Einwilligung in eine ärztliche Behandlung dem Deliktsstatut unterliegen, da diese nach deutschem Recht als Rechtfertigungsgrund behandelt wird.

(a) Ärztliche Maßnahmen müssen aber nicht unbedingt dem allgemeinen Deliktsstatut unterliegen; es könnte für sie eine gesonderte Anknüpfung gelten.

Einem ärztlichen Eingriff liegt zumeist ein Behandlungsvertrag zugrunde, sofern nicht aufgrund einer Notsitutation ein sofortiger Eingriff des Arztes ohne vorherigen Abschluß eines Vertrages erforderlich ist. Aufgrund dieses Vertrages wird der behandelnde Arzt tätig. Zur Vermeidung von Normenmangel und Normwiderspruch erscheint es erstrebenswert, daß so-

[82] Palandt-Heldrich, EGBGB Art. 38, Rz 3 ff.; MünchKomm-Kreuzer, EGBGB Art. 38, Rz 40, 44, 48; Kegel, Internationales Privatrecht, § 18 IV 1 a bb, S. 537 ff; Kropholler, Internationales Privatrecht, § 53 IV 1, S. 442 f.

[83] Vgl. mit weiteren Beispielen Deutsch, Das Internationale Privatrecht der Arzthaftung, Festschrift für Murad Ferid zum 70. Geburtstag, S. 117, 125 ff.; Mansel, Kollisionsrechtliche Bemerkungen zum Arzthaftungsrecht, Festschrift für Hermann Weitnauer, S. 33, 49 f.

[84] Palandt-Heldrich, EGBGB Art. 38, Rz 22; MünchKomm-Kreuzer, EGBGB Art. 38, Rz 281; Kegel, Internationales Privatrecht, § 18 IV 2, S. 552; Kropholler, Internationales Privatrecht, § 53 IV 2, S. 445.

wohl die Behandlung und ggf. Haftung aufgrund des Vertrages und aufgrund unerlaubter Handlung derselben Rechtsordnung unterliegen[85]. Grundsätzlich ist die Haftung aufgrund Behandlungsvertrages nach dem Vertragsstatut anzuknüpfen (Art. 27 ff EGBGB). Falls eine Rechtswahl weder ausdrücklich noch stillschweigend durch die Parteien getroffen wurde (Art. 27 EGBGB)[86], unterliegt der Vertrag dem Recht des Staates, mit dem der Vertrag die engste Verbindung hat (Art. 28 Abs. 1 EGBGB). Dies ist gemäß Art. 28 Abs. 2 EGBGB der Staat, in dem die Partei, die die charakteristische Leistung zu erbringen hat, ihre Niederlassung hat. Im Fall des ärztlichen Behandlungsvertrages ist dies in der Regel der Staat, in dem der behandelnde Arzt seine Niederlassung hat[87]. Ausnahmen können sich bei besonderen Interessen der Parteien, z.B. bei zufälligem Behandlungsort auf einer Urlaubsreise und gleicher Staatsangehörigkeit der Parteien, entsprechend Art. 28 Abs. 5 EGBGB dann ergeben, wenn Behandlungsort und Niederlassungsort nicht zusammenfallen[88].

Fallen Behandlungsort und Niederlassungsort des behandelnden Arztes zusammen, so unterliegen der Behandlungsvertrag und die unerlaubte Handlung derselben Rechtsordnung. Nur in den Fällen eines Auseinanderfallens von Behandlungs- und Niederlassungsort kann es zur Anwendung unterschiedlichen Rechts kommen. In diesen Fällen stellt sich die Frage nach einer akzessorischen Anknüpfung des Deliktsstatuts an das Vertragsstatut.

Eine akzessorische Anknüpfung des Deliktsstatuts erscheint dann sinnvoll, wenn zwischen den Parteien eine Sonderverbindung, z.B. ein Vertrag, besteht, die den Gesamtsachverhalt maßgeblich prägt und auch Einfluß auf die deliktische Haftung hat[89]. Im Bereich des Arztrechts besteht gerade eine enger Zusammenhang zwischen Behandlungsvertrag und ggf. aus Vertragsverletzung oder aus Delikt sich ergebender Haftung des Arztes. Vor diesem Hintergrund erscheint es sinnvoll, daß auf einen

---

[85] Deutsch, Das Internationale Privatrecht der Arzthaftung, Festschrift für Murad Ferid zum 70. Geburtstag, S. 117, 119; Mansel, Kollisionsrechtliche Bemerkungen zum Arzthaftungsrecht, Festschrift für Hermann Weitnauer, S. 33, 53 f.

[86] Hierzu ausführlich: Mansel, Kollisionsrechtliche Bemerkungen zum Arzthaftungsrecht, Festschrift für Hermann Weitnauer, S. 33, 36 ff.

[87] Deutsch, Das Internationale Privatrecht der Arzthaftung, Festschrift für Murad Ferid zum 70. Geburtstag, S. 117, 122; Mansel, Kollisionsrechtliche Bemerkungen zum Arzthaftungsrecht, Festschrift für Hermann Weitnauer, S. 33, 44.

[88] Vgl. Deutsch, Das Internationale Privatrecht der Arzthaftung, Festschrift für Murad Ferid, S. 117, 122, 125 ff.

[89] MünchKomm-Kreuzer, EGBGB, Art. 38 Rz 67; Kropholler, Internationales Privatrecht, § 53 V 3, S. 450.

Lebenssachverhalt nur eine einzige Rechtsordnung Anwendung findet[90] und somit das Deliktstatut akzessorisch angeknüpft wird.

(b) Da ärztliche Behandlungsmaßnahmen somit dem Deliktsstatut unterliegen erscheint es sinnvoll, wenn die Erforderlichkeit der Einwilligung in eine ärztliche Behandlung sich ebenfalls nach dem Deliktsstatut bestimmt. Die Beurteilung, ob ein ärztlicher Eingriff, auch wenn er lege artis vorgenommen wurde und aus medizinischer Sicht indiziert war, eine unerlaubte Handlung darstellt, die nur dann nicht zur Haftung des Arztes führt, wenn der Patient vorher eingewilligt hat, steht in so engem Zusammenhang mit dem Deliktsstatut, daß eine gesonderte Anknüpfung hier nicht sinnvoll erscheint[91].

(2) Für eine Einordnung der Einwilligungsfähigkeit einer Person sind jedoch noch andere Gesichtspunkte zu berücksichtigen. Ebenso wie die Geschäftsfähigkeit ist die Einwilligungsfähigkeit hinsichtlich einer medizinischen Behandlung eine Ausprägung des Persönlichkeitsrechts. Der Betroffene soll selbst, soweit er dazu in der Lage ist, über Eingriffe in seine körperliche Integrität entscheiden. Es erscheint daher nicht angemessen, das Vorliegen der Einwilligungsfähigkeit einer Person jeweils vom für die Behandlung geltenden Recht abhängig zu machen. Die Einwilligungsfähigkeit einer Person wäre bei einem Wechsel des Behandlungsortes gegebenenfalls nach unterschiedlichen Rechtsordnungen zu beurteilen. Dies wird der Bedeutung der Einwilligungsfähigkeit für den Betroffenen nicht gerecht. Ihr Vorliegen ist für ihn Grundlage eines selbstbestimmten Verfügens über ein höchstpersönliches Recht, seiner körperlichen Integrität. Aus diesem Grund unterliegt die Einwilligungsfähigkeit dem Personalstatut[92]. Dieses nimmt für sich in Anspruch, diejenige Rechtsordnung zu sein, mit der der Betroffene am engsten verbunden ist. Ebenso bestimmt aus den gleichen Gründen das Personalstatut darüber, wer an Stelle des einwilligungsunfähigen Patienten in die ärztliche Behandlung einwilligen kann. Dies belastet auch den behandelnden Arzt nicht wesentlich mehr, da sich die Geschäftsfähigkeit des Betroffenen, die zum wirksamen Abschluß des Behandlungsvertrages erforderlich ist, ebenfalls nach dem Heimatrecht des Betroffenen richtet.

---

[90] Deutsch, Das Internationale Privatrecht der Arzthaftung, Festschrift für Murad Ferid zum 70. Geburtstag, S. 117, 134; Mansel, Kollisionsrechtliche Bemerkungen zum Arzthaftungsrecht, Festschrift für Hermann Weitnauer, S. 33, 60 f.

[91] Böhmer, Die Rechtfertigungsgründe bei den unerlaubten Handlungen im deutschen internationalen Privatrecht, S. 98 f., 104.

[92] S. auch oben I 1 c).

Fehlt dem Betroffenen nach seinem Heimatrecht die Einwilligungsfähigkeit für die konkrete Behandlungsmaßnahme, so bestimmt, wie bei der Geschäftsfähigkeit[93], das Heimatrecht, wer in diesem Fall für den Betroffenen die Einwilligung erklären kann.
Ob die Bestellung eines gesetzlichen Vertreters erforderlich ist oder ob die Einwilligung durch die nächsten Verwandten erteilt werden kann, regelt ebenfalls das Heimatrecht. So kann zum Beispiel in Dänemark die Einwilligung in eine Heilbehandlung eines einwilligungsunfähigen Betroffenen entweder durch einen gesetzlichen Vertreter oder durch nahe Verwandte erteilt werden[94]; gleiches gilt für die Niederlande[95].

c. Einordnung der Vertretung bei einer Einwilligung in eine Heilbehandlung in Art.24 EGBGB

Ist wegen fehlender Einwilligungsfähigkeit des Betroffenen eine gesetzliche Vertretung erforderlich, so bestimmt die Voraussetzungen für die Bestellung eines gesetzlichen Vertreters gemäß Art. 24 Abs. 1 EGBGB grundsätzlich das Heimatrecht, ausnahmsweise gemäß Art. 24 Abs. 1 S. 2 EGBGB das deutsche Recht[96]. Ebenso bestimmt das Heimatrecht den Umfang des Aufgabenkreises, für den der Betreuer zu bestellen ist[97].

Das Erfordernis einer vormundschaftsgerichtlichen Genehmigung bei schweren medizinischen Eingriffen ist dagegen der Durchführung einer Betreuung zuzuordnen und unterliegt damit dem Recht des die Betreuung anordnenden Staates. Die Notwendigkeit der vormundschaftsgerichtlichen Genehmigung ist in erster Linie eine Beschränkung der Vertretungsmacht des gesetzlichen Vertreters zum Schutze des Betroffenen. Hierbei ist es unerheblich, ob es sich um eine Maßnahme im Rahmen der Vermögenssorge oder im Rahmen der Personensorge handelt[98].

---

[93] Staudinger-Beitzke, EGBGB, Art. 7, Rz 48; Palandt-Heldrich, EGBGB, Art. 7, Rz 5; Kegel, Internationales Privatrecht, § 17 I 2 b, S. 402; Kropholler, Internationales Privatrecht, § 42 I 1, S. 287; v. Bar, Internationales Privatrecht, Bd. I, Rz 43; a.A. MünchKomm-Birk, EGBGB, Art. 7, Rz 35.

[94] Vgl. Rosenberg, Denmark, in: Informed Consent in Psychiatry, S. 3, 21.

[95] Vgl. Berghmans, Netherlands, in: Informed Consent in Psychiatry, S. 197, 217 f.

[96] S. unten IV.

[97] S. oben II 1.

[98] Staudinger-Kropholler, EGBGB, Art. 24, Rz 42; Erman-Hohloch, EGBGB, Art. 24, Rz 13; Palandt-Heldrich, EGBGB, Art. 24, Rz 4; Soergel-Kegel, EGBGB, Art. 24, Rz 45; Oelkers, Internationales Betreuungsrecht, § 4 B III 5, S. 246.

d. Ordre public

Die nach dem Kollisionsrecht berufenen Normen sind jedoch dann gemäß Art. 6 EGBGB im Inland nicht anwendbar, wenn das Ergebnis ihrer Anwendung offensichtlich mit wesentlichen Grundsätze des deutschen Rechts unvereinbar ist[99].
Ein solcher Fall wäre die Bestellung eines Betreuers mit dem Aufgabenkreis der Einwilligung in eine bestimmte medizinische Behandlung trotz Einwilligungsfähigkeit des Betroffenen, wenn dadurch dem Betroffenen die Einwilligungsfähigkeit entzogen würde. Dies wäre eine schwerwiegende Verletzung des Grundrechts auf freie Entfaltung der Persönlichkeit, Art. 2 Abs. 1 GG, und des Grundrechts auf körperliche Unversehrtheit, Art. 2 Abs. 2 S. 1 GG, die auch bei geringem Inlandsbezug nicht hinzunehmen ist.

Problematischer ist die Beurteilung im Bereich der Zulässigkeit von klinischen Versuchen im Bereich der Forschung, die nicht unmittelbar der Behandlung oder Heilung des Betroffenen dienen. Nach den Grundsätzen des deutschen Betreuungsrechts ist die Betreuung auf das Wohl des Betroffenen hin ausgerichtet, § 1901 Abs. 1 BGB. Bei einem reinen Inlandssachverhalt erscheint daher die Ersetzung der Einwilligung des Betroffenen in einen klinischen Versuch durch den Betreuer nicht möglich, soweit dieser nicht auch zum Nutzen des Betroffenen erfolgt. Gemäß § 40 Abs. 2 Nr. 2 AMG kann ein Betreuer zum Beispiel nicht anstelle des einwilligungsunfähigen Betroffenen in eine klinische Erprobung von Arzneimitteln einwilligen.

Andere Rechtsordnungen, wie zum Beispiel das dänische[100] und das französische[101] Recht, lassen dagegen unter engen Voraussetzungen die Einwilligung in einen klinischen Versuch an einem einwilligungsunfähigen Betroffenen durch seinen gesetzlichen Vertreter zu. Außerdem hat der Europarat am 19.11.1996 die Konvention über Menschenrechte und Biomedizin verabschiedet, die auch für die Bundesrepublik Deutschland gilt. In Art. 17 Abs. 2 der Konvention werden, zwar unter engen Grenzen, klinische Studien an einwilligungsunfähigen Patienten erlaubt.
Bewegt sich die Zulässigkeit der Einwilligung durch einen gesetzlichen Vertreter nach ausländischem Recht in diesen engen Grenzen, wie zum

---

[99] Zu den Grundlagen s. Kapitel 1 III 2 b.
[100] Vgl. Rosenberg, Denmark, in: Informed Consent in Psychiatry, S. 3, 23.
[101] Fagot-Largeault, France, in: Informed Consent in Psychiatry, S. 67, 74 f.

Beispiel nach französischem Recht[102], so liegt wohl auch bei stärkem Inlandsbezug kein Verstoß gegen den ordre public vor[103].

6. Die Vertretung des Betroffenen bei der Einwilligung in eine Sterilisation, § 1905 BGB

a. Die Voraussetzungen für eine Sterilisation nach dem Betreuungsrecht

§ 1905 Abs. 1 BGB bestimmt die Voraussetzungen, bei deren Vorliegen der eigens für die Erteilung einer Einwilligung bestellte Betreuer (§ 1899 Abs. 2 BGB) in die Sterilisation einer betreuten Person einwilligen darf. Gemäß § 1905 Abs. 2 BGB bedarf diese Einwilligung zusätzlich der vormundschaftsgerichtlichen Genehmigung.

Bei der Verabschiedung des Betreuungsgesetzes wurde über die Einführung und Ausgestaltung dieser Norm viel diskutiert[104]. Man war sich im wesentlichen aber darüber einig, daß die Sterilisation einwilligungsunfähiger Betroffenen aus der bisher nicht gesetzlich geregelten Grauzone herausgenommen werden muß. Nach Schätzung in der Begründung zum Regierungsentwurf des Betreuungsgesetzes dürften ca. 1 000 Sterilisationen einwilligungsunfähiger Betroffener pro Jahr (bezogen auf den Zeitraum vor 1989) erfolgt sein[105]. Im Zeitraum zwischen 1992 und 1994 wurden 239 vormundschaftsgerichtliche Genehmigungen für Sterilisationen aufgrund § 1905 BGB erteilt[106].

Es war im Gesetzgebungsverfahren unstreitig, daß die Einwilligung in eine Sterilisation als höchstpersönliches Recht nur durch den einwilligungsfähigen Betroffenen selbst erfolgen kann[107]. Eine Sterilisation gegen den

---

[102] S. Fagot-Largeault, France, in: Informed Consent in Psychiatry, S. 67, 74 f.
[103] Eine abschließende Klärung dieses Problems ist im Rahmen dieser Arbeit nicht möglich.
[104] Vgl. Protokoll der 206. Sitzung des Deutschen Bundestages in der 11. Wahlperiode am 25.4.1990, Protokolle des Deutschen Bundestages, 11.Wahlperiode, S. 16135 - 16148; BT-Drucks. 11/6949, S. 73 ff.
[105] BT-Drucks. 11/4528, S. 74.
[106] BT-Drucks. 13/3822 in BtPrax 1996, 176, 178.
[107] Vgl. BT-Drucks. 11/4528, S. 75, 209, 228; BT-Drucks. 11/6949, S. 73 ff.

Willen einer einwilligungsfähigen Personen ist nicht zulässig und würde gegen Art. 2 GG verstoßen[108].
Uneinigkeit bestand dahingehend, ob die Sterilisation Einwilligungsunfähiger nicht generell, ausgenommen nur die Sterilisation zur Abwendung einer lebensbedrohlichen Gefahr, zu verbieten sei[109]. Dies sollte vor allem dem Schutz der Betroffenen dienen, da es bei Einwilligungen durch gesetzliche Vertreter zu Mißbräuchen kommen könne. Diese könnten durch die in § 1905 BGB aufgestellten Erfordernisse nicht ausreichend verhindert werden[110]. Aber auch das völlige Verbot der Sterilisation einwilligungsunfähiger Personen beinhaltet Mißbrauchsmöglichkeiten. Es kann dazu führen, daß Sexualität bei Betroffenen unterbunden wird oder Notlagen[111], wie sie eine Schwangerschaft für eine behinderte Frau darstellen kann, hingenommen werden.
In Abwägung der obengenannten Argumente kam der Gesetzgeber zu dem Ergebnis, die Einwilligung durch einen gesetzlichen Vertreter in die Sterilisation eines einwilligungsunfähigen Betroffenen grundsätzlich zu verbieten, soweit nicht eine Ausnahme von diesem Verbot erforderlich ist; diese Ausnahmen regelt für Betreute § 1905 BGB[112].
Da eine Sterilisation immer auch eine medizinische Behandlung im Sinne von § 1904 BGB darstellt, ist § 1905 BGB eine Spezialregelung zu § 1904 BGB, der damit auf Sterilisationen keine Anwendung findet.
Im übrigen gelten aber für die Einwilligung in die Sterilisation bzw. die Einwilligungsfähigkeit dieselben Grundsätze wie für die Einwilligung in eine ärztliche Behandlung.
Auch hier bestimmt sich die Einwilligungsfähigkeit nicht nach der Geschäftsfähigkeit des Betroffenen, sondern nach seiner natürlichen Einsichtsfähigkeit. Dies bedeutet, eine Person ist nur dann einwilligungsfähig, wenn sie Art, Bedeutung und Tragweite des Eingriffs erfaßt und nach dieser Erkenntnis handeln kann, somit also eine selbst verantwortete Entscheidung treffen kann[113].

---

108 Pieroth, Die Verfassungsmäßigkeit der Sterilisation Einwilligungsunfähiger gemäß dem Entwurf für ein Betreuungsgesetz, FamRZ 1990, 117, 122.
109 So Antrag der Fraktion DIE GRÜNEN, BT-Drucks. 11/6949, S. 74 f; vgl. hierzu auch Reis, Sterilisation bei mangelnder Einwilligungsfähigkeit, ZRP 1988, 318 ff: dieser hält die Sterilisation Einwilliungsunfähiger für verfassungswidrig.
110 BT-Drucks. 11/6949, S. 74.
111 Vgl. Bruder, Empfiehlt es sich das Recht der Vormundschaft und der Pflegschaft für Erwachsene sowie das Unterbringungsrecht neu zu ordnen?: Gutachten C (Medizinisches Teilgutachten), S. C 41.
112 BT-Drucks. 11/4528, S. 75.
113 S. hierzu oben II 5 b; zur Einwilligungsfähigkeit bei Sterilisation: BT-Drucks. 11/4528, S. 75; MünchKomm-Schwab, § 1905, Rz 5; Bienwald, Betreuungsrecht, § 1905 Rz 5; zur Problematik der Beurteilung der Einsichtfähigkeit: Schwab, Das

b. Die Vertretung des Betroffenen bei der Einwilligung im internationalen Privatrecht

Wie grundsätzlich bei einer Einwilligung in ärztliche Maßnahmen beurteilt sich die Einwilligungsfähigkeit im Hinblick auf eine Sterilisation nach dem Personalstatut des Betroffenen[114].

Problematisch ist die Einordnung der gesetzlichen Vertretung des Betroffenen in Art. 24 EGBGB. Nach § 1899 Abs. 2 BGB ist nach deutschem Sachrecht für die Entscheidung über eine Einwilligung in eine Sterilisation immer ein besonderer Betreuer zu bestellen. Dieser hat zu prüfen, ob die Voraussetzungen für eine Einwilligung gemäß § 1905 Abs. 1 BGB vorliegen. Liegen die Voraussetzungen des § 1905 Abs. 1 BGB vor, muß der Betreuer jedoch nicht in die Sterilisation einwilligen[115]. Der Betreuer hat vielmehr unter Abwägung aller Umstände nach pflichtgemäßem Ermessen seine Entscheidung zum Wohle des Betroffenen zu treffen.

Die Bestellung eines Betreuers mit dem Aufgabenkreis "Entscheidung über die Einwilligung in eine Sterilisation"[116] ist der Entstehung der Betreuung zuzuordnen und unterliegt damit grundsätzlich gemäß Art. 24 Abs. 1 S. 1 EGBGB dem Heimatrecht des Betroffenen. Da eine Einwilligung in eine Sterilisation nur unter den Voraussetzungen des § 1905 Abs. 1 BGB möglich ist, wäre diese Regelung auch der Entstehung der Betreuung zuzuordnen, soweit das Vorliegen dieser Voraussetzung für die Bestellung des Betreuers schon von Bedeutung ist.

Die Regelungen des § 1899 Abs. 2 BGB und des § 1905 Abs. 1 BGB können zwar nicht völlig getrennt von einander betrachtet werden, es müssen aber nicht alle Voraussetzungen des § 1905 Abs. 1 BGB bei der Bestellung des Betreuers geprüft werden[117].

Grundsätzlich ist es Aufgabe des Betreuers zu überprüfen, ob die Voraussetzungen des § 1905 Abs. 1 BGB vorliegen, d.h. ob die Sterilisation dem Willen der Betroffenen nicht widerspricht, ob die Betroffene auf Dauer einwilligungsunfähig ist, ob ohne Sterilisation eine Schwangerschaft

---

neue Betreuungsrecht, FamRZ 1990, 681, 686 f.; Coester, Von anonymer Verwaltung zu persönlicher Betreuung, Jura 1991, 1, 8; Lachwitz, Das neue Betreuungsrecht, FuR 1990, 266, 270; Lexikon Medizin, Ethik, Recht-Walter, Stichwort: Behinderung, S. 222.

[114] S. hierzu oben II 5 b.

[115] Bienwald, Betreuungsrecht, § 1905, Rz 24.

[116] BT-Drucks. 11/4528, S. 131.

[117] Holzhauer, Empfiehlt es sich das Recht der Vormundschaft und der Pflegschaft für Erwachsene sowie das Unterbringungsrecht neu zu ordnen?: Gutachten B (Juristisches Teilgutachten), S. B 86 f.

wahrscheinlich ist, ob eine Schwangerschaft eine Notlage bei der Betroffenen hervorrufen würde und ob nicht durch andere zumutbare Mittel eine Schwangerschaft zu verhindern ist.
Die Bestellung eines Sterilisationsbetreuers unterliegt dabei den allgemeinen Regeln, die für die Betreuerbestellung gelten. Die Bestellung muß somit gemäß § 1896 Abs. 2 BGB erforderlich sein. Ein Betreuer mit dem Aufgabenkreis der "Entscheidung über die Einwilligung in eine Sterilisation" ist aber nur dann erforderlich, wenn die Betroffene zum Zeitpunkt der Betreuerbestellung einwilligungsunfähig ist und dies auch auf Dauer zu bleiben scheint[118]. Ist die Betroffene einwilligungsfähig oder wird sie es in absehbarer Zeit, so kommt eine Einwilligung in eine Sterilisation durch einen gesetzlichen Vertreter nicht in Betracht und die Bestellung eines Sterilisationsbetreuers ist daher nicht erforderlich.
Die Bestellung eines Betreuers in Hinblick auf ein Sterilisationsverfahren ist auch dann nicht erforderlich, wenn die Betroffene kundtut, daß sie eine Sterilisation nicht will und es sich nicht nur um eine momentane Stimmung handelt. Gemäß § 1905 Abs. 1 S. 1 Nr. 1 BGB darf eine Sterilisation nicht gegen den natürlichen Willen der Betroffenen erfolgen. Diesen entgegenstehenden natürlichen Willen kann die Betroffene bis unmittelbar vor der Durchführung der Sterilisation wirksam kundtun. Mit Kundgabe darf eine Sterilisation trotz Einwilligung des Betreuers und trotz Genehmigung des Vormundschaftsgerichts nicht mehr erfolgen, da der Einwilligung und der vormundschaftsgerichtlichen Genehmigung die Grundlage nach § 1905 Abs. 1 S. 1 Nr. 1 BGB entzogen wurde[119].

Die übrigen Voraussetzungen für die Erteilung einer Einwilligung nach § 1905 Abs. 1 BGB sind im Verfahren der Genehmigungserteilung zu prüfen.
Daraus ergäbe sich der Rückschluß, daß das Vorliegen der Einwilligungsunfähigkeit und das Fehlen eines entgegenstehenden natürlichen Willens der Betroffenen als Voraussetzungen für die Bestellung eines Sterilisationsbetreuers zur Anordnung der Betreuung zu rechnen sind und somit das Erfordernis dieser Voraussetzungen für eine Bestellung grundsätzlich nach Art. 24 Abs. 1 S. 1 EGBGB dem Heimatrecht unterliegt.

Der Betreuer mit dem Aufgabenkreis "Entscheidung über die Einwilligung in eine Sterilisation" hat vor allem die Aufgabe darüber zu befinden, ob die Voraussetzungen für eine stellvertretende Einwilligung in eine Sterilisation gemäß § 1905 Abs. 1 BGB gegeben sind, und für den Fall der

---

118 Bienwald, Betreuungsrecht, § 1905, Rz 27.

119 BT-Drucks. 11/4528, S. 143; MünchKomm-Schwab, § 1905, Rz 10; Bienwald, Betreuungsrecht, § 1905, Rz 31.

Einwilligung die vormundschaftsgerichtliche Genehmigung einzuholen. Insoweit beschränkt § 1905 BGB die Vertretungsmacht des Betreuers und wäre unter diesem Gesichtspunkt der Durchführung der Betreuung zuzuordnen und unterfiele damit gemäß Art. 24 Abs. 3 EGBGB dem Recht des die Betreuung anordnenden Staates.

Andererseits zeigt die Entstehungsgeschichte des § 1905 Abs. 1 BGB, daß er weit mehr als die Beschränkung der Vertretungsmacht des Betreuers beinhaltet. § 1905 Abs. 1 BGB bestimmt vielmehr die Voraussetzungen unter denen eine Sterilisation einer einwilligungsunfähigen Betroffenen zulässig sein soll.
Grundsätzlich bestimmt sich die Zulässigkeit bzw. die Rechtmäßigkeit eines medizinischen Eingriffs, wie ihn auch eine Sterilisation darstellt, nach dem Deliktsstatut, also nach dem am Tatort geltenden Recht[120].

Lebt zum Beispiel eine geistig behinderte britische Staatsangehörige in der Bundesrepublik Deutschland in einer festen Partnerschaft mit einem Mann und stellt sich nunmehr die Frage der Sterilisation der Betroffenen, so würde auf eine Sterilisation in der Bundesrepublik grundsätzlich nach dem Deliktsstatut deutsches Sachrecht Anwendung finden.
Der Eingriff, der eine besonders schwere Körperverletzung im Sinne von §§ 224, 225 Abs. 2 StGB und von § 823 BGB darstellt, wäre nur gerechtfertigt, wenn die Betroffene wirksam in die Sterilisation eingewilligt hat. Die Einwilligungsfähigkeit unterliegt dabei dem Personalstatut der Betroffenen, also britischem Recht.
Ist die Betroffene nach britischem Recht nicht einwilligungsfähig, so bestimmen sich die Voraussetzungen, unter denen ein gesetzlicher Vertreter für die Betroffene handeln kann, nach dem Betreuungsstatut. Soweit ein gesetzlicher Vertreter, der zur Einwilligung in die Sterilisation berechtigt ist, noch nicht bestellt ist, bestimmen sich die Voraussetzungen für seine Bestellung grundsätzlich gemäß Art. 24 Abs. 1 S. 1 EGBGB nach britischem Recht, sofern nicht bei der Betroffenen besonders enge Beziehung zur Bundesrepublik Deutschland vorliegen[121]. Sieht man in den Voraussetzungen für die Einwilligung gemäß § 1905 Abs. 1 BGB nun eine Beschränkung der Vertretungsmacht des gesetzlichen Vertreters, so würde das britische Recht nur die Möglichkeit der Bestellung eines gesetzlichen Vertreters regeln. Die Voraussetzungen unter denen eine stellvertretende Einwilligung wirksam erteilt werden kann, würde jedoch deutsches Sachrecht regeln, da diese Regelung als Beschränkung der Vertretungs-

[120] S. hierzu oben II 5 b.
[121] S. hierzu unter IV.

macht zum Inhalt der Betreuung zu rechnen wäre und damit gemäß Art. 24 Abs. 3 EGBGB dem Recht des die Betreuung anordnenden Staates unterliegt.
Andererseits könnte man die Voraussetzungen der stellvertretenden Einwilligung als Voraussetzung für die Sterilisation einer einwilligungsunfähigen Betroffenen auch wegen des höchstpersönlichen Charakters des Eingriffs dem Personalstatut unterordnen. Damit würde ein Recht die Einwilligungsfähigkeit, die gesetzliche Vertretung und die Voraussetzungen für eine wirksame Einwilligung regeln.

Wie bereits dargestellt[122], soll das Personalstatut gerade auf die Rechtsfragen Anwendung finden, die höchstpersönliche Rechte der Betroffenen berühren. Dadurch soll das Recht Anwendung finden, mit dem die Betroffene am engsten verbunden ist.
Gerade für den Eingriff der Sterilisation sind daher die Voraussetzungen für eine Sterilisation einer einwilligungsunfähigen Person dem Heimatrecht dieser Person zu unterstellen[123]. Weder das Deliktsstatut noch das Betreuungsstatut erscheinen hier angemessen.

c. Die Einordnung der vormundschaftsgerichtlichen Genehmigung in Art. 24 EGBGB

Hinsichtlich des Erfordernisses einer vormundschaftsgerichtlichen Genehmigung ist dagegen das Recht des die Betreuung anordnenden Staates maßgeblich, da dieses Erfordernis wegen seiner engen Verbindung zum Verfahrensrecht der Durchführung der Betreuung und damit Art. 24 Abs. 3 EGBGB zuzuordnen ist[124]. Die Genehmigung an sich bewirkt keinen zusätzlichen Eingriff in die persönliche Rechtsstellung des Betreuten, sondern dient der Überwachung des Handelns des Betreuers.

---

122 S. oben I 1 c).

123 Siehe hierzu auch Böhmer, Die Rechtfertigungsgründe bei den unerlaubten Handlungen im deutschen internationalen Privatrecht, S. 104: Das auf die Einwilligung in eine unerlaubte Handlung anzuwendende Recht ist nach dem sozialen Schwerpunkt des beeinträchtigten Rechtsguts zu bestimmen; bei Tötung das Heimatrecht des Verletzten. Ähnliche Erwägung bei Weber/Lejeune, Rechtliche Probleme des rheinland-pfälzischen Transplantationsgesetzes, NJW 1994, 2392, 2396.

124 Staudinger-Kropholler, EGBGB, Art. 24, Rz 42; Erman-Hohloch, EGBGB, Art. 24, Rz 13; Palandt-Heldrich, EGBGB, Art. 24, Rz 4; Soergel-Kegel, EGBGB, Art. 24, Rz 45; Oelkers, Internationales Betreuungsrecht, § 4 B III 5, S. 246.

7. Die Vertretung des Betroffenen bei einer Freiheitsentziehung, § 1906 BGB

a. Freiheitsentziehung nach dem Betreuungsrecht

Aufgrund der Schwere der psychischen Krankheit oder aufgrund der Schwere der Behinderung kann es erforderlich sein, daß die Bewegungsfreiheit einer Person eingeschränkt werden muß. Erfolgt die Einschränkung der räumlichen Bewegungsfreiheit gegen oder ohne den Willen des Betroffenen, so spricht man von Freiheitsentziehung bzw. Freiheitsbeschränkung, je nach der Intensität des Eingriffs. Im Unterschied zur Freiheitsentziehung fällt jedoch die Freiheitsbeschränkung[125] nicht unter § 1906 BGB[126] und auch nicht unter den Vorbehalt der richterlichen Entscheidung nach Art. 104 Abs. 2 S. 1 GG[127]. Entscheidend für die Abgrenzung von Freiheitsentziehung und -beschränkung ist das tatsächliche Maß der Beschränkung der Bewegungsfreiheit. So stellt ein verschlossener Ausgang, der nur auf Nachfrage durch einen Pförtner geöffnet wird, zwar eine Freiheitsbeschränkung dar, wenn dem Betroffenen aber auf Nachfrage jederzeit geöffnet wird, keine Freiheitsentziehung[128]. Wird dagegen der Ausgang nicht für den Betroffenen jederzeit geöffnet, wenn er dies verlangt, so handelt es sich um eine Freiheitsentziehung. Bei der Beurteilung, ob eine Freiheitsbeschränkung oder -entziehung vorliegt, kommt es nicht auf den Zweck der Maßnahme an, sondern allein auf das Maß der Beeinträchtigung[129].

---

[125] Freiheitsbeschränkung nicht als freiheitsentziehende Maßnahme im Sinne von § 1906 Abs. 4 BGB (so die Bezeichnung in BT-Drucks. 11/4528 S. 82), sondern als weniger einschneidender Eingriff in die Bewegungsfreiheit des Betroffenen (so v. Eicken/Ernst/Zenz, Fürsorglicher Zwang, S. 24 ff.; Saage/Göppinger-Marschner, Freiheitsentziehung und Unterbringung, § 1906, Rz 4; BVerfG vom 10.2.1960, BVerfGE 10, 302, 323f.; Holzhauer, Empfiehlt es sich das Recht der Vormundschaft und der Pflegschaft für Erwachsene sowie das Unterbringungsrecht neu zu ordnen?: Gutachten B (Juristisches Teilgutachten), S. B 106). Setzt man Freiheitsbeschränkung mit unterbringungsähnlicher Maßnahme gleich, so wäre Rink (HK-BUR, § 1906, Rz 2) zu folgen, daß eine Unterscheidung zwischen Freiheitsentziehung und Freiheitsbeschränkung in Anbetracht des § 1906 Abs. 4 BGB nicht mehr erforderlich ist.

[126] Saage/Göppinger-Maschner, Freiheitsentziehung und Unterbringung, § 1906, Rz 4.

[127] BVerfG vom 10.2.1960, BVerfGE 10, 302, 323.

[128] Kemper, Das Betreuungsrecht in der gerichtlichen Praxis, FuR 1994, 267, 273.

[129] Saage/Göppinger-Marschner, Freiheitsentziehung und Unterbringung, § 1906, Rz 4.

Eine freiheitsentziehende Unterbringung im Sinne von § 1906 Abs. 1 BGB ist daher eine Aufenthaltsbestimmung gegen oder ohne den Willen des Betroffenen, die eine Freiheitsentziehung beinhaltet[130].

Im deutschen Recht kann eine mit Freiheitsentziehung verbundene Unterbringung aufgrund verschiedener gesetzlicher Regelungen angeordnet werden.
Man unterscheidet im deutschen Recht die strafrechtliche Unterbringung gemäß §§ 63 f StGB, § 81 StPO, § 126 a StPO und § 453 c StPO, die nur im Zusammenhang mit einem Strafverfahren angeordnet werden kann und auf die im weiteren nicht näher eingegangen wird, die öffentlich-rechtliche Unterbringung aufgrund der Landesunterbringungsgesetze und die zivilrechtliche Unterbringung nach § 1906 BGB.

Die öffentlich-rechtliche Unterbringung, die ihren Ursprung in den Polizeigesetzen hat, hat eine sicherheitsrechtliche Zielsetzung und dient dem Schutz der öffentlichen Sicherheit und Ordnung. Neben bundesrechtlichen Regelungen der materiellen Voraussetzungen der öffentlich-rechtlichen Unterbringung, zum Beispiel im Bundesseuchengesetz und im Gesetz zur Bekämpfung der Geschlechtskrankheiten, ergeben sich die materiellen Voraussetzungen einer öffentlich-rechtlichen Unterbringung aus den Unterbringungsgesetzen der Bundesländer. Danach kann eine Person gegen oder ohne ihren Willen in einem psychiatrischen Krankenhaus oder in sonstiger geeigneter Weise untergebracht werden, wenn sie aufgrund psychischer Krankheit eine Gefahr für die öffentliche Sicherheit und Ordnung darstellt oder ihr Leben oder ihre Gesundheit in erheblichem Maße gefährdet (vgl. Art. 1 Bay.UnterbrG; § 8 Berl.PsychKG; § 11 Brem.PsychKG; § 10 Hmb.PsychKG; § 1 Hes.UnterbrG; § 11 MV.PsychKG; § 12 Nds.PsychKG; § 11 NW.PsychKG; § 1 RhP.UntGes; § 4 Saarl.UBG; § 13 PsychKG LSA; § 8 S-H.PsychKG).

Demgegenüber stand und steht die zivilrechtliche Unterbringung einer Person. Vor der Neuregelung des Vormundschafts- und Pflegschaftsrecht für Volljährige bestimmte sich die zivilrechtliche Unterbringung nach §§ 1915, 1897, 1800, 1631 b BGB. Dabei enthielt § 1631 b BGB keine Regelung über die materiellen Voraussetzungen einer Unterbringung, sondern

[130] Kemper, Das Betreuungsrecht in der gerichtlichen Praxis, FuR 1994, 267, 275.

stellte nur das durch das Grundgesetz gebotene Erfordernis der vormundschaftsgerichtlichen Genehmigung[131] auf.
Im Zuge der Neuregelung sollte auch das Unterbringungsrecht für Volljährige neu gestaltet werden. Zum Teil wurde hier eine möglichst weite Ausdehnung der zivilrechtliche Unterbringung befürwortet, zum Teil wurde eine völlige Abschaffung der zivilrechtlichen Unterbringung für sinnvoll gehalten[132].

Im neuen Betreuungsrecht wurde jedoch die Unterscheidung zwischen öffentlich-rechtlicher und zivilrechtlicher Unterbringung beibehalten. Nur hinsichtlich des Verfahrensrechts wurden die Regelungen vereinheitlicht (§§ 70 ff. FGG). Die Zweigleisigkeit der Unterbringungsmöglichkeiten ist sinnvoll, da sich die öffentlich-rechtliche Unterbringung ihrer materiellrechtlichen Ausgestaltung nach besonders für eine kurzzeitige Krisenintervention eignet, also für solche Fälle, in denen aufgrund einer krankheitsbedingten Ausnahmesituation eine kurzfristige und kurzzeitige Unterbringung erforderlich wird, es aber schon absehbar ist, daß nach dieser Phase der Betroffene ohne fremde Hilfe seine Angelegenheit wieder selbst wahrnehmen kann.
Die zivilrechtliche Unterbringung durch einen gesetzlichen Vertreter eignet sich dagegen besser für Fälle, in denen mit einer längeren Unterbringung zu rechnen ist und der Betroffene krankheitsbedingt auch nach der Unterbringung seine Angelegenheit wird nicht alleine besorgen können.[133]
Die Unterbringung einer Person in einer geschlossenen Einrichtung war ursprünglich nur als polizeirechtliche Maßnahme zum Schutz des Betroffenen und Dritter geregelt[134]. Veranlaßte der Vormund die Einweisung in eine solche Einrichtung, so tat er dies in Ausübung seines Aufenthaltsbestimmungsrechtes[135]. Erst um 1920 wurde die Schaffung eines Bewahrungsgesetzes als Regelung über die zivilrechtliche Unterbringung diskutiert[136]. Noch nach Schaffung des Grundgesetzes für die Bundesrepublik Deutschland war bis zur Entscheidung des Bundesverfassungsgerichts

---

[131] BVerfG vom 10.2.1960, BVerfGE 10, 302, 309 ff.
[132] Vgl. BT-Drucks. 11/4528, S. 80.
[133] BT-Drucks. 11/ 4528, S. 82.
[134] Zur geschichtlichen Entwicklung vgl. Holzhauer, Empfiehlt es sich das Recht der Vormundschaft und der Pflegschaft für Erwachsene sowie das Unterbringungsrecht neu zu ordnen?: Gutachten B (Juristisches Teilgutachten), S. B 90 ff.
[135] Saage/Göppinger-Marschner, Freiheitsentziehung und Unterbringung, Einführung Rz 3.
[136] Holzhauer, Empfiehlt es sich das Recht der Vormundschaft und der Pflegschaft für Erwachsene sowie das Unterbringungsrecht neu zu ordnen?: Gutachten B (Juristisches Teilgutachten), S. B 94 f.

vom 10.2.1960[137] die Frage streitig, ob die Verbringung einer Person in eine geschlossene Einrichtung mit Einwilligung des gesetzlichen Vertreters eine Freiheitsentziehung im Sinne von Art. 104 GG sei, die einer richterlichen Entscheidung bedurfte. Bis zur Neuregelung durch das Betreuungsgesetz war hinsichtlich der zivilrechtlichen Unterbringung eines volljährigen Betroffenen nur das Genehmigungserfordernis geregelt. Das Betreuungsrecht behielt die Trennung zwischen öffentlich-rechtlicher und privatrechtlicher Unterbringung bei, da jede der beiden einen unterschiedlichen Zweck und ein anderes Ziel verfolgt[138].

b. Einordnung der Freiheitsentziehung im internationalen Privatrecht

(1) Stellt sich nunmehr die Frage der Unterbringung eines ausländischen Staatsangehörigen im Inland, so ist zunächst zu klären, ob eine Unterbringung überhaupt in den Anwendungsbereich des Art. 24 EGBGB fällt.

Die Unterbringung nach den Landesunterbringungsgesetzen ist als sicherheitsrechtliche Maßnahme mit fürsorgendem Charakter dem öffentlichen Recht zuzuordnen. Eingriffe in die Rechte von Personen aufgrund sicherheitsrechtlicher Vorschriften erfolgen ohne Rücksicht auf das nach internationalem Privatrecht anwendbare Recht. Der Staat übt hier seine Hoheitsrechte gegenüber all denjenigen aus, die sich in seinem Hoheitsgebiet aufhalten[139]. Der Anwendungsbereich dieser Normen bestimmt sich vom Gesetz her[140], d.h. es bestimmt sich das anzuwendende Recht nicht nach der engsten Verbindung des Lebenssachverhaltes, sondern das Recht bestimmt seinen Anwendungsbereich. Das Sicherheitsrecht dient der Aufrechterhaltung der öffentlichen Sicherheit und Ordnung im eigenen Staatsgebiet; außerhalb dieses Gebietes beansprucht es keine Geltung und könnte diese auch nicht beanspruchen, ohne die Hoheitsrechte eines anderen Staates zu verletzen. Würde man nun in öffentlich-rechtlicher und zivilrechtlicher Unterbringung in erster Linie Regelungen des Sicherheitsrechts sehen, so wäre auf Sachverhalte, die sich in der Bundesrepublik Deutschland zutragen, immer deutsches Unterbringungs-

---

137 BVerfG vom 10.2.1960, BVerfGE 10, 302 ff.

138 BT-Drucks. 11/4528, S. 80 f.; Holzhauer, Empfiehlt es sich das Recht der Vormundschaft und der Pflegschaft für Erwachsene sowie das Unterbringungsrecht neu zu ordnen?: Gutachten B (Juristisches Teilgutachten), S. B 100.

139 BGH vom 17.12.1959, BGHZ 31, 367, 371.

140 Kropholler, Internationales Privatrecht, § 3 II, S. 17 ff.

recht anzuwenden, unabhängig von der Staatsangehörigkeit des Betroffenen.

Nach der Systematik des deutschen Sachrechtes gehört die freiheitsentziehende Unterbringung durch den Betreuer zu den Regelungen der Betreuung. Sie wurde gerade im Hinblick auf die Möglichkeit der öffentlich-rechtlichen Unterbringung als weiteres Rechtsinstitut geschaffen und im Rahmen des Betreuungsrechtes geregelt. Somit ist sie als Teil des Betreuungsrechtes unter Art. 24 EGBGB einzuordnen.
Die Unterbringung nach den Landesunterbringungsgesetzen ist dagegen nicht unter die Vorschriften des Betreuungsrechts und damit auch nicht unter Art. 24 EGBGB einzuordnen, sondern als sicherheitsrechtliche Maßnahme mit fürsorgendem Charakter dem öffentlichen Recht.

(2) Hinsichtlich der Einordnung der zivilrechtlichen Unterbringung im Rahmen des Art. 24 EGBGB stellt sich sodann die Frage, ob die Unterbringung nach § 1906 BGB der Anordnung oder dem Inhalt der Betreuung zuzuordnen ist.

§ 1906 Abs. 1 BGB legt die Voraussetzungen fest, unter denen ein Betreuer einen Betroffenen freiheitsentziehend unterbringen kann. Nach § 1906 Abs. 2 BGB bedarf eine solche Unterbringung einer vormundschaftsgerichtlichen Genehmigung.

Voraussetzung für die Unterbringung nach § 1906 Abs. 1 BGB ist, daß zuvor eine Betreuung mit dem Aufgabenkreis der Unterbringung angeordnet wurde[141]. Die Bestellung eines Betreuers mit dem Aufgabenkreis der Unterbringung ist nur statthaft, wenn der Betroffene aufgrund seiner Krankheit oder Behinderung nicht in der Lage ist, in eine Unterbringung, die eine Freiheitsentziehung bedeutet, eigenverantwortlich einzuwilligen[142]. Da es sich bei einer freiheitsentziehenden Maßnahme um einen tatsächlichen Eingriff in höchstpersönliche Rechte des Betroffenen handelt ist, ist der Betroffene - wie bei ärztlichen Maßnahmen - einwilligungsfähig, wenn er die natürliche Einsichtsfähigkeit besitzt[143].

---

[141] Bienwald, Betreuungsrecht, § 1906, Rz 33; Saage/Göppinger-Marschner, Freiheitsentziehung und Unterbringung, § 1906, Rz 2; MünchKomm-Schwab, § 1906, Rz 4.

[142] MünchKomm-Schwab, § 1906, Rz 4; Saage/Göppinger-Marschner, Freiheitsentziehung und Unterbringung, § 1896, Rz 23; BayObLG vom 10.2.1994, BtPrax 1994, 98, 99; Sonnenfeld, Betreuungs- und Pflegschaftsrecht, Rz 327, 329.

[143] Bienwald, Betreuungsrecht, § 1906, Rz 27; HK-BUR/Rink, § 1906, Rz 3; Sonnenfeld, Betreuungs- und Pflegschaftsrecht, Rz 326.

Nur im Fall fehlender Einsichtsfähigkeit ist eine Betreuung überhaupt erforderlich. Ist der Betroffene in der Lage, die Entscheidung selbst zu treffen, so bedarf es keines gesetzlichen Vertreters. Weigert sich der Betroffene, sich in eine entsprechende Einrichtung zu begeben, so kann er nur aufgrund der Regelungen der landesrechtlichen Unterbringungsgesetze in die entsprechende Einrichtung eingewiesen werden.

Die Bestellung eines Betreuers mit dem Aufgabenkreis der Unterbringung des Betroffenen regelt sich gemäß Art. 24 Abs. 1 S. 1 EGBGB grundsätzlich nach dem Heimatrecht des Betroffenen. Dieses bestimmt, unter welchen Voraussetzungen ein gesetzlicher Vertreter für den Betroffenen bestellt werden kann, der dessen Unterbringung veranlassen kann. Das Heimatrecht bestimmt auch, ob ein gesetzlicher Vertreter bei bestehender Einsichtsfähigkeit des Betroffenen bestellt werden kann. Ob Einsichtsfähigkeit vorliegt, bestimmt sich, wie die Einwilligungsfähigkeit bei ärztlichen Maßnahmen, ebenfalls nach dem Heimatrecht[144].

Probleme können sich aber dann ergeben, wenn das ausländische Recht nur eine Form der Unterbringung kennt.
Mit der Einordnung eines inländischen Rechtsinstituts unter den Tatbestand einer Kollisionsnorm im Rahmen der Qualifikation wird gleichzeitig der Umfang bestimmt, in dem die Kollisionsnorm die Regelungen der fremden Rechtsordnung beruft. In der Kollisionsnorm wird die Anwendbarkeit fremden Recht - ob Sach- oder Kollisionsrecht kann insoweit dahingestellt bleiben - für eine bestimmte Rechtsfrage angeordnet. Nachdem nun die nach deutschem Sachrecht zivilrechtliche Unterbringung eines Betroffen unter die Kollisionsnorm des Art. 24 EGBGB eingeordnet wurde, ist nun zu klären, inwieweit durch die grundsätzliche Unterscheidung von zivilrechtlicher und öffentlich-rechtlicher Unterbringung auch die Berufung fremden Rechts im Rahmen des Art. 24 EGBGB eingeschränkt wird.
Zunächst ist klarzustellen, daß Art. 24 EGBGB keine ausdrückliche Regelung hinsichtlich des anzuwendenden Rechts bei Unterbringungen trifft. Die Unterbringung unterfällt nur als Teil des Betreuungsrecht den allgemeinen Regeln, die hinsichtlich des Betreuungsrechts getroffen wurden.

Bei der Beurteilung, ob eine ausländische Rechtsnorm von einer Kollisionsnorm erfaßt wird, gelten die gleichen Grundsätze wie bei der Qualifikation. Nunmehr ist die gefundene Rechtsnorm des anwendbaren Recht unter den Kategoriebegriff des Kollisionsnorm zu subsumieren. Es ist

---

[144] Vgl. oben II 5 b.

aufgrund eines Ähnlichkeitsurteils zu bestimmen, ob die ausländische Rechtsfigur mit den Grundzügen, Grundgedanken und Sinn und Zweck der deutschen Regelung und mit dem soziologischen Sachverhalt vergleichbar ist[145].

Die zivilrechtliche und die öffentlich-rechtliche Unterbringung unterscheiden sich im deutschen Recht hauptsächlich in zwei Punkten:

- Die zivilrechtliche Unterbringung erfolgt grundsätzlich aufgrund einer Anordnung des Betreuers, die der vormundschaftsgerichtlichen Genehmigung bedarf. Nur im Ausnahmefall der vorläufigen Unterbringung nach § 1908 i Abs. 1 S. 1 BGB iVm § 1846 BGB erfolgt die Anordnung der Unterbringung durch Gerichtsbeschluß.
Die öffentlich-rechtliche Unterbringung erfolgt immer aufgrund gerichtlichen Beschlusses.

- Die zivilrechtliche Unterbringung darf nicht zum Schutze Dritter erfolgen, sondern nur zum Wohle der Betroffenen.

Die öffentlich-rechtliche Unterbringung bezweckt demgegenüber zunächst den Schutz Dritter, kann aber auch bei erheblicher Selbstgefährdung zum Schutze des Betroffenen angeordnet werden.

Hieraus folgt auch, daß sich die zivilrechtliche Unterbringung für langfristige Maßnahmen eignet, da hier eine persönliche Betreuung des Betroffenen erfolgt, während die öffentlich-rechtliche Unterbringung sich für eine kurzfristige Krisenintervention eignet.

Sieht nun ein ausländisches Recht nur die Unterbringung durch einen Gerichtsbeschluß vor, ohne Beteiligung eines gesetzlichen Vertreters des Betroffenen an der Unterbringung, so ist diese Maßnahme nicht von Art. 24 EGBGB erfaßt. Die Bestellung eines Betreuers mit dem Aufgabenkreis der zivilrechtlichen Unterbringung scheidet damit aus. In solchen Fällen bleibt nur die Möglichkeit der öffentlich-rechtlichen Unterbringung. Dies kann auch hingenommen werden. Denn für den Fall, daß der Betroffene eine besonders enge Beziehung zum Inland hat, eine Bindung an den Heimatstaat nurmehr aufgrund der Staatsangehörigkeit besteht und insbesondere ein längerer Aufenthalt im Inland zu erwarten ist, bleibt immer noch die Möglichkeit der Bestellung eines Betreuers nach deutschem

---

145 S. hierzu ausführlich Kapitel 1 I c.

Recht gemäß Art. 24 Abs. 1 S. 2 EGBGB[146]. In allen anderen Fällen ist eine öffentlich-rechtliche Unterbringung nach deutschem Sachrecht als Kriseninterventíon ausreichend.

Sieht das anzuwendende ausländische Sachrecht eine Unterbringung durch den gesetzlichen Vertreter vor, ermöglicht es aber auch eine Unterbringung zum Schutze Dritter, so steht dies der Einordnung in Art. 24 EGBGB nicht entgegen. Es ist vielmehr im Rahmen des ordre public (Art. 6 EGBGB) zu klären, inwieweit dies mit den Grundzügen des deutschen Rechts zu vereinbaren ist.
Da aber nach deutschem Recht ebenfalls grundsätzlich eine Unterbringung zum Schutze Dritter möglich ist, steht der ordre public hier nicht entgegen.

c. Die Einordnung der vormundschaftsgerichtlichen Genehmigung in Art. 24 EGBGB

Das Genehmigungserfordernis des § 1906 Abs. 2 BGB ist demgegenüber dem Inhalt der Betreuung zuzuordnen, da es eine Einschränkung der Vertretungsmacht des Betreuers darstellt, die nicht auf der Bestimmung des Aufgabenkreises beruht. Die Erforderlichkeit einer vormundschaftsgerichtlichen Genehmigung und die Voraussetzungen, unter denen eine solche Genehmigung erteilt wird (§ 1906 Abs. 1 BGB) bestimmen sich daher gemäß Art. 24 Abs. 3 EGBGB nach dem Recht des die Betreuung anordnenden Staates.

Die für eine freiheitsentziehende Unterbringung geltenden Grundsätze finden auch auf die freiheitsentziehenden Maßnahmen nach § 1906 Abs. 4 BGB Anwendung, auch wenn die Anordnung bzw. Zustimmung des Betreuers zu solchen Maßnahmen in den Aufgabenkreisen Aufenthaltsbestimmung bzw. Gesundheitsfürsorge mitenthalten ist

---

[146] S. zu den Voraussetzungen der Anwendung des Art. 24 Abs. 1 S. 2 EGBGB Kapitel 2 III.

8. Die sonstigen vormundschaftsgerichtlichen Genehmigungen

Das Erfordernis der Genehmigung bestimmter Rechtsgeschäfte bzw. Erklärungen des Vormunds bzw. Betreuers durch das Vormundschaftsgericht dient der Überwachung des Vormunds bzw. Betreuers und schränkt insoweit seine gesetzliche Vertretungsmacht ein. Die Genehmigungserfordernisse nach altem Recht, die hauptsächlich vermögensrechtliche Rechtsgeschäfte betrafen (§ 1897 BGB a.F. iVm §§ 1810 ff. BGB und § 1915 Abs. 1 BGB iVm §§ 1810 ff. BGB), schränkten somit nicht die Rechtsmacht des Mündels weiter ein. Der Umfang der Vormundschaft bzw. Gebrechlichkeitspflegschaft wurde nicht berührt. Sie berührten vielmehr nur die Vertretungsmacht des Vormundes bzw. Pflegers, da dieser für bestimmte Geschäfte einer besonderen gerichtlichen Aufsicht unterstellt war.
Aus diesem Grunde wurden die Genehmigungserfordernisse der Durchführung der Vormundschaft bzw. Pflegschaft zugerechnet[147].

Nach altem Recht gab es für Vormundschaften/Pflegschaften über Minderjährige und solche für Volljährige einheitliche Genehmigungserfordernisse. Hinsichtlich der Personensorge war nur die Genehmigungsbedürftigkeit der Unterbringung geregelt (§ 1897 BGB a.F. iVm §§ 1800, 1631 b BGB bzw. § 1915 Abs. 1 BGB iVm §§ 1800, 1631 b BGB).

Die Einordnung der Genehmigungserfordernisse im Bereich der Vermögenssorge nach § 1908 i BGB iVm §§ 1810 - 1821, 1822 Nr. 1-4, 6-13 BGB und den dazugehörigen Regelungen (§§ 1805 - 1809, 1823 - 1825, 1828 - 1831 BGB) als Regelungen der Durchführung der Betreuung behält ihre Richtigkeit[148]. Diese Regelungen beschränken nicht die persönliche Rechtsstellung des Betroffenen, sondern wollen ihn durch besondere gerichtliche Aufsicht vor Schädigungen schützen.

---

[147] MünchKomm-Klinkhardt, EGBGB, Art. 24, Rz 28; Palandt-Heldrich (50.Aufl.), EGBGB, Art. 24, Rz 4; Staudinger-Kropholler (12.Aufl.), EGBGB, Art. 24, Rz 39; Levis, Das internationale Entmündigungsrecht des Deutschen Reiches, S. 136; Kegel, Internationales Privatrecht (6.Aufl.), § 20 XV 2 c, S. 641.

[148] Staudinger-Kropholler, EGBGB, Art. 24, Rz 42; Erman-Hohloch, EGBGB, Art. 24, Rz 13; Palandt-Heldrich, EGBGB, Art. 24, Rz 4; Soergel-Kegel, EGBGB, Art. 24, Rz 45; Oelkers, Internationales Betreuungsrecht, § 4 B III 5, S. 246.

9. Sonstige Rechte und Pflichten des Betreuers

Die Rechtsstellung des Betreuers beinhaltet neben den bereits oben genannten Aufgaben, Rechten und Pflichten noch weitere, die sich in drei Bereiche gliedern lassen[149],
- das Verhältnis zwischen Betreuer und Betreutem,
- das Verhältnis zwischen Betreuer und Dritten,
- das Verhältnis zwischen Betreuer und Vormundschaftsgericht.

a. Sonstige Rechte und Pflichten des Betreuers gegenüber dem Betreuten und Dritten

Neben den bereits oben behandelten Verpflichtungen des Betreuers gegenüber dem Betreuten bestehen noch weitere Verpflichtungen.
Der Betreuer hat im Rahmen seiner Möglichkeiten gemäß § 1901 Abs. 2 BGB die Wünsche des Betreuten zu berücksichtigen und entsprechend diesen Wünschen zu handeln. Auch hat der Betreuer gemäß § 1901 Abs. 3 BGB im Rahmen seines Aufgabenkreises dafür zu sorgen, daß alle Möglichkeiten, die zu einer Besserung der Krankheit oder Behinderung des Betroffenen führen oder zumindest eine Verschlechterung verhindern, wahrgenommen werden. Diese Vorschriften sind der Durchführung der Betreuung in Sinne von Art. 24 Abs. 3 EGBGB zuzuordnen[150], da sie alleine die Abwicklung der Betreuung regeln und nicht direkt in die Rechtsstellung des Betreuten eingreifen.

Desweiteren hat der Betreuer die Verpflichtung, das Vermögen des Betroffenen gemäß § 1908 i Abs. 1 S. 1 BGB iVm § 1802 Abs. 1 S. 1, Abs. 2, 3, § 1803, §§ 1805 - 1821 BGB ordnungsgemäß zu verwalten und gemäß § 1908 i Abs. 2 S. 1 BGB iVm § 1804 BGB außer Gelegenheitsgeschenken keine Schenkungen aus dem Vermögen des Betreuten vorzunehmen. Auch diese Regelungen über die Vermögensverwaltung betreffen nur die Durchführung der Betreuung und unterstehen damit gemäß Art. 24 Abs. 3 EGBGB dem Recht des die Betreuung anordnenden Staates[151].

---

[149] Sonnenfeld, Betreuungs- und Pflegschaftsrecht, Rz 170 ff.

[150] Staudinger-Kropholler, EGBGB, Art. 24, Rz 41; Erman-Hohloch, EGBGB, Art. 24, Rz 13; Palandt-Heldrich, EGBGB, Art. 24, Rz 4; Soergel-Kegel, EGBGB, Art. 24, Rz 45; Oelkers, Internationales Betreuungsrecht, § 4 B III 5, S. 245.

[151] Staudinger-Kropholler, EGBGB, Art. 24, Rz 41; Erman-Hohloch, EGBGB, Art. 24, Rz 13; Palandt-Heldrich, EGBGB, Art. 24, Rz 4; Soergel-Kegel, EGBGB, Art. 24, Rz 45; Oelkers, Internationales Betreuungsrecht, § 4 B III 5, S. 245.

Der Betreuer haftet zudem dem Betreuten gemäß § 1908 i Abs. 1 S. 1 BGB iVm § 1833 Abs. 1 BGB für Schäden, die dem Betroffenen durch eine schuldhafte Pflichtverletzung bei der Amtsführung durch den Betreuer entstehen.
Da es sich hier um eine deliktische Haftung handelt, beurteilt sich diese nach dem Deliktsstatut und ist nicht der Durchführung der Betreuung zuzuordnen[152].
Das Deliktsstatut ist in diesem Fall wegen der Sonderverbindung, die aufgrund des gesetzlichen Betreuungsverhältnisses besteht, akzessorisch anzuknüpfen[153], da die Beziehung zwischen Betreuer und Betroffenem ihre ausschließliche Prägung durch das bestehende Betreuungsverhältnis erhält. Eine gesonderte Anknüpfung, die womöglich zur Anwendung einer anderen Rechtsordnung führt, ist deshalb nicht sinnvoll.

Die Haftung des Betreuers gegenüber dem Betreuten wegen Pflichtverletzung unterliegt somit zwar dem Deliktsstatut, dieses ist infolge der akzessorischen Anknüpfung aber ebenfalls das Recht des die Betreuung anordnenden Staates.

b. Sonstige Rechte und Pflichten des Betreuers gegenüber dem Vormundschaftsgericht

Gegenüber dem Vormundschaftsgericht hat der Betreuer die Verpflichtung der Rechnungslegung gemäß § 1908 i Abs. 1 S. 1 BGB iVm §§ 1840 f. BGB und gemäß § 1908 i Abs. 1 S. 1 BGB iVm § 1839 BGB, über die persönlichen Verhältnisse des Betreuten dem Vormundschaftsgericht Auskunft zu geben. Darüber hinaus hat der Betreuer das Gericht zu informieren, wenn eine Aufhebung oder Einschränkung der Betreuung bzw. des Einwilligungsvorbehalts in Betracht kommt (§ 1901 Abs. 4 BGB, § 1903 Abs. 4 iVm § 1901 Abs. 4 BGB). Ebenso hat der Betreuer die Aufgabe der Wohnung des Betreuten gemäß § 1907 Abs. 2 BGB und die Beendigung einer geschlossenen Unterbringung des Betreuten dem Vormundschaftsgericht gemäß § 1906 Abs. 3 BGB mitzuteilen.
Alle diese Auskunfts- und Mitteilungspflichten des Betreuers dienen der Beaufsichtigung durch das Gericht und stellen keine zusätzlichen Eingriffe in die Rechtsstellung des Betroffenen dar. Sie sind daher alle dem In-

---

[152] Erman-Hohloch, EGBGB, Art. 24, Rz 13; Staudinger-Kropholler, EGBGB, Art. 24, Rz 41; a.A. Oelkers, Internationales Betreuungsrecht, § 4 B III 5, S. 245 f.;

[153] Staudinger-Kropholler, EGBGB, Art. 24, Rz 41; zur akzessorischen Anknüpfung des Deliktsstatuts vgl. MünchKomm-Kreuzer, EGBGB, Art. 38, Rz 65 ff; Kropholler, Internationales Privatrecht, § 53 V 3, S. 449 ff.

halt der Maßnahme zuzurechnen und unterstehen gemäß Art. 24 Abs. 3 EGBGB dem Recht des anordnenden Staates.

Dasselbe gilt auch für die Regelungen des Aufwandsersatzes und der Vergütung des Betreuers gemäß § 1908 i Abs. 1 S. 1 BGB iVm §§ 1835 f. BGB.

III. Anwendungsbereich des Art. 24 Abs. 1 S. 2 EGBGB

Art. 24 Abs. 1 S. 2 EGBGB n.F. faßt die bisherigen Art. 8 EGBGB a.F. und Art. 24 Abs. 1 S. 2 EGBGB a.F. zusammen[154], die nach bis 31.12.1992 geltendem Recht eine Entmündigung eines ausländischen Staatsangehörigen nach deutschem Recht und die anschließende Anordnung einer Vormundschaft nach deutschem Recht ermöglichten.
Wie schon bei Art. 8 EGBGB a.F. stellt sich auch im Rahmen des Art. 24 Abs. 1 EGBGB die Frage, ob im Inland gegenüber ausländischen Staatsangehörigen bei Vorliegen der Voraussetzungen immer eine Betreuung nach deutschem Recht anzuordnen ist, oder ob es beim Grundsatz der Anwendung des Heimatrechtes nach Art. 24 Abs. 1 S. 1 EGBGB sein Bewenden haben soll.

1. Auslegung nach dem Wortsinn

In Art. 24 Abs. 1 S. 2 EGBGB ist, wie auch in Art. 8 EGBGB a.F., bestimmt, daß für einen Angehörigen eines fremden Staates mit gewöhnlichen oder schlichtem Aufenthalt im Inland ein Betreuer nach deutschem Recht bestellt werden "kann".

Umgangssprachlich beinhaltet "kann" das Aufzeigen einer Handlungsmöglichkeit; im spezifisch juristischen Sprachgebrauch ist "kann" eine Ausdruck für das Vorliegen einer Ermessensvorschrift. Das Ermessen, das Art. 24 Abs. 1 S. 2 EGBGB eröffnet, könnte sich zum einen auf die Anwendung deutschen Rechts als Ausnahme zu Art. 24 Abs. 1 S. 1 EGBGB beziehen. Das heißt, es bestünde die Wahlmöglichkeit zwischen der Anwendung des Heimatrechts und deutschen Rechts hinsichtlich der Anordnung einer fürsorgenden Maßnahme. Andererseits könnte sich das Ermessen nur auf die Anordnung einer Betreuung beziehen. Dies bedeutet, bei Vorliegen der Voraussetzungen des Art. 24 Abs. 1 S. 2

---

[154] BT-Drucks. 11/4528 S. 194.

EGBGB immer deutsches Recht anzuwenden ist, das Gericht aber nicht verpflichtet ist, einen Betreuer zu bestellen[155]. So wäre bei einer britischen Staatsangehörigen, die in der Bundesrepublik Deutschland wohnt und nicht mehr in der Lage ist anstehende Geschäfte selbständig zu erledigen, zwar nach Art. 24 Abs. 1 S. 2 EGBGB deutsches Betreuungsrecht anzuwenden. Die Bestellung eines Betreuers würde aber davon abhängen, ob sie im Inland auch erforderlich wäre. Besteht kein Inlandsbezug oder wird bereits der Heimatstaat tätig, wäre von einer Betreuerbestellung wegen fehlender Erforderlichkeit abzusehen.
Diese Meinung wurde bei Art. 8 EGBGB a.F. vertreten[156].

2. Systematische Auslegung

a) Betrachtet man nun Art. 24 Abs. 1 S. 2 EGBGB im Kontext des Art. 24 Abs. 1 EGBGB, so ist festzustellen, daß Art. 24 Abs. 1 S. 1 EGBGB die allgemeinere Regelung enthält. Art. 24 Abs. S. 1 EGBGB ist unabhängig von der Staatsangehörigkeit und unabhängig vom Aufenthaltsort des Betroffenen auf Ausländer und Inländer anzuwenden. Art. 24 Abs. 1 S. 2 EGBGB betrifft dagegen nur Ausländer mit gewöhnlichem oder schlichtem Aufenthalt in der Bundesrepublik Deutschland. Daraus läßt sich schließen, daß entweder Art. 24 Abs. 1 S. 2 EGBGB eine Spezialnorm oder eine Ausnahmeregelung zu Art. 24 Abs. 1 S. 1 EGBGB ist.

b) Zu berücksichtigen ist zudem, daß unabhängig nach welchem Recht die fürsorgende Maßnahme angeordnet wird, der Inhalt der Maßnahme gemäß Art. 24 Abs. 3 EGBGB deutschem Recht unterliegt.

c) Art. 24 EGBGB ist aber auch im Kontext mit der Regelung der internationalen Zuständigkeit deutscher Gerichte für Betreuungssachen in § 69 e S. 1 FGG iVm § 35 b FGG zu sehen. Deutsche Gerichte sind nach § 69 e S. 1 FGG iVm § 35 b Abs. 1 FGG international zuständig, wenn der Betroffene deutscher Staatsangehöriger ist oder in der Bundes-

---

[155] So wohl Erman-Hohloch, EGBGB, Art. 24, Rz 15; Schmidt, Handbuch der Freiwilligen Gerichtsbarkeit, Rz 622.

[156] MünchKomm-Birk, EGBGB, Art. 8, Rz 16 m.w.N.; Levis, Das internationale Entmündigungsrecht des Deutschen Reiches, S. 55; Harries, Das deutsche internationale Entmündigungsrecht, S. 41 f.; so auch Frankenstein, Internationales Privatrecht, Bd. I, § 23 B II b, S. 432 ff., der im übrigen die Regelung scharf kritisiert. A.A. Staudinger-Beitzke, EGBGB, Art. 8, Rz 41; Kegel, Internationales Privatrecht (6. Aufl.), § 17 I 2 e, S. 357; Kropholler, Internationales Privatrecht (1.Aufl.), § 42 II 2, S. 284.

republik Deutschland seinen gewöhnlichen Aufenthalt hat. Des weiteren sind gemäß § 69 e S. 1 FGG iVm § 35 b Abs. 2 FGG deutsche Gerichte international zuständig, wenn ein Fürsorgebedürfnis im Inland besteht. Ein solches Fürsorgebedürfnis besteht z.B. dann, wenn der Betroffene, der nur seinen schlichten Aufenthalt im Inland hat, dringend unter Betreuung gestellt werden muß, um eine ausreichende ärztliche Versorgung sicherzustellen, oder wenn Vermögensangelegenheiten im Inland einer Regelung bedürfen.
Folgt man nun der Meinung, daß Art. 24 Abs. 1 S. 2 EGBGB bei ausländischen Staatsangehörigen mit gewöhnlichem oder schlichtem Aufenthalt im Inland immer anzuwenden sei, so findet nur deutsches Betreuungsrecht bei Zuständigkeit deutscher Gerichte Anwendung. Denn ist der Betroffene deutscher Staatsangehöriger, so kommt gemäß Art. 24 Abs. 1 S. 1 EGBGB deutsches Recht zur Anwendung; ist er ausländischer Staatsangehöriger mit zuständigkeitsbegründendem Aufenthalt im Inland, kommt gemäß Art. 24 Abs. 1 S. 2 EGBGB ebenfalls deutsches Recht zur Anwendung. Nur bei einem Fürsorgebedürfnis ohne Aufenthalt des Betroffenen im Inland (§ 69 e S. 1 FGG iVm § 35 b Abs. 2 FGG) würde sich die Anordnung einer fürsorgenden Maßnahme nach fremden Recht richten. Folge dieser Meinung ist die Beibehaltung des Gleichlaufprinzips. Art. 24 Abs. 1 S. 1 EGBGB wäre nur eine Verbrämung dieses Prinzips.

Dies spricht gegen die Behandlung des Art. 24 Abs. 1 S. 2 EGBGB als Spezialnorm zu Art. 24 Abs. 1 S. 1 EGBGB.

3. Historische Auslegung

Nach dem Willen des Gesetzgebers sollte in Art. 24 EGBGB n.F. Art. 8 und Art. 24 EGBGB a.F. zusammengefaßt werden und Art. 24 Abs. 1 S. 2 EGBGB "neben" der in Satz 1 vorgesehenen Anwendung des Heimatrechts die Anwendung deutschen Rechts vorsehen[157]. Aus den Gesetzgebungsmaterialien ergibt sich jedoch nicht, ob Art. 24 Abs. 1 S. 2 EGBGB eine Spezial- oder eine Ausnahmenorm ist. Die Anwendung des Satzes 2 "neben"[158] Art. 24 Abs. 1 S. 1 EGBGB deutet auf eine Ausnahmeregelung hin.

[157] BT-Drucks. 11/4528 S. 194.
[158] BT-Drucks. 11/4528 S. 194.

4. Teleologische Auslegung

a) Art. 24 Abs. 1 S. 2 EGBGB soll zum Schutz des Betroffenen und des Rechtsverkehr unkomplizierte und schnelle Eingriffe ermöglichen, indem das Gericht in die Lage versetzt wird, eigenes Recht anzuwenden. Formelles und materielles Recht sind in diesem Fall aufeinander abgestimmt, da sie derselben Rechtsordnung entstammen.
Dies entspricht auch den Prinzipien des strengen Gleichlaufs im Bereich der freiwilligen Gerichtsbarkeit. Wegen der vielbehaupteten[159] engen Verflechtung des formellen und materiellen Rechts in der freiwilligen Gerichtsbarkeit sollen danach deutsche Gerichte bei Bestehen der internationalen Zuständigkeit deutsches materielles Recht anwenden. Dieses Prinzip gilt auch heute noch im deutschen internationalem Erbrecht und ist Grundlage des Haager Minderjährigen-Schutzabkommens (Art. 2 MSA).
Ein solcher - im Unterschied zum Zivilprozeßrecht - enger Zusammenhang zwischen materiellem und Verfahrensrecht zeigt sich im deutschen Betreuungsgesetz[160]. Zur Umsetzung der Ziele des neuen Betreuungsrechtes, dem Betroffenen möglichst viel Selbständigkeit zu belassen und seine Wünsche im größtmöglichen Umfang zu berücksichtigen, bedurfte es auch einer weitgehenden Neuregelung des dazugehörigen Verfahrensrechts[161]. Die Rechtsposition des Betroffenen wurde gestärkt: der Betroffene ist in allen Verfahren verfahrensfähig (§ 66 FGG) und damit eigenständiger Beteiligter; im Rahmen seines Anhörungsrechts (§ 68 FGG) kann er zu allen wesentlichen Verfahrenspunkten Stellung nehmen und seine Wünsche äußern; das Gericht ermittelt von Amts wegen die Voraussetzungen für die Bestellung eines Betreuers und muß zur Beurteilung der Erforderlichkeit einer Betreuerbestellung gemäß § 68 b FGG ein Sachverständigengutachten einholen.
Diese Verfahrensregeln dienen der Wahrung der Rechte des Betroffenen und ergänzen die materiell-rechtlichen Regelungen. Diese Ausgestaltung des Verfahrensrechts im Hinblick auf die Wahrung der Rechte des Betroffenen spricht aber nicht gegen die Anwendung ausländischen materiellen Rechts. Gerade durch ihre Anwendung können auch bei der Anwendung fremden Rechts gewisse Standards gewahrt werden. Auch erscheint eine gegebenenfalls erforderliche Anpassung möglich.

---

[159] Hierzu kritisch Frankenstein, Internationales Privatrecht, Bd. IV, § 75 II 1 a, S. 246 f.
[160] BGBl. 1990 I, S. 2002 - 2027.
[161] S. Art. 5 BtG; Bt-Drucks. 11/4528 ,S. 88; Bienwald, Betreuungsrecht, Vorbem. v. § 65 ff. FGG, Rz 4; Schwab, Das neue Betreuungsrecht, FamRZ 1990, S. 681, 684.

Die Verfahrensfähigkeit ist nach § 68 FGG unabhängig von der Geschäftsfähigkeit des Betroffenen - die sich nach dem Heimatrecht beurteilen würde - gegeben. Das nach § 68 b FGG zu erholende Gutachten muß darüber Auskunft gegeben, ob die tatsächlichen Grundlagen für die Anordnung einer Maßnahme nach Heimatrecht vorliegen.

Aus verfahrensökonomischen Gründe ergibt sich kein zwingendes Bedürfnis, daß deutsche Gerichte immer deutsches Betreuungsrecht anwenden, zumal nur hinsichtlich der Anordnung, Änderung oder Aufhebung der fürsorgenden Maßnahme die Anwendung ausländischen materiellen Rechts in Betracht kommt. Hinsichtlich des Inhalts der Betreuung, der wesentlich mehr mit dem Verfahrensrecht verflochten ist, findet gemäß Art. 24 Abs. 3 EGBGB deutsches Sachrecht Anwendung.

b) Im Unterschied zu Art. 8 EGBGB a.F. läßt sich auch die ausnahmslose Anwendung deutschen Sachrechts bei Zuständigkeit deutscher Gerichte nicht mit der besonderen Bedeutung der Geschäftsfähigkeit für den Rechtsverkehr begründen[162]. Die Bestellung eines Betreuers nach deutschem Sachrecht hat grundsätzlich keine Auswirkung auf die Geschäftsfähigkeit des Betroffenen. Ist der Betroffene Angehöriger eines fremden Staates, so bestimmt sich seine Geschäftsfähigkeit gemäß seinem Heimatrecht (Art. 7 Abs. 1 EGBGB).

c) Bei der Abgrenzung von Art. 24 Abs. 1 S. 1 und S. 2 EGBGB sind außerdem die Interessen der Betroffenen zu berücksichtigen. So liegt es im Interesse des Betroffenen, daß Maßnahmen zu seinem Schutz möglichst schnell und effektiv veranlaßt werden. Ein möglichst schneller Eingriff ist aber nach Art. 24 Abs. 3 EGBGB durch die Anordnung vorläufiger Maßnahmen nach deutschem Recht möglich.

Um im Interesse des Betroffenen einen möglichst effektiven und schnellen Schutz zu gewährleisten, folgt das Haager Minderjährigen-Schutzabkommen ebenfalls dem Prinzip des Gleichlaufs (Art. 2 MSA). Dies soll in der anstehenden Reform des Abkommens auch nicht geändert werden[163]. Damit soll den zuständigen Behörden ein möglichst einfaches Verfahren an die Hand gegeben und angesichts der Ver-

[162] Zu Art. 8 EGBGB a.F.: Wahl, Zum internationalen Recht der freiwilligen Gerichtsbarkeit in Personen- und Familiensachen, RabelsZ 10 (1936), S. 40, 45.

[163] So z.B.: Kropholler, Gedanken zur Reform des Haager Minderjährigenschutzabkommens, RabelsZ 58 (1994), S. 1, 9; Boelck, Reformüberlegungen zum Haager Minderjährigenschutzabkommen von 1961, § 7 III, S. 71.

flechtung zwischen privatem und öffentlichem Recht im Bereich des Jugendschutzes ein möglichst geschlossenes und abgestimmtes System von Hilfsmaßnahmen zur Verfügung gestellt werden[164].

Es erscheint aber bedenklich, die Bestimmungen des Minderjährigen-Schutzabkommens auf das für Erwachsene geltende Kollisionsrecht zu übertragen[165]. Die Gruppe der Erwachsenen, die einer fürsorgenden Maßnahme bedürfen, ist viel inhomogener als die Gruppe der Minderjährigen. Auch sind bei volljährigen Personen vielfach andere Interessen zu berücksichtigen.

Minderjährige bedürfen meist einer raschen Hilfestellung im Bereich der Personensorge, z.B. einer Sicherung ihrer Erziehung, falls sie vernachlässigt werden, einer Unterbringung in einer Pflegefamilie, falls die leiblichen Eltern nicht mehr in der Lage sind, die Kinder zu versorgen. Eher selten bedürfen Minderjährige einer umfassenden Vermögenssorge, da sie zumeist nicht in Besitz wesentlichen Vermögens sind. Es ist hauptsächlich für die Sicherung des Lebensunterhalts zu sorgen. So steht bei Minderjährigen die Erziehung und eine ihrem Alter entsprechende Versorgung im Vordergrund.

Anders liegt es bei erwachsenen Personen, die einer Fürsorge bedürfen, da sie ihre Angelegenheiten nicht mehr allein wahrnehmen können. Geistig Behinderte[166] bedürfen oft auch nach Erreichen der Volljährigkeit weiter der Unterstützung dritter Personen zur Regelung zumindest eines

---

[164] Boelck, Reformüberlegungen zum Haager Minderjährigenschutzabkommen von 1961, § 7 I, S. 63 ff.

[165] So die Schweiz in Art. 85 Abs. 2 IPRG. Überlegungen der Haager Konferenz, den persönlichen Anwendungsbereich des Minderjährigenschutzabkommens auf volljährige Personen auszudehnen (vgl. Boelck, Reformüberlegungen zum Haager Minderjährigenschutzabkommen von 1961, § 11, S. 129 ff.), wurden zurückgestellt.

[166] Nach BT-Drucks. 11/4528 S. 116 sind unter geistiger Behinderung "angeborene oder frühzeitig erworbene Intelligenzdefekte verschiedener Schweregrade" zu verstehen; nach Bruder (Empfiehlt es sich das Recht der Vormundschaft und der Pflegschaft über Erwachsene sowie das Unterbringungsrecht neu zu ordnen?: Gutachten C (Medizinisches Teilgutachten), S. C 26) ist darunter "ein deutlich unterdurchschnittliches allgemeines intellektuelles Leistungsniveau, das mit Anpassungsstörungen verbunden ist und sich in der Entwicklungsphase des Menschen äußert" zu verstehen; am wenigsten stigmatisierend und am passendsten erscheint die Definition bei Lachwitz (Menschen mit geistiger Behinderung im Spannungsfeld zwischen Selbst- und Fremdbestimmung, BtPrax 1995, S. 114, 115): " Die geistige Behinderung eines Menschen wird als ein komplexer Zustand aufgefaßt, der sich unter dem vielfältigen Einfluß sozialer Faktoren aus medizi-

Teiles ihrer Angelegenheiten. Diese Betroffenen benötigen meist Hilfe im Bereich der Personensorge, wie z.B. bei Aussuchen einer geeigneten Unterkunft in einer betreuten Wohngruppe, einem Heim oder in einer eigenen Wohnung und der Gewährleistung einer ausreichenden Versorgung. Zugleich streben diese Betroffenen zurecht danach, ein möglichst selbständiges und eigenverantwortliches Leben zu führen. In Anbetracht des meist geringen Verdienstes ist hier oft nur im Erbfall eine Unterstützung im Bereich der Vermögenssorge erforderlich, die über die Sicherung des notwendigen Lebensunterhalts hinausgeht. Die Dauer, für die fürsorgende Maßnahmen erforderlich sind, ist oft nicht absehbar, in vielen Fällen sind Hilfestellungen bis ans Lebensende notwendig. Bei dieser Personengruppe ist meist eine intensivere Bindung zur Umgebung, in der sie leben, gegeben, als zu ihrem Heimatstaat. Insbesondere ist dies der Fall, wenn der Betroffene bereits längere Zeit außerhalb seines Heimatstaates lebt. Andererseits ist zu berücksichtigen, daß geistig behinderte Personen meist bis zu ihrer Volljährigkeit unter der elterlichen Sorge stehen und sich das Verhältnis zwischen Eltern und ehelichem Kind gemäß Art. 19 Abs. 2 S. 1 EGBGB iVm Art. 14 Abs. 1 Nr. 1 EGBGB meist nach dem Heimatrecht der Eltern richtet. Somit besteht bei diesem Personenkreis bei längerem Aufenthalt im Inland kein besonderes Interesse an der Anwendung des Heimatrechtes, es ist aber zu berücksichtigen, daß beim Wechsel von elterlicher Sorge und fürsorgender Maßnahme bei Erreichen der Volljährigkeit durchaus auch Gründe für die Beibehaltung des Heimatrechtes sprechen, insbesondere im Hinblick auf die Kontinuität und Vorhersehbarkeit der Maßnahmen.

Des weiteren sind psychisch kranke Personen, die z.B. an endogenen (körperlich nicht begründbaren) Psychosen wie Schizophrenie oder manisch-depressiven Krankheiten oder an exogenen (körperlich begründbaren) Psychosen wie Chorea Huntigton leiden, manchmal nicht in der Lage, alle ihre Angelegenheiten selbst zu besorgen. Die Betroffenen bedürfen oft in akuten Krankheitsphasen einer Unterstützung, da in diesen Phasen oft die Krankheitseinsicht fehlt und ärztliche Behandlung veranlaßt werden muß.

---

nisch beschreibbaren Störungen entwickelt hat. Die diagnostizierbaren präperi- oder postnatalen Störungen erlauben keine Aussage zur geistigen Behinderung eines Menschen. Diese bestimmt sich vielmehr aus dem Wechselspiel zwischen seinen potentiellen Fähigkeiten und den Anforderungen seiner konkreten Umwelt. Behinderung, also auch geistige Behinderung, ist eine gesellschaftliche Positionsbeschreibung aufgrund vermuteter oder erwiesener Funktionseinschränkungen angesichts gesellschaftlich als wichtig angesehener Funktionen".

Einige Betroffene können ihre Angelegenheiten nur über einen kurzen Zeitraum nicht selbst wahrnehmen, sind aber nach Abklingen der akuten Krankheitssymptome dazu wieder in der Lage. Andere bedürfen aufgrund ihrer Krankheit einer dauernden Unterstützung.
Dieser Personenkreis hat oft auch Vermögenswerte, für die Sorge zu tragen ist und die so zu verwalten sind, daß die Zukunft des Betroffenen soweit wie möglich gesichert ist. Die Betroffenen haben auch zumeist vor dem Ausbruch ihrer Erkrankung selbständig am Wirtschafts- und Rechtsleben teilgenommen und wollen dies, soweit es ihre Krankheit erlaubt, auch weiterhin tun. Sofern der Betroffene nicht ausschließlich außerhalb seines Heimatstaates gelebt hat, ist somit hier von einer Verbundenheit des einzelnen mit seinem Heimatrecht auszugehen.

Daneben brauchen immer mehr geistig eingeschränkte ältere Menschen Hilfe bei der Regelung ihrer Angelegenheiten. Häufig ist dies Folge des Auftretens seniler Demenz, in Form der sog. Alzheimer Krankheit (35 % bis 45 % der Fälle seniler Demenz[167]) oder aufgrund gehirnorganischer Störungen durch Gehirninfarkt (20 % bis 25 % der Fälle[168]). Diese Betroffenen haben ein eigenständiges Leben geführt und zumeist auch gewisse Vermögenswerte angeschafft. Sie sind mit ihrer gewohnten Umgebung und den ihnen vertrauten Dingen sehr verbunden und nicht mehr ohne weiteres in der Lage, sich auf neue Gegebenheiten einzustellen. Auch wollen sie solange wie möglich ihr eigenständiges Leben beibehalten. Bei der Verwaltung ihrer Vermögenswerte spielt zwar die Sicherung des Lebensunterhalts bei eventueller Pflegebedürftigkeit und Heimunterbringung eine wesentliche Rolle, aber Ziel einer betreuenden Maßnahme sollte nicht die Sicherung des Erbes für die Erbprätendenten sein.[169] Gerade bei dieser Gruppe hilfsbedürftiger Personen besteht eine Verbundenheit zum Heimatrecht. Zum einen wurden oft vermögensrechtliche Regelungen nach dem Heimatrecht getroffen, zum anderen haben diese Personen meist Jahrzehnte lang am Rechts- und

[167] vgl. Bruder, Empfiehlt es sich das Recht der Vormundschaft und der Pflegschaft über Erwachsene sowie das Unterbringungrecht neu zu ordnen?: Gutachten C (Medizinisches Teilgutachten), S. C 8.

[168] vgl. Bruder, Empfiehlt es sich das Recht der Vormundschaft und der Pflegschaft über Erwachsene sowie das Unterbringungrecht neu zu ordnen?: Gutachten C (Medizinisches Teilgutachten), S. C 8.

[169] Der Personenkreis der körperlich behinderten Erwachsenen, die allein aufgrund ihrer körperlichen Behinderung einer Betreuung bedürfen, ist sehr gering. Soweit der körperlich Behinderte seine Meinung kundtun kann und an keiner der obengenannten Krankheiten leidet, dürfte es an der Erforderlichkeit einer Betreuung fehlen. Dieser Personenkreis wird deshalb hier außer Acht gelassen.

Wirtschaftsleben ihres Heimatlandes teilgenommen und sind daher mit diesem ihnen bekannten System auch eng verbunden.

Betrachtet man nun die hier stark verallgemeinert dargestellten, verschiedenen Gruppen der Betroffenen, so zeigt sich ein breites Spektrum verschiedener Interessen. Diesen muß nicht nur im Rahmen des Sachrechtes Rechnung getragen werden, sondern auch im Kollisionsrecht. Art. 24 Abs. 1 EGBGB stellt hierzu ein ausreichendes Instrumentarium zur Verfügung, sofern man davon absieht, bei internationaler Zuständigkeit deutscher Gerichte stets deutsches Sachrecht anzuwenden.

Die grundsätzliche Anwendung des Heimatrechts bei Anordnung einer Betreuung gegenüber Volljährigen entspricht am besten den Interessen der Betroffenen. Gerade ältere Betroffene sind zumeist mit ihrer Heimat und daher auch mit dem Rechtssystem des Heimatstaates vertraut. Sie haben oft Vermögenswerte in ihrem Heimatstaat erworben, wie z.B. viele in der Bundesrepublik Deutschland lebende Gastarbeiter in ihrem Heimatland Grundstücke bzw. Häuser haben; auch die Erbfolge nach ihrem Ableben richtet sich nach ihrem Heimatrecht.
Bei den psychisch Kranken mittleren Alters ist die Krankheit oft nur vorübergehender Natur. Dies rechtfertigt es nicht, sie aus ihrem gewohnten Heimatrechtssystem herauszunehmen.
Bei geistig behinderten Betroffenen können somit Irritationen bei betreuenden Angehörigen vermieden werden.

Art. 24 Abs. 1 S. 2 EGBGB sollte demgegenüber Anwendung finden, wenn besondere Interessen des Betroffenen dafür sprechen. Dies kann zum einen der Fall sein, wenn das Heimatrecht des Betroffenen nur sehr schwer oder gar nicht zu ermitteln ist. Diese Probleme traten z.B. während des Jugoslawien-Konflikts auf und können immer wieder bei Umstürzen oder in Kriegssituationen auftreten. Der Betroffene hat in diesem Fall das hauptsächliche Interesse schnell und effektiv Hilfe zu erhalten. Die Anwendung des inländischen Rechts ist daher in seinem Interesse.
Außerdem sollte inländisches Recht Anwendung finden, wenn der Betroffene sich bereits längere Zeit in der Bundesrepublik Deutschland aufhält und seine Verbindungen zum Heimatstaat bereits vor seiner Erkrankung abgebrochen hat. In einem solchen Fall hat sich der Betroffene bewußt für seinen Aufenthalt im Inland entschieden und auch kein Interesse an eine Rückbindung an seinen Heimatstaat erkennen lassen.

5. Zusammenfassung

Betrachtet man nun die Ergebnisse der verschiedenen Auslegungsmethoden so ist folgendes festzustellen: Vom Grundsatz der Anwendung des Heimatrechts nach Art. 24 Abs. 1 S. 1 EGBGB bei Anordnung einer fürsorgenden Maßnahme sollte nur dann abgewichen werden, wenn das Heimatrecht nicht oder nur sehr schwer zu ermitteln ist oder eine Bindung des Betroffenen an seinen Heimatstaat bis auf seine Staatsangehörigkeit nicht mehr besteht. In diesen Fällen sollte nach Art. 24 Abs. 1 S. 2 EGBGB inländisches Recht Anwendung finden.

Kapitel 3: Anerkennung ausländischer betreuungsrechtlicher Entscheidungen

Wie mit ausländischen betreuungsrechtlichen Entscheidungen zu verfahren ist, insbesondere ob und unter welchen Voraussetzungen sie im Inland anzuerkennen sind, soll in diesem Kapitel erörtert werden.

Im Anschluß an eine allgemeine Erörterung der Grundlagen und des Wesens der Anerkennung folgt eine nähere Betrachtung einzelner betreuungsrechtlicher Entscheidungen.

I. Anerkennung von Entscheidungen im Bereich der freiwilligen Gerichtsbarkeit

Entscheidungen ausländischer Gerichte oder Behörde entfalten als staatliche Hoheitsakte grundsätzlich ihre Wirkungen nur auf dem Territorium des Entscheidungsstaates. Damit eine ausländische Entscheidung Wirkungen im Inland entfaltet, bedarf es einer Regelung des Anerkennungsstaates, ob und in welchem Umfang ausländische Entscheidungen anerkannt werden. Ihre Wirkungen sind daher nur insoweit im Anerkennungsstaat beachtlich, als sie entweder aufgrund staatsvertraglicher Vereinbarung oder aufgrund des autonomen Rechts anzuerkennen sind.

Im Unterschied zum internationalen Privatrecht gilt im internationalen Prozeßrecht nicht der ausschließliche Vorrang staatsvertraglicher Vereinbarungen gemäß Art. 3 Abs. 2 EGBGB. Die staatsvertraglichen Regelungen gehen als lex specialis[1] grundsätzlich dem autonomen Recht vor. Da aber Ziel der Anerkennungsverträge die Erleichterung der Anerkennung ist, kann eine Entscheidung auch trotz staatsvertraglicher Regelung anerkannt werden, wenn das autonome Recht entgegen dem Staatsvertrag eine Anerkennung ermöglicht; insoweit gilt das Günstigkeitsprinzip[2].

---

[1] Kropholler, Internationales Privatrecht, § 56 III, S. 482.

[2] Schack, Internationales Zivilverfahrensrecht, Rz 807; Geimer, Anerkennung ausländischer Entscheidungen in Deutschland, S. 81; Geimer, Internationales Zivilprozeßrecht, Rz 2766; Kropholler, Internationales Privatrecht, § 56 III, S. 483.

1. Rechtsquellen

a. Multilaterale Anerkennungs- und Vollstreckungsübereinkommen

An multilateralen Anerkennungs- und Vollstreckungsübereinkommen sind hier das Brüsseler EWG-Übereinkommen über die gerichtliche Zuständigkeit und die Vollstreckung gerichtlicher Entscheidungen in Zivil- und Handelssachen (EuGVÜ) vom 27.9.1968[3], das Luganer Übereinkommen über die gerichtliche Zuständigkeit und die Vollstreckung gerichtlicher Entscheidungen in Zivil- und Handelssachen (Luganer Abkommen) vom 16.9.1988[4] und das Haager Entmündigungsübereinkommen vom 17.7.1905 zu erwähnen, deren Anwendung in Betracht kommen.

Der einzige sich auf die Anerkennung von Entmündigungen beziehende Staatsvertrag, das Haager Entmündigungsabkommen vom 17.7.1905, der nach Ende des Zweiten Weltkriegs nurmehr gegenüber Italien Anwendung fand, wurde von der Bundesrepublik Deutschland mit Einführung des Betreuungsrechtes und der Abschaffung der Entmündigung zum 23.8.1992 gekündigt[5].

Ebenso finden sowohl das EuGVÜ als auch das Luganer Abkommen auf Schutzmaßnahmen im Bereich der freiwilligen Gerichtsbarkeit keine Anwendung[6].

b. Bilaterale Anerkennungs- und Vollstreckungsabkommen

An bilateralen Anerkennungs- und Vollstreckungsabkommen bestehen das deutsch-italienische Abkommen vom 9.3.1936[7], das deutsch-schweizerische Abkommen vom 2.11.1929[8], das deutsch-belgische Abkommen vom 30.6.1958[9], das deutsch-österreichische Abkommen vom 6.6.1959[10], das deutsch-britische Abkommen vom 14.7.1960[11], das

[3] BGBl. 1972 Teil II, S. 774 ; BGBl. 1994 Teil II 519.
[4] BGBl. 1994 Teil II, S. 2660.
[5] BGBl. 1992 Teil II, S. 272.
[6] Staudinger-Henrich, EGBGB, Art. 19, Rz 463 m.w.N.
[7] RGBl. 1937 Teil II, S. 145; BGBl. 1952 Teil II, S. 986.
[8] RGBl. 1930 Teil II, S. 1065.
[9] BGBl. 1959 Teil II, S. 765.
[10] BGBl. 1960 Teil II, S. 1245.

deutsch-griechische Abkommen vom 4.11.1961[12], das deutsch-niederländische Abkommen vom 30.8.1962[13], das deutsch-tunesische Abkommen vom 19.7.1966[14], das deutsch-norwegische Abkommen vom 17.6.1977[15], das deutsch-israelische Abkommen vom 20.7.1977[16] und das deutsch-spanische Abkommen vom 14.11.1983[17]. Diese Abkommen werden, soweit sie mit Vertragspartnern des EuGVÜ[18] oder des Luganer-Abkommens[19] bestehen, gemäß Artt. 55, 56 EuGVÜ bzw. Artt. 55, 56 Luganer-Abkommen nur insoweit durch das EuGVÜ bzw. das Luganer-Abkommen verdrängt, als sie den gleichen Anwendungsbereich haben. Da weder das EuGVÜ noch das Luganer-Abkommen auf fürsorgende Entscheidungen der freiwilligen Gerichtsbarkeit anwendbar sind[20], ist somit die Anwendbarkeit der bilateralen Abkommen mit den Vertragspartnern der beiden Abkommen nicht von vornherein ausgeschlossen.

Die freiwillige Gerichtsbarkeit nach deutschem Recht umfaßt jedoch die unterschiedlichsten Verfahren und Entscheidungen. Neben streitigen Verfahren, z.B. im Rahmen des WEG, umfaßt sie auch fürsorgende Entscheidungen im Bereich z.B. des Sorgerechts, der Vormundschaft und der Betreuung.

Das deutsch-tunesische und das deutsch-israelische Abkommen finden gemäß Art. 27 Abs. 2 deutsch-tunesisches Abkommen und Art. 2 Abs. 1 deutsch-israelisches Abkommen auf "Entscheidungen der freiwilligen Gerichtsbarkeit" Anwendung, mit der Einschränkung, daß diese nicht "in einem einseitigen Verfahren ergangen sind".
Einseitige Verfahren der freiwilligen Gerichtsbarkeit im Sinne dieses Abkommens sind solche Verfahren, in denen nicht ein Streit zwischen den Parteien entschieden wird[21]. Dies ist in allen fürsorgenden Entscheidun-

---

[11] BGBl. 1961 Teil II, S. 301.
[12] BGBl. 1963 Teil II, S. 109.
[13] BGBl. 1965 Teil II, S. 26.
[14] BGBl. 1969 Teil II, S. 889.
[15] BGBl. 1981 Teil II, S. 341.
[16] BGBl. 1980 Teil II, S. 925.
[17] BGBl. 1987 Teil II, S. 35.
[18] Vertragspartner des EuGVÜ sind Belgien, Dänemark, Frankreich, Griechenland, Irland, Italien, Luxemburg, die Niederlande, Portugal, Spanien und Großbritannien.
[19] Vertragspartner des Luganer-Abkommens sind Dänemark, Finnland, Frankreich, Irland, Island, Italien, Luxemburg, die Niederlande, Norwegen, Österreich, Portugal, Schweden, die Schweiz, Spanien und Großbritannien.
[20] S. o. I 1 a.
[21] Denkschrift, BT-Drucks. 5/3167, S. 54.

gen der freiwilligen Gerichtsbarkeit der Fall[22]. Zwar kann ein Dritter z.B. die Bestellung eines Betreuers für den Betroffenen beantragen und sich der Betroffene dagegen zur Wehr setzen. Dies führt aber nicht dazu, daß es sich hier um ein streitiges Verfahren handeln würde. Der Antragsteller wird nicht Prozeßgegner des Betroffenen. Beide Abkommen stellen zudem in Art. 28 Abs. 1 deutsch-tunesisches Abkommen und Art. 4 Abs. 1 Nr. 1 deutsch-israelisches Abkommen nochmals klar, daß sie auf Entscheidungen in Familiensachen und auf Entscheidungen, welche die Rechts- und Handlungsfähigkeit oder die gesetzliche Vertretung natürlicher Personen unmittelbar betreffen, nicht anwendbar sind. Somit finden diese beiden Abkommen keine Anwendung bei der Anerkennung von betreuungsrechtlichen Entscheidungen[23].
Die Anerkennung solcher Entscheidungen sollte dem autonomen Recht beider Vertragspartner überlassen bleiben[24].

Alle übrigen Abkommen, bis auf das deutsch-italienische und das deutsch-schweizerische, die beide vor dem zweiten Weltkrieg geschlossen wurden, und das deutsch-britische Abkommen erstrecken sich auch auf Entscheidungen der freiwilligen Gerichtsbarkeit[25].
Diese Abkommen, auch das deutsch-italienische, das deutsch-schweizerische und das deutsch-britische Abkommen, beziehen sich alle auf Entscheidungen, die über die Ansprüche "der Parteien" erkannt haben, bzw. auf "Streitigkeiten" (Art. 1 Abs. 1 deutsch-belgisches Abkom-

---

22 Handbuch des Internationalen Zivilverfahrensrechts-Waehler, Bd. III/2, Rz 90; Staudinger-Kropholler, EGBGB, Art. 19, Rz 338; Geimer, Anerkennung ausländischer Entscheidungen auf dem Gebiet der freiwilligen Gerichtsbarkeit, Festschrift für Murad Ferid zum 80. Geburtstag, S. 89; Enßlin, Die Anerkennung ausländischer Akte freiwilliger Gerichtsbarkeit, S. 59.

23 Staudinger-Henrich, EGBGB, Art. 19, Rz 477 f., 504; Enßlin, Die Anerkennung ausländischer Akte freiwilliger Gerichtsbarkeit, S. 59; Richardi, Die Anerkennung und Vollstreckung ausländischer Akte der freiwilligen Gerichtsbarkeit unter besonderer Berücksichtigung des autonomen Rechts, § 2 II 1 E c, S. 35.

24 Vgl. BT-Drucks. 5/3167, S. 54 für das deutsch-tunesische Abkommen.

25 Art. 1 Abs. 3 deutsch-belgisches Abkommen; Art. 1 Abs. 1 S. 1 deutsch-österreichisches Abkommen; Art. 1 Abs. 1 S. 1 deutsch-griechisches Abkommen; Art. 1 Abs. 1 S. 1 deutsch-niederländisches Abkommen; Art. 27 Abs. 3 deutsch-tunesisches Abkommen; Art. 1 Abs. 3 deutsch-norwegisches Abkommen; Art. 2 Abs. 1 deutsch-israelisches Abkommen; Art. 1 Abs. 1 deutsch-spanisches Abkommen. Hinsichtlich der Anwendbarkeit des deutsch-italienischen, des deutsch-schweizerischen und des deutsch-britischen Abkommen ist streitig, ob diese überhaupt auf Entscheidungen der freiwilligen Gerichtsbarkeit anwendbar sind (vgl. Staudinger-Henrich, EGBGB, Art. 19, Rz 475 f., 480 ff., 493 ff.), dies kann aber dahinstehen, falls diese Abkommen nur auf Entscheidungen, die in einem streitigen Verfahren ergangen sind, anwendbar sind.

men; Art. 1 Abs. 1 deutsch-griechisches Abkommen; Art. 3 deutsch-italienisches Abkommen; Art. 1 Abs. 1 deutsch-niederländisches Abkommen; Art. 1 Abs. 1 deutsch-norwegisches Abkommen; Art. 1 Abs. 1 deutsch-österreichisches Abkommen; Art. 1 Abs. 1 deutsch-schweizerisches Abkommen; Art. 1 Abs. 1 deutsch-spanisches Abkommen; Art. I Abs. 3 deutsch-britisches Abkommen). Danach unterliegen nur Entscheidungen, die in einem kontradiktorischen Verfahren ergangen sind, diesen Verträgen. Auf fürsorgende Entscheidungen der freiwilligen Gerichtsbarkeit sind sie nicht anzuwenden[26]. Zum einen wird in diesen Verfahren nicht über Ansprüche "der Parteien" entschieden, zum anderen handelt es sich nicht um Streitentscheidungen, da nicht in einem streitigen Verfahren zwischen Prozeßparteien entschieden wird. Art. 3 Nr. 1 deutsch-norwegisches Abkommen stellt zudem klar, daß dieses Abkommen auf Entscheidung, welche die Rechts- und Handlungsfähigkeit oder gesetzliche Vertretung einer natürlichen Person unmittelbar zum Gegenstand haben, keine Anwendung findet.
Einer Differenzierung, nach der das deutsch-belgische Abkommen[27], das deutsch-britische Abkommen[28] und das deutsch-griechische Abkommen[29] auch auf konstitutive Akte der freiwilligen Gerichtsbarkeit für anwendbar gehalten wird, ist nicht zu folgen. Sie wird damit begründet, daß in diesen Abkommen unter Ansprüchen nur prozessuale Ansprüche zu verstehen seien. Dies ändert aber nichts daran, daß in den Abkommen von einer Entscheidung über die Ansprüche der Parteien die Rede ist, also von einem kontradiktorischen Verfahren[30].

---

[26] Handbuch des Internationalen Zivilverfahrensrechts-Waehler, Bd. III/2, Rz 90; Staudinger-Kropholler, EGBGB Art. 19 Rz 306 ff.; Geimer, Anerkennung ausländischer Entscheidungen auf dem Gebiet der freiwilligen Gerichtsbarkeit, Festschrift für Murad Ferid zum 80. Geburtstag, S. 89; Richardi, Die Anerkennung und Vollstreckung ausländischer Akte der freiwilligen Gerichtsbarkeit unter besonderer Berücksichtigung des autonomen Rechts, § 2 II E, S. 34 ff.; zum deutsch-norwegischen Abkommen: Gemeinsamer Bericht der Unterhändler, BT-Drucks. 8/3864, S. 20, 21; zum deutsch-niederländischem Abkommen: Gemeinsamer Bericht der Unterhändler, BT-Drucks. 4/2351, S. 13, 16; zum deutsch-griechischen Abkommen: Denkschrift, BT-Drucks. 4/570, S. 9, 10; zum deutsch-belgischen Abkommen: Denkschrift, BT-Drucks. 3/919, S. 14, 16; zum deutsch-österreichischen Abkommen, BT-Drucks. 3/1419, S. 6, 7.

[27] Enßlin, Die Anerkennung ausländischer Akte freiwilliger Gerichtsbarkeit, § 4 II 3, S. 54.

[28] Enßlin, Die Anerkennung ausländischer Akte freiwilliger Gerichtsbarkeit, § 4 II 5, S. 56.

[29] Enßlin, Die Anerkennung ausländischer Akte freiwilliger Gerichtsbarkeit, § 4 II 6, S. 57.

[30] Staudinger-Henrich, EGBGB, Art. 19, Rz 465; Handbuch des Internationalen Zivilverfahrensrechts-Waehler, Bd. III/2, Rz 90; Staudinger-Kropholler, EGBGB, Art.

Hinsichtlich des deutsch-spanischen Abkommens ist eine Besonderheit dahingehend festzustellen, daß dieses zwar nach Art. 1 Abs. 1 nur auf Entscheidungen in Zivil- und Handelssachen, "durch die über Ansprüche der Parteien" entschieden wird, anwendbar ist, in Art. 8 Abs. 1 des Abkommens aber die Zuständigkeit "in allen den Ehe- und Familienstand, die Rechts- und Handlungsfähigkeit oder die gesetzliche Vertretung betreffenden Angelegenheiten" regelt. Daraus läßt sich folgern, daß das deutsch-spanische Abkommen auch auf betreuungsrechtliche Entscheidung anwendbar ist[31]. Nach Art. 4 Nr. 2 des deutsch-spanischen Abkommens ist aber eine weitere Anerkennungsvoraussetzung, daß die Entscheidung rechtskräftig ist. Rechtskraft im Sinne der Abkommen bedeutet, daß die Entscheidung nicht mehr durch ordentliche Rechtsbehelfe anfechtbar ist[32]. Ordentliche Rechtsbehelfe im Sinne des Abkommens sind solche, deren Einlegung in einer bestimmten Frist erfolgen muß und die Suspensivwirkung haben[33]. Im Bereich der freiwilligen Gerichtsbarkeit, insbesondere im Betreuungsrecht, können die meisten gerichtlichen Entscheidungen mit einfacher Beschwerde, d.h. ohne Einhaltung einer Frist, angefochten werden. Soweit Entscheidungen mit einfacher Beschwerde anfechtbar sind, erlangen hier nur letztinstanzliche Entscheidungen Rechtskraft. Zudem sind die Entscheidungen des Erstgerichts gemäß § 18 FGG solange durch den Erstrichter abänderbar, als eine Beschwerdeentscheidung nicht ergangen ist. Deutsche gerichtliche Entscheidungen in einem betreuungsrechtlichen Verfahren sind daher nur in geringem Umfang gemäß dem Abkommen in Spanien anzuerkennen.

Bei der Anerkennung spanischer Entscheidungen in der Bundesrepublik Deutschland aufgrund des deutsch-spanischen Abkommens unterfallen alle spanischen Entscheidungen, die ihrem Inhalt nach im deutschen Sachrecht dem Betreuungsrecht zuzurechnen wären, dem Anwendungsbereich des Abkommens. Alle diese Entscheidungen gehören zum Bereich der Rechts- und Handlungsfähigkeit und der gesetzlichen Vertretung. Auch eine Entscheidung über die Unterbringung des Betroffenen ist nach Art. 4 des Abkommens anzuerkennen, soweit es sich um eine zivilrechtliche Unterbringung handelt.
Eine spanische betreuungsrechtliche Entscheidung ist gemäß Art. 4 des Abkommens anzuerkennen, wenn sie rechtskräftig im Sinne des Ab-

---

19, Rz 306 ff.; Geimer, Anerkennung ausländischer Entscheidungen auf dem Gebiet der freiwilligen Gerichtsbarkeit, Festschrift für Murad Ferid zum 80. Geburtstag, S. 89.

[31] A.A. Staudinger-Kropholler, EGBGB, Art. 24, Rz 123.

[32] Denkschrift zum Abkommen, BT-Drucks. 10/5415 S. 16.

[33] Denkschrift zum Abkommen, BT-Drucks. 10/5415 S. 16.

kommens ist und das spanische Gericht gemäß Art. 8 Abs. 1 des Abkommens für die Entscheidung international zuständig war. Dies ist der Fall, wenn der Betroffene zum Zeitpunkt der Einleitung des Verfahrens spanischer Staatsangehöriger war oder seinen Wohnsitz oder gewöhnlichen Aufenthalt in Spanien hatte. Darüber hinaus kann die Anerkennung der Entscheidung gemäß Art. 5 des Abkommens versagt werden, wenn sie gegen den deutschen ordre public verstößt, zuerst eine Verfahren mit gleichem Gegenstand in der Bundesrepublik Deutschland eingeleitet worden ist, sie im Widerspruch zu einer rechtskräftigen deutschen Entscheidung steht oder der Betroffenen nicht ausreichend Gelegenheit hatte, sich am Verfahren zu beteiligen. Zudem kann ausnahmsweise bei betreuungsrechtlichen Entscheidungen, soweit sie auf einer Beurteilung der Rechts- oder Handlungsfähigkeit oder der gesetzliche Vertretung beruhen, gemäß Art. 6 Abs. 2 des Abkommens die Anerkennung versagt werden, wenn nach dem deutschen Kollisionsrecht eine andere Rechtsordnung als die der spanischen Entscheidung zugrundeliegende anzuwenden gewesen wäre.

c. Autonomes Recht

Im autonomen deutschen Recht bestimmt § 328 ZPO unter welchen Voraussetzungen zivilprozessuale Gerichtsentscheide im Inland anzuerkennen sind; § 16 a FGG trifft diese Regelungen für Entscheidungen auf dem Gebiet der freiwilligen Gerichtsbarkeit.

Es sind somit zunächst die Anwendungsbereiche der beiden Vorschriften - § 328 ZPO und § 16 a FGG - voneinander abzugrenzen. Es bleibt zu bestimmen, unter welchen Voraussetzungen eine ausländische Entscheidung als zivilprozessuale Entscheidung oder als Entscheidung auf dem Gebiet der freiwilligen Gerichtsbarkeit einzuordnen ist.

Das hier auftretende Problem unterscheidet sich nicht wesentlich von dem Problem der Qualifikation im Bereich des internationalen Privatrechts[34]. Es gilt daher hier der gleiche Grundsatz, daß eine Abgrenzung der beiden Normen nach der Systematik des deutschen Rechts erfolgt unter Berücksichtigung rechtsvergleichend gewonnener Aspekte.

Eine Möglichkeit wäre die ausländischen Entscheidungen dann unter § 328 ZPO einzuordnen, wenn sie in einem streitigen, dem deutschen Zivil-

---

[34] Zur Qualifikation s. Kapitel 2 I.

prozeß entsprechendem Verfahren ergangen sind. Nach § 16 a FGG wären dann alle diejenigen Entscheidungen zu beurteilen, die in einem Verfahren ergangen sind, das dem Verfahren der deutschen freiwilligen Gerichtsbarkeit entspricht.
Eine solche Einordnung ist insofern problematisch, als die Verfahren in anderen Rechtsordnungen sich teilweise sehr stark von Verfahren nach deutschem Verfahrensrecht unterscheiden[35]. Zum Teil gibt es, wie im anglo-amerikanischen Rechtskreis, kein gesondertes Verfahren, das dem Verfahren der deutschen freiwilligen Gerichtsbarkeit entspricht.

Eine Einordnung der ausländischen Entscheidung kann aber auch nach dem Gegenstand ihrer Regelung erfolgen. Je nachdem ob diese Rechtsmaterie im deutschen Recht dem Zivilprozeßrecht oder dem Recht der freiwilligen Gerichtsbarkeit zuzuordnen ist, ist die Entscheidung an § 328 ZPO oder an § 16 a FGG zu messen[36].

2. Grundlagen der Anerkennung

a. Wesen der Anerkennung

Die Entscheidung eines ausländischen Gerichts oder einer ausländischen Behörde entfaltet als Hoheitsakt für sich keine Wirkungen im Inland. Erst wenn das inländische Recht einer Entscheidung eine Wirkung im Inland zuerkennt, das heißt die Entscheidung im Inland anerkannt wird, entfaltet die Entscheidung auch im Inland Wirkung[37].
In der Anerkennung wird zum Teil die Gleichstellung des ausländischen Urteils mit einem entsprechenden inländischen Urteil gesehen[38].
Der ausländische Hoheitsakt entfaltet nach dieser Ansicht im Inland dieselben Wirkungen wie eine entsprechender inländischer. Diese Gleichstellung bereitet dann Schwierigkeiten, wenn der ausländische Hoheitsakt

---

[35] So auch Enßlin, Die Anerkennung ausländischer Akte freiwilliger Gerichtsbarkeit, § 4 I, S. 47.
[36] Kropholler, Internationales Privatrecht, § 60 II 6, S. 537; Geimer, Anerkennung ausländischer Entscheidungen in Deutschland, S. 69; Geimer, Internationales Zivilprozeßrecht, Rz 2883.
[37] Geimer, Anerkennung ausländischer Entscheidungen in Deutschland, S. 85; Rosenberg/Schwab/Gottwald, Zivilprozeßrecht, § 157 I 1, S. 942.
[38] Matscher, Grundfragen der Anerkennung und Vollstreckung ausländischer Entscheidungen in Zivilsachen, ZZP 103 (1990), 294, 307 f.

im Urteilsstaat andere Wirkungen hat als im Inland. In solchen Fällen könnte die ausländische Entscheidung im Inland andere und sogar weiterreichende Wirkungen als im Urteilsstaat haben. Die Anerkennung hätte damit zur Folge, daß der ausländischen Entscheidung neue Wirkungen verliehen werden und diese Entscheidung in jedem Land unterschiedliche Wirkungen hätte.[39]

Eine Entscheidung, die in jedem Staat andere Wirkungen hat, führt jedoch für die Parteien zu einem unsicheren Zustand. Sie haben sich in einem Staat auf ein bestimmtes Prozeßrisiko eingelassen, da sie die möglichen Wirkungen der Entscheidung in ihre Überlegungen einbeziehen konnten. Den Interessen der Parteien und auch der gegenseitigen Achtung der Entscheidungen das anderen Staates entspricht es mehr, die Wirkungen, die eine Entscheidung im Urteilsstaat entfaltet, auf das Inland zu erstrecken. Dies kann jedoch nicht ohne Einschränkungen erfolgen[40]. Wirkungen einer ausländischen Entscheidungen können nur insoweit auf das Inland erstreckt werden, als diese Wirkungen an sich im Inland als Entscheidungswirkungen bekannt sind und nicht unvereinbar mit den inländischen Gerechtigkeitsvorstellungen sind[41]. Dies ergibt sich notwendigerweise daraus, daß die ausländische Entscheidung in das inländische Rechtssystem eingepaßt werden muß. Diese Einschränkung geht aber nicht soweit, daß der ausländischen Entscheidung nur diejenigen Wir-

---

[39] Schack, Internationales Zivilverfahrensrecht, Rz 792 ff.; vgl. hierzu auch: Gottwald, Grundfragen der Anerkennung und Vollstreckung ausländischer Entscheidungen in Zivilsachen, ZZP 103 (1990), 257, 260 f.; Handbuch für Internationales Zivilverfahrensrecht-Martiny, Bd. III/1, Rz 365 ff.

[40] Eine Ausnahme hierzu bilden die internationales Abkommen, in denen eine vollständige Erstreckung der Wirkungen vereinbart ist: Art. 1 Abs. 1 deutsch-italienisches Abkommen vom 9.3.1936; Art. 1 Abs. 1 S. 2 deutsch-belgisches Abkommen vom 30.6.1958; Art. 1 Abs. 1 S. 2 deutsch-niederländisches Abkommen vom 30.8.1962.

[41] Geimer, Anerkennung ausländischer Entscheidungen in Deutschland, S. 86; Rosenberg/Schwab/Gottwald, Zivilprozeßrecht, § 157 I 4, S. 946; Geimer/Schütze-Geimer, Internationale Urteilsanerkennung, Bd. I/2, § 183 I, S. 1386; Geimer, Internationales Zivilprozeßrecht, Rz 2780; Kropholler, § 60 IV 2, S. 549 f.; MünchKommZPO-Gottwald, § 328 Rz 3a f., 123; Handbuch für internationales Zivilverfahrensrecht-Martiny, Bd. III/1, Rz 368 f.; Gottwald, Grundfragen der Anerkennung und Vollstreckung ausländischer Entscheidungen in Zivilsachen, ZZP 103 (1990), 257, 261 ff.; Richardi, Die Anerkennung und Vollstreckung ausländischer Akte der freiwilligen Gerichtsbarkeit unter besonderer Berücksichtigung des autonomen Rechts, § 1 III 2, S. 16.

kungen zuerkannt werden, die eine entsprechende inländische Entscheidung hätte[42].

Erstreckt werden hierbei alle diejenigen Urteilswirkungen, die nach deutschem Recht als prozeßrechtliche Wirkungen zu qualifizieren sind[43], da die Anerkennung dem Verfahrensrecht zuzuordnen ist und materiellrechtliche Wirkungen einer Entscheidung sich nach dem Kollisionsrecht beurteilen. Sind manche prozeßrechtlichen Entscheidungswirkungen nicht anerkennungsfähig, so steht dies der
Anerkennung der Entscheidung insgesamt entgegen; nur diese spezielle Entscheidungswirkung wird nicht auf das Inland erstreckt. Soweit hierdurch Anpassungsprobleme entstehen, setzt sich die lex fori des Anerkennungsstaates durch[44].
Voraussetzung für die Anerkennung ist dabei nicht, daß die Entscheidung bereits rechtskräftig ist oder überhaupt der Rechtskraft fähig ist; erforderlich ist nur, daß die Wirkungen der Entscheidung bereits im Urteilsstaat eingetreten sind[45].

b. Entscheidungswirkungen

Eine Entscheidung entfaltet im Entscheidungsstaat die unterschiedlichsten materiell-rechtlichen und prozessualen Wirkungen. Welche Wirkungen als materiell-rechtlich und welche als prozessual einzuordnen sind, bestimmt sich nach dem Recht des Anerkennungsstaates. Zu den prozessualen Entscheidungswirkungen zählen im deutschen Recht nach der h.M. insbesondere die materielle Rechtskraft, die Präklusionswirkung, die Streitverkündungswirkung und die Interventionswirkung[46]. Von diesen Wirkungen ist die Tatbestandswirkung einer Entscheidung zu unterschei-

---

[42] Gottwald, Grundfragen der Anerkennung und Vollstreckung ausländischer Entscheidungen in Zivilsachen, ZZP 103 (1990), 257, 262; a.A. Schack, Internationales Zivilverfahrensrecht, Rz 796.

[43] MünchKommZPO-Gottwald, § 328 Rz 123; Geimer/Schütze-Geimer, Internationale Urteilsanerkennung, Bd. I/2, § 185, S. 1391 f.; Geimer, Internationales Zivilprozeßrecht, Rz 2786 f.

[44] Handbuch für internationalen Zivilverfahrensrecht-Martiny, Bd.III/1, Rz 370.

[45] Gottwald, Grundfragen der Anerkennung und Vollstreckung ausländischer Entscheidungen in Zivilsachen, ZZP 103 (1990), 257, 266; Geimer, Anerkennung ausländischer Entscheidungen in Deutschland, S. 111.

[46] Geimer, Anerkennung ausländischer Entscheidung in Deutschland, S. 46; Handbuch für internationales Zivilverfahrensrecht-Martiny, Bd.III, Rz 373; Geimer/Schütze-Geimer, Internationales Urteilsanerkennung, Bd. I/2, § 190 I, S. 1409; Kropholler, Internationales Privatrecht, § 60 IV 3, S. 550 f.

den. Die Entscheidung kann, ohne die Rechtsänderung zum Gegenstand zu haben, eine solche hervorrufen, wenn die Rechtsordnung an die Existenz der Entscheidung gewisse Rechtsfolgen knüpft, vgl. z.B. § 211 Abs. 1 BGB, § 218 Abs. 1 BGB. Die Tatbestandswirkung als Nebenwirkung der Entscheidung zeigt sich daher im materiellen Recht und unterliegt daher als materiell-rechtliche Entscheidungswirkung nicht dem Zivilverfahrensrecht, sondern dem Kollisionsrecht. Die Tatbestandswirkung unterliegt damit der lex causae[47].

(1) Gestaltungswirkung

Umstritten ist demgegenüber die Einordnung der Gestaltungswirkung einer Gestaltungsentscheidung, d.h. einer Entscheidung, die auf eine Gestaltung der materiellen oder prozessualen Rechtslage durch Richterspruch abzielt[48].

Die h.M. ordnet die Gestaltungswirkung einer Entscheidung als prozessuale Wirkung[49] dem Zivilverfahrensrecht zu und unterstellt sie den allgemeinen Anerkennungsregeln[50]; die Anerkennung der Gestaltungswir-

---

[47] MünchKommZPO-Gottwald, § 328, Rz 139; Geimer/Schütze-Geimer, Internationale Urteilsanerkennung, Bd. I/2, § 190 II 2, S. 1410; Geimer, Anerkennung ausländischer Entscheidungen in Deutschland, S. 42; Geimer, Internationales Zivilprozeßrecht, Rz 2826; Schack, Internationales Zivilverfahrensrecht, Rz 780; Kropholler, Internationales Privatrecht, § 60 IV 3 d, S. 551.

[48] Geimer/Schütze-Geimer, Internationale Urteilsanerkennung, § 226 1, S. 1703; Handbuch für internationales Zivilverfahrensrecht-Martiny, Bd. III/1, Rz 404; Hausmann, Kollisionsrechtliche Schranken von Scheidungsurteilen, § 1 I, S. 5; Rosenberg/Schwab/Gottwald, Zivilprozeßrecht, § 94 I 1, S. 526; Schlosser, Gestaltungsklagen und Gestaltungsurteile, S. 37; Richardi, Die Anerkennung und Vollstreckung ausländischer Akte der freiwilligen Gerichtsbarkeit unter besonderer Berücksichtigung des autonomen Rechts, § 3 V 1, S. 68.

[49] Geimer, Anerkennung ausländischer Entscheidungen auf dem Gebiet der freiwilligen Gerichtsbarkeit, Festschrift für Murad Ferid zum 80. Geburtstag, S. 89, 91; Geimer/Schütze-Geimer, Internationale Urteilsanerkennung, § 190 I, S. 1409; Geimer, Internationales Zivilverfahrensrecht, Rz 2813; .

[50] Sogenannte prozeßrechtliche Theorie: Geimer/Schütze-Geimer, Internationale Urteilsanerkennung, § 187 III 3, S. 1400 f.; MünchKommZPO-Gottwald, § 328, Rz 133; Handbuch für internationales Zivilverfahrensrecht-Martiny, Bd. III/1, Rz 409; Zöller-Geimer, § 328, Rz 46 f.; Stein/Jonas-Schumann, § 328, Rz 11; Schack, Internationales Zivilverfahrensrecht, Rz 779; Kropholler, Internationales Privatrecht, § 60 IV 3 e, S. 551 f.; Richardi, Die Anerkennung und Vollstreckung ausländischer Akte der freiwilligen Gerichtsbarkeit unter besonderer Berücksichtigung des autonomen Rechts, § 3 V 2 A b, S. 75.

kung soll nicht nach anderen Voraussetzungen beurteilt werden wie die restlichen Urteilswirkungen[51].

Demgegenüber vertritt die Kumulationstheorie die Auffassung, daß eine Gestaltungsentscheidung nur anzuerkennen ist, wenn neben den Voraussetzungen des § 328 ZPO bzw. § 16 a FGG die Entscheidung vom Staat der lex causae erlassen wurde oder zumindest dort anerkannt wird[52]. Dies wird damit begründet, daß § 328 ZPO bzw. § 16 a FGG nur festlegt, wann ein Urteil nicht anzuerkennen sei. Er bestimme jedoch nicht, daß bei Fehlen der Anerkennungshindernisse eine Entscheidung anerkannt werden müsse. Vielmehr sei eine ausländische Entscheidung zur Vermeidung von hinkenden Rechtsverhältnissen nur anzuerkennen, wenn auch die lex causae sie anerkenne.[53]

Im Unterschied hierzu bestimmt sich nach der rein materiell-rechtlichen Theorie die Anerkennung der Gestaltungswirkung ausschließlich nach der durch das Kollisonsrecht des Anerkennungsstaates berufenen lex causae[54]; entfaltet die Entscheidung nach der lex causae Gestaltungswirkung, so ist diese Wirkung auch durch den Anerkennungsstaat zu berücksichtigen. Nach dieser Meinung ist die Gestaltungswirkung eine materiell-rechtliche Entscheidungswirkung, die nicht anders als die Tatbestandswirkung einer Entscheidung zu behandeln ist; auch ihre Gestaltungswirkung knüpfe sich an eine materiell-rechtliche Norm[55].

Alle drei Meinungen rechnen die Anerkennung einer Entscheidung zu den verfahrensrechtlichen Normen und beurteilen sie daher nach der lex fori. Auf der Grundlage der gesetzlichen Anerkennungsnormen werden die prozessualen Wirkungen eines Urteils auf das Inland erstreckt. Die Unterscheidung zwischen materiell-rechtlichen und prozessualen Entscheidungswirkungen beruht auf der sich in der zweiten Hälfte des letzten Jahrhunderts durchsetzenden Trennung zwischen materiellem Recht und

---

[51] Handbuch für internationales Zivilverfahrensrecht-Martiny, Bd. III/1, Rz 411.

[52] Frankenstein, Internationales Privatrecht, Bd. I, S. 347; die Kumulationstheorie liegt auch dem deutsch-spanischen Abkommen vom 14.11.1983 zugrunde, vgl. Art. 6 Abs. 2 des Abkommens.

[53] Frankenstein, Internationales Privatrecht, Bd. I, S. 346 f.

[54] Neuhaus, Die Grundbegriffe des internationalen Privatrechts, § 58 III, S. 438 f.; Süß, Die Anerkennung ausländischer Urteile, S. 244 f.; Dölle, Über einige Kernprobleme des internationalen Rechts der freiwilligen Gerichtsbarkeit, RabelsZ 27 (1962/63), 201, 236 f.; Hausmann, Kollisionsrechtliche Schranken der Gestaltungskraft von Scheidungsurteilen, § 22 III 2, S. 199.

[55] Hausmann, Kollisionsrechtliche Schranken der Gestaltungskraft von Scheidungsurteilen, § 2 III, S. 21, § 22 III 1, S. 198.

Prozeßrecht[56]. Diese Unterscheidung von materiellem Recht und Verfahrensrecht erhielt auch Bedeutung im internationale Privat- und Verfahrensrecht[57], insbesondere deshalb, da im internationalen Verfahrensrecht prinzipiell der lex-fori-Grundsatz gilt. Dies bedeutet, ein inländisches Gericht wendet grundsätzlich nur sein eigenes Verfahrensrecht an, auch wenn nach den Regeln des internationalen Privatrechts ausländisches Sachrecht zur Anwendung kommt. Aber auch im Bereich der Anerkennung ausländischer Entscheidung ist die Trennung von materiellem und prozessualem Recht von Bedeutung. Die Anerkennungsregelungen des § 328 ZPO und des § 16 a FGG sind Teil des internationalen Verfahrensrecht und entfalten auch nur insoweit ihre Wirkungen. Daraus folgt, daß sie nur Regelungen über die Anerkennung der prozeßrechtlichen Wirkungen einer Entscheidung treffen[58], während sich die materiell-rechtlichen Wirkungen einer Entscheidung nach dem durch die Kollisionsnormen des inländischen internationalen Privatrechts für anwendbar erklärten, ausländischen Sachrecht zu beurteilen sind. Welche Entscheidungswirkungen als prozeßrechtlich und welche als materiell-rechtlich einzuordnen sind, richtet sich dabei nach der lex fori des Anerkennungsstaates[59], bei einer Anerkennung in der Bundesrepublik Deutschland also nach deutschem Recht.

Die Gestaltungswirkung einer Entscheidung unterliegt danach den Regelungen der verfahrensrechtlichen Anerkennung (§ 328 ZPO, § 16 a FGG), wenn sie als prozessuale Wirkung zu sehen ist. Es stellt sich somit die Frage nach der Qualifikation[60] der Gestaltungswirkung.
Hinsichtlich der Unterscheidung zwischen materiellem Recht und Verfahrensrecht ist man sich im internen Recht darüber einig, daß alleine der

[56] Vgl. zur geschichtlichen Entwicklung: Zöllner, Materielles Recht und Prozeßrecht, AcP 190 (1990), 471 ff; Niederländer, Materielles Recht und Verfahrensrecht im internationalen Privatrecht, RabelsZ 20 (1955), 1, 2 ff.

[57] Zur geschichtlichen Entwicklung des internationalen Zivilverfahrensrechts: Nagel, Geschichtlicher Überblick über die Entwicklung des internationalen Zivilverfahrensrechts, in: Zeitgenössische Fragen des internationalen Zivilverfahrensrechts, S. 13 ff; zur geschichtlichen Entwicklung des Anerkennungsrechts: Handbuch für Internationales Zivilverfahrensrecht-Martiny, Bd. III/1, Rz 241 ff.

[58] MünchKommZPO-Gottwald, § 328, Rz 123; Geimer, Anerkennung ausländischer Entscheidungen in Deutschland, S. 46; Stein/Jonas-Schumann, § 328, Rz 5; Handbuch für internationales Zivilverfahrensrecht-Martiny, Bd. III/1, Rz 373.

[59] MünchKommZPO-Gottwald, § 328, Rz 123; Geimer, Anerkennung ausländischer Entscheidungen in Deutschland, S. 46; Stein/Jonas-Schumann, § 328, Rz 5; Handbuch für internationales Zivilverfahrensrecht-Martiny, Bd. III/1, Rz 373; Schack, Internationales Zivilverfahrensrecht, Rz 47.

[60] Vgl. Kapitel 1 I 1.

Standort einer Norm im Gesetz noch nichts über ihre Zuordnung aussagt[61]; so enthält die ZPO z.B. in § 76 Abs. 2, § 302 Abs. 4 S. 3, § 717 Abs. 2 ZPO materiell-rechtliche Normen.

Im übrigen sind die Abgrenzungskriterien sehr verschieden.
Zum Teil wird die Unterscheidung nach Sachbereichen vorgenommen: Zum Prozeßrecht gehören danach alle die Normen, die ein Verhalten in einem Verfahren, das auf ein bestimmtes Rechtspflegeziel gerichtet ist, von oder vor einem Rechtspflegeorgan regeln; dem materiellen Recht gehört dagegen alle die Normen an, die ein Verhalten in einem Bereich regeln, in dem sich Rechtssubjekte ohne Vermittlung eines Rechtspflegeorgans unmittelbar begegnen[62].
Zum Teil wird die Unterscheidung nach Zweck und Funktion des Prozesses vorgenommen: Danach hat das Prozeßrecht der Verwirklichung der materiellen Rechtslage zu dienen[63]. Es regelt die Einrichtungen der Rechtspflege, die Voraussetzungen und die Form der gerichtlichen Geltendmachung und Durchsetzung subjektiver Rechte mit staatlicher Hilfe und die Wirkungen, die sich daraus ergeben[64].
Niederländer[65] ordnet demgegenüber alle die Normen dem materiellen Recht zu, die für den Ausgang des Verfahrens entscheidend sind: Danach gehören dem materiellem Recht alle Rechtsschutznormen an, von deren Anwendung der Ausgang des Rechtsstreits objektiv abhängen kann. Zum Verfahrensrecht gehören dagegen alle formellen, prozeßordnenden Regelungen.

Nach der ersten und dritten Ansicht ergeben sich keine Anhaltspunkte dafür, welche Urteilswirkungen dem Verfahrensrecht zuzuordnen sind. Damit ist auch eine Einordnung der Gestaltungswirkung nicht möglich.
Nach der zweiten der dargestellten Meinungen müßten alle Entscheidungswirkungen dem Verfahrensrecht zugeordnet werden.

---

[61] Rosenberg/Schwab/Gottwald, Zivilprozeßrecht, § 1 V 2, S. 5; Arens, Prozeßrecht und materielles Recht, ZZP 85 (1973), 250, 252.

[62] Henckel, Prozeßrecht und materielles Recht, S. 21; Bötticher, Prozeßrecht und materielles Recht, ZZP 85 (1972), 1, 26, 28; Arens bezeichnet diese Definition als "relativ inhaltsleer und formal" (ZZP 85 (1973), 250, 253.

[63] Zöllner, Materielles Recht und Prozeßrecht, AcP 190 (1990), 471, 473.

[64] Rosenberg/Schwab/Gottwald, Zivilprozeßrecht, § 1 V 1, S. 5; Basedow, Qualifikation, Vorfrage und Anpassung im Internationalen Zivilprozeßrecht, in: Materielles Recht und Prozeßrecht und die Auswirkungen der Unterscheidung im Recht der Internationalen Zwangsvollstreckung, S. 131, 136.

[65] Niederländer, Materielles Recht und Verfahrensrecht im internationalen Privatrecht, RabelsZ 20 (1955), 1, 42.

Allen drei Ansichten ist aber gemeinsam, daß sie die Verflechtungen zwischen materiellem Recht und Verfahrensrecht nicht ausreichend berücksichtigen.

In diesem Zusammenhang weisen zwei Urteilswirkungen, die materielle Rechtskraft und die Gestaltungswirkung, eine besonderen Verbindung zum materiellem Recht auf[66].

(2) Materielle Rechtskraft

Die materielle Rechtskraft eines Urteils bedeutet, daß der Richterspruch hinsichtlich des Streitgegenstandes als für die Parteien verbindlich angesehen wird und ein Rechtsstreit gleichen Inhalts zwischen diesen Parteien nicht mehr geführt werden kann. Voraussetzung für die materielle Rechtskraft ist, daß die Entscheidung bereits formell rechtskräftig ist[67].

Hinsichtlich der Wirkungsweise der materiellen Rechtskraft gibt es zwei grundsätzlich verschiedene Ansichten.
Nach der materiell-rechtlichen Rechtskrafttheorie begründet ein rechtskräftiges Urteil das Recht neu. Ein richtiges Urteil bestätigt hierbei die Rechtslage, während ein falsches Urteil eine neue Rechtslage entsprechend seinem Inhalt gestaltet[68]. Aus dieser Ansicht läßt sich zwar unschwer die Bindung der Parteien auch an ein unrichtiges Urteil begründen, ein Urteil soll aber mit Ausnahme des Gestaltungsurteils nicht die Rechtsbeziehungen der Parteien verändern, sondern diese mit bindender Wirkung feststellen. Hier ist auch Leipold[69] zu widersprechen, der davon ausgeht, daß vor der richterlichen Entscheidung lediglich die generellen Rechtsnormen existieren und erst mit einer rechtskräftigen richterlichen Entscheidung eine bestimmte Rechtsfolge für einen konkreten Sachver-

---

[66] Die Erkenntnis, daß ein Gestaltungsurteil auch der materiellen Rechtskraft fähig sein kann, setzte sich erst im Laufe der Zeit durch: Lent, Die sachliche Rechtskraft der Gestaltungsurteile, ZZP 61 (1939), 279, 311 f.; Dölle, Die sachliche Rechtskraft der Gestaltungsurteile, ZZP 62 (1941), 281, 284; Hausmann, Kollisionsrechtliche Schranken der Gestaltungskraft von Scheidungsurteilen, § 3 I, S. 22 f.; Stein/Jonas-Leipold, § 322, Rz 66 f.

[67] Stein/Jonas-Leipold, § 322, Rz 9; Rosenberg/Schwab/Gottwald, Zivilprozeßrecht, § 149 II, S. 909.

[68] Pagenstecher, Zur Lehre von der materiellen Rechtskraft, S. 305; Kohler, Der Prozeß als Rechtsverhältnis, § 29, S. 112; vgl. auch Stein/Jonas-Leipold, § 322, Rz 37 f., der der materielle Rechtskraft sowohl eine materielle als auch eine prozessuale Wirkung zuerkennt.

[69] Stein/Jonas-Leipold, § 322, Rz 35 ff.

halt verbindlich festgelegt wird. Vor einem Prozeß wenden nur die Parteien die Rechtsnorm an, das Ergebnis dieser Anwendung ist jedoch nicht verbindlich[70]. Danach wären eine verbindliche Rechtslage immer erst mit einer rechtskräftigen gerichtlichen Entscheidung gegeben. Alle Rechtsanwendungen außerhalb eines Prozesses würden lediglich auf unverbindlichen Rechtsansichten beruhen. Dies entspricht aber nicht der Realität. Die Teilnehmer am Rechtsverkehr handeln unter einer ihnen mehr oder weniger bekannten Rechtsordnung, die für sie verbindlich ist. Die Rechtsnormen regeln dabei zwar nicht den konkreten Fall, im Wege der Auslegung und Subsumtion kann ermittelt werden, ob der konkrete Fall durch eine oder mehrere bestimmte Rechtsnormen verbindlich geregelt wird. Insoweit ist das Recht bereits vor einer gerichtlichen Entscheidung für die Parteien verbindlich. Besteht zwischen den Parteien Streit, unter welche gesetzliche Regelung der Sachverhalt einzuordnen ist, so hat diesen Streit das angerufene Gericht zu entscheiden. Durch die gerichtliche Entscheidung wird die bestehende, bereits für die Parteien bindende Rechtslage festgestellt und durch staatlichen Hoheitsakt bestätigt, um somit den Streit zwischen den Parteien beizulegen[71].
Würde man davon ausgehen, daß erst eine gerichtliche Entscheidung eine verbindliche Rechtslage schafft, so würde der Rechtsverkehr außerhalb gerichtlicher Verfahren allein auf unverbindlichen Ansichten beruhen und Rechtsgeschäfte bedürften, um verbindlich zu sein, jeweils einer gerichtlichen Bestätigung. Auf dieser Grundlage kann eine Rechtsordnung nicht funktionieren.

Die materielle Rechtskraft entfaltet vielmehr nur prozessuale Wirkungen. Wurde ein Rechtsstreit rechtskräftig entschieden, so kann der gleiche Streitgegenstand nicht nochmals Gegenstand eines Rechtsstreits sein. Die rechtskräftige Entscheidung hat jedoch keinen Einfluß auf die materielle Rechtslage. Diese stellt das Urteil nur fest. Entspricht die Entscheidung nicht der materiellen Rechtslage, so ändert sich die Rechtslage nicht aufgrund der Entscheidung, sondern bleibt unverändert. Da die rechtskräftige Entscheidung als staatlicher Hoheitsakt aber den Rechts-

---

[70] Stein/Jonas-Leipold, § 322, Rz 36.

[71] Rosenberg/Schwab/Gottwald, Zivilprozeßrecht, § 1 III, S. 3; Zöller-Vollkommer, Einl. Rz 39; Zöllner, Materielles Recht und Prozeßrecht, AcP 190 (1990), 471, 476. Dies soll nicht heißen, daß der Richterspruch durch das Gesetz vollständig determiniert ist. Durch die gerichtliche Entscheidung wird vielmehr der Inhalt des Gesetzes für den zu entscheidenden Fall konkretisiert; vgl. hierzu ausführlich Hassemer, Rechtssystem und Kodifikation: Die Bindung des Richters an das Gesetz, in: Einführung in die Rechtsphilosophie und Rechtstheorie der Gegenwart, S. 248 ff.;

streit endgültig beendet, sind die Parteien trotzdem an diese Entscheidung gebunden.[72]

(3) Einordnung der Gestaltungswirkung

Anders ist dies bei der Gestaltungswirkung einer Entscheidung. Die Gestaltungsentscheidung zielt gerade auf eine Veränderung der materiellen[73] Rechtslage[74]. Der Umfang der Gestaltung bestimmt sich allein nach materiellem Recht[75]. Ebenso ergibt sich die Grundlage für die Gestaltung der materiellen Rechtslage durch Richterspruch aus dem materiellen Recht[76]. Aus der Umgestaltung der materiellen Rechtslage durch die Gestaltungsentscheidung folgt zudem, daß die Gestaltungswirkung nicht nur zwischen den Parteien des Rechtsstreits gilt, sondern inter omnes[77]. An das materielle Recht sind alle gebunden, somit entfaltet eine Umgestaltung des materiellen Rechts seine Wirkungen auch gegenüber allen.

Hieraus ergeben sich die wesentlichen Unterschiede zwischen materieller Rechtskraft und Gestaltungswirkung:
- die materielle Rechtskraft wirkt nur inter partes, die Gestaltungswirkung inter omnes.

- die materielle Rechtskraft hat keinen Einfluß auf die materielle Rechtslage, die Gestaltungswirkung führt zu einer Änderung der materiellen Rechtslage.

---

[72] Hellwig, Wesen und subjektive Begrenzung der Rechtskraft, § 2, S. 12 ff.; Rosenberg/Schwab/Gottwald, Zivilprozeßrecht, § 151 II 3, S. 916 f.; Schack, Internationales Zivilverfahrensrecht, Rz 926.

[73] Gestaltungsentscheidungen, die auf eine Veränderung der prozessualen Rechtslage zielen, sollen hier außer acht bleiben.

[74] Geimer/Schütze-Geimer, Internationale Urteilsanerkennung, § 226 1, S. 1703; Handbuch für internationales Zivilverfahrensrecht-Martiny, Bd. III/1, Rz 404; Hausmann, Kollisionsrechtliche Schranken der Gestaltungskraft von Scheidungsurteilen, § 1 I, S. 5; Rosenberg/Schwab/Gottwald, Zivilprozeßrecht, § 94 I 1, S. 526; Schlosser, Gestaltungsklagen und Gestaltungsurteile, S. 37.

[75] Schlosser, Gestaltungsklagen und Gestaltungsurteile, vor § 17, S. 160.

[76] Hausmann, Kollisionsrechtliche Schranken der Gestaltungskraft von Scheidungsurteilen, § 2 III 1, S. 21; Stein/Jonas-Schumann, vor § 253, Rz 43.

[77] Schlosser, Gestaltungsklagen und Gestaltungsurteile, vor § 17, S. 163; Rosenberg/Schwab/Gottwald, Zivilprozeßrecht, § 94 III 1, S. 529; Stein/Jonas-Schumann, vor § 253, Rz 61.

- materielle Rechtskraft einer Gestaltungsentscheidung bedeutet, daß der Gestaltungsgrund bindend zwischen den Parteien des Verfahrens festgestellt wurde und in einem neuen Prozeß nicht mehr geltend gemacht werden kann, die Gestaltung sei zu Unrecht erfolgt[78].

Diese Unterschiede zeigen, daß die materielle Rechtskraft im Verfahrensrecht eine Rolle spielt. Sie verhindert, daß ein Verfahren mit gleichem Streitgegenstand nochmals zwischen den Parteien anhängig gemacht wird. Einfluß auf die materielle Rechtslage nimmt sie dagegen nicht.

Im Gegensatz dazu verändert die Gestaltungswirkung die materielle Rechtslage für und gegen alle, da eine privatrechtliche Norm an den Erlaß der Gestaltungsentscheidung diese Rechtsfolge anknüpft. So bestimmte § 104 Nr. 3 BGB a.F., daß eine Entmündigung durch gerichtliches Urteil zum Wegfall bzw. einer Beschränkung der Geschäftsfähigkeit des Betroffenen führt. Auch die Vertretungsmacht eines Betreuers nach § 1902 BGB folgt aus der Bestellung eines Betreuers durch gerichtliche Entscheidung nach § 1896 BGB. Als rein privatrechtliche Wirkung unterliegt die Gestaltungswirkung damit aber nicht der prozessualen Anerkennung, sondern dem internationalen Privatrecht. § 328 ZPO bzw. § 16 a FGG führen nur zu einer Erstreckung der prozessualen Wirkungen.

Die Frage, ob eine Entscheidung im Inland ihre Gestaltungswirkung entfaltet, ist auf der Grundlage des nach dem internationalen Privatrecht anwendbaren Sachrechts zu beantworten. Dies gilt auch für den Fall, daß es sich um eine inländische Entscheidung handelt[79].

Ist dieses Sachrecht deutsches Recht, so entfaltet eine inländische Entscheidung die Gestaltungswirkung, wenn sie nach den Vorschriften des deutschen Verfahrensrechts wirksam ist. Handelt es sich um eine ausländische Entscheidung, so kann sie die Gestaltungswirkung auch nur entfalten, wenn sie wirksam ist. Dies bedeutet nicht alleine, daß sie nach dem Verfahrensrecht des Entscheidungsstaates wirksam sein muß, sondern daß sie auch nach den Regeln des deutschen Verfahrensrechts (§§ 328 ZPO, 16 a FFG) anerkennungsfähig sein muß[80]. Dies gilt aber nur,

---

[78] Dölle, Die sachliche Rechtskraft der Gestaltungsurteile, ZZP 62 (1941), 281, 284 f.; Stein/Jonas-Schumann, vor § 253, Rz 61; Rosenberg/Schwab/Gottwald, Zivilprozßrecht, § 94 III 2, S. 529.

[79] Süß, Die Anerkennung ausländischer Urteile, S. 254 Fn 50.

[80] Hausmann, Kollisionsrechtliche Schranken der Gestaltungskraft von Scheidungsurteilen, § 22 III 2 b, S. 202. Hinsichtlich des Erfordernisses des Vorliegens der Anerkennungsvoraussetzungen bei der Beurteilung der Tatbestandswirkung

soweit die Entscheidung noch andere anerkennungsfähige prozessuale Wirkungen hat.
Kommen der Entscheidung jedoch keine weiteren prozessualen Wirkungen zu - wie dies meist bei fürsorgenden Entscheidungen der freiwilligen Gerichtsbarkeit der Fall ist -, so ist die Entscheidung nicht an § 328 ZPO bzw. § 16 a FGG zu messen.

Echte Streitverfahren der freiwilligen Gerichtsbarkeit, in denen sich mehrere Beteiligte mit widerstreitenden Interessen gegenüber stehen[81], können dagegen in materielle Rechtskraft erwachsen[82]. Insoweit hat dann auch die Anwendung des § 16 a FGG seine Berechtigung.

II. Anerkennung betreuungsrechtlicher Entscheidungen

Nachdem die Grundlagen der Anerkennung der Gestaltungswirkungen von Entscheidungen behandelt wurden, sollen nunmehr diese Grundsätze auf die ausländischen Entscheidungen im Betreuungsrecht übertragen werden.
Unter betreuungsrechtlichen Entscheidungen sind dabei alle diejenigen Entscheidungen zu verstehen, die nach deutschem Recht unter den Begriff Betreuungsrecht fallen. Die insoweit notwendige Qualifikation erfolgt nach den allgemeinen Grundsätzen[83]. Alle als betreuungsrechtlich eingestufte Entscheidungen sind damit auch der freiwilligen Gerichtsbarkeit zuzuordnen, da dies der Einordnung nach deutschem Recht entspricht.

Entscheidungen sind neben Urteilen und Beschlüssen auch solche Entscheidungen, die nicht durch ein Gericht, sondern durch eine andere Behörde eines anderen Staates ausgesprochen wurden, sofern sie deutschen betreuungsrechtlichen Entscheidungen entsprechen.

---

ebenso Handbuch für internationales Zivilverfahrensrecht-Martiny, Bd. III/1, Rz 463; Raape/Sturm, Internationales Privatrecht, Bd. I, § 19 C II 2 a, S. 358; Stein/Jonas-Schumann, § 328, Rz 15; MünchKommZPO-Gottwald, § 328, Rz 140; a.A. Geimer/Schütze-Geimer, § 190 II 3, S. 1411 Fn. 11 (nur die internationale Zuständigkeit gemäß § 328 Abs. 1 Nr. 1 ZPO muß vorliegen).

[81] BayObLG vom 5.5.1988, BayObLGZ 1988, 137, 139.

[82] BayObLG vom 5.5.1988, BayObLGZ 1988, 137, 140.

[83] S. Kapitel 1 I.

1. Anerkennung ausländischer Entmündigungen

In einigen Ländern, wie z.B. Italien[84], besteht weiterhin das Institut der Entmündigung[85]. Es stellt sich somit die Frage, welche Folgen eine im Ausland ausgesprochene Entmündigung im Inland nach sich zieht, d.h. ob überhaupt und wenn ja unter welchen Voraussetzungen eine solche Entmündigung im Inland anzuerkennen ist.

a. Meinungsstand vor Inkrafttreten des Betreuungsgesetzes

Bei der Anerkennung ausländischer Entmündigungen wird zumeist zwischen der Entmündigung eines Deutschen im Ausland, der Entmündigung eines Ausländers in seinem Heimatstaat und der Entmündigung eines Ausländers in einem Drittstaat unterschieden.

Nach der früher herrschenden Meinung war eine im Ausland ausgesprochene Entmündigung eines Deutschen im Inland nicht anzuerkennen, da nur der Heimatstaat eine Entmündigung aussprechen konnte[86]. Art. 8 EGBGB a.F. wurde als Ausnahmeregelung gesehen, die nur die Wirksamkeit einer Entmündigung eines Ausländers im Inland sichern sollte[87]. Es setzte sich jedoch mehr und mehr die Ansicht durch, daß auch eine Entmündigung eines deutschen Staatsangehörigen im Ausland unter bestimmten Voraussetzungen im Inland anzuerkennen sei[88]. Dies wurde vor allem damit begründet, daß § 648 Abs. 1 ZPO a.F. keinen aus-

---

[84] Artt. 414 ff. C.c.

[85] Zum Begriff der Entmündigung s. Kapitel 2 III 1.

[86] Levis, Das internationale Entmündigungsrecht des deutschen Reiches, S. 80; Pagenstecher, Zur Geschäftsfähigkeit der Ausländer in Deutschland, RabelsZ 15 (1949), 189, 198 f., 209; Zitelmann, Internationales Privatrecht, Bd. II, S. 103; Raape-Staudinger, Internationales Privatrecht, S. 101 f.; Niemeyer, Internationales Privatrecht, S. 124; grundsätzlich auch Nussbaum, Internationales Privatrecht, S. 122 und Habicht, Internationales Privatrecht, S. 65 mit der Einschränkung, daß bei Rechtsverhältnissen, die sich unter demselben ausländischen Recht entwikkelt haben und nach diesem zu beurteilen sind, eine Entmündigung nach der lex causae zu berücksichtigen sei; w.N. bei Harries, Das deutsche internationale Entmündigungsrecht, S. 78 f.

[87] Raape-Staudinger, Internationales Privatrecht, S. 101; Habicht, Internationales Privatrecht, S. 64; Niemeyer, Internationales Privatrecht, S. 124.

[88] BGH vom 7.12.1955, BGHZ 19, 240 ff = JZ 1956, 535 ff; Frankenstein, Internationales Privatrecht, S. 445; Stein/Jonas-Schlosser, § 648, Rz 5; Soergel-Kegel (11.Aufl.), EGBGB, Art. 8, Rz 12; Staudinger-Beitzke (12.Aufl.), EGBGB, Art. 8, Rz 16; MünchKomm-Birk, EGBGB, Art. 8, Rz 21; Palandt-Heldrich, EGBGB Art. 8, Rz 5; Harries, Das deutsche internationale Entmündigungsrecht, S. 98.

schließlichen internationalen Gerichtsstand für die Entmündigung von deutschen Staatsangehörigen enthalte, sondern, wie sich aus der Regelung des § 648 Abs. 2 ZPO a.F. ergab, im Hinblick auf die internationale Zuständigkeit nur einen besonderen internationalen Gerichtsstand[89].
Hinsichtlich der Voraussetzungen für die Anerkennung einer ausländischen Entmündigung herrschte jedoch keine Einigkeit.
Teilweise wurde vertreten, daß neben dem Vorliegen einer internationalen Zuständigkeit aufgrund gewöhnlichen Aufenthalts des zu Entmündigenden außerdem folgende Voraussetzungen für eine Anerkennung vorliegen müssten[90]:
a) Die Entmündigung darf nicht gegen den deutschen ordre public verstoßen.
b) Der Entmündigungsgrund muß auch dem deutschen Recht bekannt sein.
c) Die Entmündigung muß in einem gesetzlich geregelten Verfahren durch unabhängige Richter - zumindest in der letzten Instanz - erfolgen.
d) Die rechtlichen und tatsächlichen Wirkungen der ausländischen Entmündigung dürfen nicht wesentlich zum Nachteil des Entmündigten von den Wirkungen einer inländischen Entmündigung abweichen.
Demgegenüber wurde teilweise bis zur Einführung des § 16 a FGG die entsprechende Anwendung des § 328 ZPO a.F. mit leichten Modifikation vertreten[91].
Einig war man sich aber Großteils darüber, daß das Erfordernis der Gegenseitigkeit im Falle der Entmündigung nicht verlangt werden sollte[92].
Mit Einführung des § 16 a FGG wurde überwiegend vertreten, daß sich die Anerkennung einer Entmündigung als Akt der fürsorgenden Gerichtsbarkeit allein nach § 16 a FGG bestimmt[93]. Eine andere Ansicht unterscheidet danach, ob die Entmündigung durch ein Urteil ausgesprochen

[89] Stein/Jonas-Schlosser, § 648, Rz 6; Staudinger-Beitzke (12.Aufl.), EGBGB, Art. 8, Rz 19; Harries, Das deutsche internationale Entmündigungsrecht, S. 80 ff.

[90] BGH vom 7.12.1955, JZ 1956, 535, 536.

[91] Stein/Jonas-Schlosser, § 648, Rz 5; Staudinger-Beitzke (12.Aufl.), EGBGB, Art. 8 Rz, 22 f.

[92] Stein/Jonas-Schlosser, § 648, Rz 4; Staudinger-Beitzke (12.Aufl.), EGBGB, Art. 8, Rz 17; a.A. Soergel-Kegel (11.Aufl.), EGBGB, Art. 8, Rz 12: bei Entmündigung durch Urteil Anwendung des § 328 ZPO a.F. einschließlich des Erfordernisses der Verbürgung der Gegenseitigkeit.

[93] Kropholler, Internationales Privatrecht, § 42 II 4, S. 285; MünchKomm-Birk, EGBGB, Art. 8, Rz 21; Palandt-Heldrich (50. Aufl), EGBGB Art. 8, Rz 5; Geimer, Anerkennung ausländischer Entscheidungen auf dem Gebiet der freiwilligen Gerichtsbarkeit, Festschrift für Murad Ferid zum 80. Geburtstag, S. 89, 96.

wurde, dann sei § 328 ZPO anzuwenden, oder durch einen Beschluß, dann sei § 16 a FGG anzuwenden[94].

Als zusätzliche Erfordernisse für eine Anerkennung werden zum Teil verlangt, daß der Entmündigungsgrund auch dem deutschen Recht bekannt ist[95] bzw. daß der Entmündigung Tatsachen zugrunde liegen, die auch nach deutschem Recht eine Entmündigung rechtfertigen würden,[96] und die ausländische Entmündigung nicht Wirkungen entfaltet, die zum Nachteil des Entmündigten von den Wirkungen eine entsprechenden inländischen Entmündigung abweichen[97]. Zum Teil wird dies nicht für erforderlich gehalten[98].

Bei der Entmündigung eines Ausländers durch seinen Heimatstaat wurde die Ansicht vertreten, daß sich die Anerkennung nach § 16 a FGG[99] (bzw. § 328 ZPO[100]) bestimmt, eine andere Ansicht unterstellte sie Art. 7 EGBGB[101].

Hinsichtlich der Entmündigung von Ausländern in einem Drittstaat wurde vertreten, daß diese unabhängig von einer Anerkennung der Entscheidung durch den Heimatstaat gemäß § 16 a FGG[102] (bzw. § 328 ZPO[103])

---

[94] Kegel, Internationales Privatrecht, § 17 I 2 e, S. 357, § 17 I 1 f bb aaa, S. 345; vor Einführung des § 16 a FGG für eine Unterscheidung: Soergel-Kegel (11.Aufl.), EGBGB, Art. 8, Rz 8; Frankenstein, Internationales Privatrecht, Bd. I, S. 445.

[95] Palandt-Heldrich (50.Aufl.), EGBGB Art. 8, Rz 5.

[96] Staudinger-Beitzke (12.Aufl.), EGBGB, Art. 8, Rz 22; MünchKomm-Birk, EGBGB, Art. 8, Rz 25.

[97] Palandt-Heldrich (50.Aufl.), EGBGB Art. 8, Rz 5; Staudinger-Beitzke (12.Aufl.), EGBGB, Art. 8, Rz 23; MünchKomm-Birk, EGBGB, Art. 8, Rz 26.

[98] Soergel-Kegel (11.Auf.), EGBGB, Art. 8, Rz 12; Stein/Jonas-Schlosser, § 648, Rz 8; Kropholler, Internationales Privatrecht, § 42 II 4, S. 285.

[99] Kegel, Internationales Privatrecht, , § 17 I 2 e, S. 357, § 17 I 1 f bb aaa, S. 345; Kropholler, Internationales Privatrecht, § 42 II 4, S. 285; MünchKomm-Birk, EGBGB, Art. 8, Rz 31; Palandt-Heldrich (50.Aufl.), EGBGB Art. 8, Rz 5.

[100] Für Urteile: Kegel, Internationales Privatrecht, , § 17 I 2 e, S. 357, § 17 I 1 f bb aaa, S. 345; Soergel-Kegel (11.Aufl.), EGBGB, Art. 8, Rz 8.

[101] BGH vom 7.12.1955, JZ 1956, 535; Stein/Jonas-Schlosser, § 648, Rz 4; Staudinger-Beitzke (12.Aufl.), EGBGB, Art. 8, Rz 46; Schrick, Die Entmündigung von Ausländern im Inland und die hierbei zu treffenden vorläufigen vormundschaftlichen Maßnahmen, S. 72; Schäfer, Die Anerkennung ausländischer Akte freiwilliger Gerichtsbarkeit, S. 13.

[102] Kegel, Internationales Privatrecht, , § 17 I 2 e, S. 357, § 17 I 1 f bb aaa, S. 345; Kropholler, Internationales Privatrecht, § 42 II 4, S. 285; MünchKomm-Birk, EGBGB, Art. 8, Rz 34; Palandt-Heldrich (50.Aufl.), EGBGB Art. 8, Rz 5.

anzuerkennen ist. Eine andere Ansicht verlangte zusätzlich die Anerkennung durch den Heimatstaat[104].
Nach einer dritten Meinung beurteilte sich die Anerkennung einer Entmündigung eines Ausländers in einem Drittstaat grundsätzlich nach Art. 7 EGBGB[105]. Dies bedeutet, daß sie im Inland anzuerkennen ist, wenn ihr auch der Heimatstaat die entsprechende entmündigende Wirkung beimißt. Diese Meinung stellt den privatrechtsgestaltenden Charakter einer Entmündigung in den Vordergrund. Die Anerkennung einer ausländischen Entmündigung wird teilweise trotz Nichtanerkennung durch den Heimatstaat dann nicht ausgeschlossen, wenn dieser sie wegen fehlender internationaler Zuständigkeit des Entscheidungsstaates die Anerkennung ablehnt, nach deutscher Auffassung der Entscheidungsstaat jedoch international zuständig war[106].

b. Meinungsstand nach Inkrafttreten des Betreuungsgesetzes

Nach Abschaffung der Entmündigung im deutschen Recht durch das Betreuungsgesetz wird zum Teil die Meinung vertreten, daß die Entmündigung eines deutschen Staatsangehörigen im Ausland nicht anzuerkennen sei, da das deutsche Recht eine Entmündigung nicht mehr kenne[107]. Eine Anerkennung sei aber nur dann möglich, wenn auch das deutsche Recht eine Entmündigung aus dem der Entscheidung zugrunde liegenden Entmündigungsgrund kenne[108].

Im übrigen wird von der herrschenden Meinung die Ansicht vertreten, daß eine ausländische Entmündigung unabhängig davon, ob sie gegenüber einem deutschen oder einem ausländischen Staatsangehörigen ausge-

---

[103] Für Urteile: Kegel, Internationales Privatrecht, , § 17 I 2 e, S. 357, § 17 I 1 f bb aaa, S. 345; Soergel-Kegel (11.Aufl.), EGBGB, Art. 8, Rz 8.

[104] Frankenstein, Internationales Privatrecht, S. 445.

[105] Staudinger-Beitzke (12.Aufl.), EGBGB, Art. 8 Rz 46; Stein/Jonas-Schlosser, § 648, Rz 4; Schrick, Die Entmündigung von Ausländern im Inland und die hierbei zu treffenden vorläufigen Maßnahmen, S. 73; Harries, Das deutsche internationale Entmündigungsrecht, S. 60; Pagenstecher, Zur Geschäftsfähigkeit der Ausländer in Deutschland, RabelsZ 15 (1949), 189, 200 Fn 2; Nussbaum, Internationales Privatrecht, S. 122 f.; Raape-Staudinger, Internationales Privatrecht, S. 104 f.

[106] Stein/Jonas-Schlosser, § 648 Rz 4; Staudinger-Beitzke (12.Aufl.), EGBGB, Art. 8, Rz 47.

[107] Erman-Hohloch, EGBGB, Art. 8, Rz 2.

[108] Erman-Hohloch, EGBGB, Art. 8, Rz 2.

sprochen wurde, grundsätzlich nach § 16 a FGG[109] bzw. nach § 328 ZPO[110] anzuerkennen ist. Die gemäß § 16 a Nr. 1 FGG bzw. § 328 Abs. 1 Nr. 1 ZPO erforderliche internationale Zuständigkeit des Entscheidungsstaates wird dabei durch die spiegelbildliche Anwendung entweder des mit Inkrafttreten des Betreuungsgesetzes aufgehobenen § 648 a ZPO[111] oder des § 69 e S. 1 FGG iVm § 35 b FGG[112] oder § 65 FGG[113] oder § 43 FGG iVm § 35 b FGG[114] bestimmt.

Die Anerkennung wird aber auf verschiedene Weise beschränkt. So wird vertreten, daß eine ausländische Entmündigung durch die Anerkennung zwar dieselben Wirkungen wie im Entscheidungsstaat entfaltet. Reichen diese Wirkungen jedoch weiter als die Wirkungen nach dem deutschen Betreuungsrecht, so entfaltet die Entmündigung die Wirkungen, die eine Betreuung nach deutschem Recht mit weitestem Umfang haben kann[115]. Insoweit wird der Rechtsgedanke des Art. 9 § 1 BtG herangezogen[116]. Teilweise wird die Anerkennung einer Entmündigung eines Deutschen im Ausland wegen Verstoßes gegen den ordre public versagt, wenn sich der

---

109 Palandt-Heldrich, EGBGB, Art. 7, Rz 9; Staudinger-Kropholler, EGBGB, Art. 24, Rz 126; Bienwald, Betreuungsrecht, § 1908 d, Rz 25; Kropholler, Internationales Privatrecht, § 42 II, S. 290; Oelkers, Internationales Betreuungsrecht, § 5 A I 3 d, S. 275 f.; Böhmer, Das Betreuungsrecht und seine Bedeutung für die Tätigkeit des Standesbeamten, StAZ 1992, 65, 70; Kegel, Internationales Privatrecht, § 17 I 1 f bb aaa, S. 394, § 17 I 2 e, S. 406 (für Entmündigungen durch Beschluß).

110 V. Bar, Internationales Privatrecht, Bd. II, Rz 48; Kegel, Internationales Privatrecht, § 17 I 1 f bb aaa, S. 394, § 17 I 2 e, S. 406 (für Entmündigungen durch Urteil).

111 Böhmer, Das Betreuungsgesetz und seine Bedeutung die Tätigkeit des Standesbeamten, StAZ 1992, 65, 70.

112 Staudinger-Kropholler, EGBGB, Art. 24, Rz 126; Oelkers, Internationales Betreuungsrecht, § 5 A I 5, S. 278.

113 Kropholler, Internationales Privatrecht, § 42 II, S. 290.

114 Palandt-Heldrich, EGBGB, Art. 7, Rz 9.

115 Staudinger-Kropholler, EGBGB, Art. 24, Rz 126; Kropholler, Internationales Privatrecht, § 42 II, S. 290; Oelkers, Internationales Betreuungsrecht, § 5 A II 2, S. 300 und § 5 B II, S. 318. Palandt-Heldrich, EGBGB, Art. 7, Rz 9: mit dieser Einschränkung nur hinsichtlich der Entmündigung eines deutschen Staatsangehörigen im Ausland; bei einer ausländischen Entmündigung eines ausländischen Staatsangehörigen gilt diese Beschränkung der Wirkung nur im Rahmen des Schutzes des Rechtsverkehrs gemäß Art. 12 EGBGB (Palandt-Heldrich, EGBGB, Art. 12, Rz 4).

116 Staudinger-Kropholler, EGBGB, Art. 24, Rz 126; Kropholler, Internationales Privatrecht, § 42 II, S. 290; Oelkers, Internationales Betreuungsrecht, § 5 A II 2, S. 300 und § 5 B II, S. 318.

deutsche Staatsangehörige dauerhaft in der Bundesrepublik Deutschland aufhält[117].

c. Eigene Stellungnahme

Die Entmündigung einer Person als Entziehung der Geschäftsfähigkeit durch Hoheitsakt ist eine Gestaltungsentscheidung, deren Voraussetzungen nach früherem deutschen Recht in § 6 BGB a.F. geregelt waren und deren Wirkungen sich aus § 104 Nr. 3 BGB a.F. bzw. § 114 BGB a.F. ergaben. § 104 Nr. 3 BGB a.F. bzw. § 114 BGB a.F. bestimmte, welche Wirkungen im Hinblick auf die Geschäftsfähigkeit sich an die gerichtliche Entscheidung, die ein Entmündigungsverfahren abschloß, knüpften. Daraus ergibt sich, daß nicht die Entmündigungsentscheidung für sich zum Verlust der Geschäftsfähigkeit führte, sondern erst die Regelungen des materiellen Rechts, die den Verlust bzw. die Beschränkung der Geschäftsfähigkeit an diese Entscheidung anknüpften.
Die Gestaltungswirkung einer Entmündigung nach dem bis 31.12.1991 geltenden Recht hatte damit mehr Ähnlichkeit mit der Tatbestandswirkung eines Urteils als mit einer prozessualen Wirkung. Die die Geschäftsfähigkeit entziehende bzw. beschränkende Wirkung eines Entmündigungsurteils war nur deshalb Gestaltungswirkung und nicht Tatbestandswirkung, weil das Entmündigungsverfahren gerade auf diese Wirkung ausgerichtet war und das Entmündigungsurteil gerade um dieser Wirkung willen gefällt wurde.
Die Gestaltungswirkung einer Entmündigung war somit als materielle Urteilswirkung dem materiellen Recht zuzuordnen. Ob eine ausländische Entscheidung diese Wirkungen entfaltete, bestimmte sich daher nach dem internationalen Privatrecht und nicht nach dem prozessualen Anerkennungsrecht.

Dieser Grundsatz gilt auch nach Abschaffung der Entmündigung im deutschen Recht, da die Qualifikation der Gestaltungswirkung einer Entmündigung grundsätzlich nach der lex fori unter Berücksichtigung ausländischer Rechtsordnungen erfolgt. Existiert eine bestimmtes Rechtsinstitut im deutschen Recht nicht oder nicht mehr, so hat die Einordnung entsprechend der Systematik des deutschen Rechts zu erfolgen. Da durch

---

[117] Oelkers, Internationales Betreuungsrecht, § 5 A I 4 d aa aaa (2), S. 292 (wegen Verstoßes gegen Art. 2 Abs. 1 GG bei völliger Entziehung der Geschäftsfähigkeit) und § 5 A I 4 d aa bbb, S. 294 (wenn die ausländische Entscheidung auf Voraussetzungen gestützt ist, die über die Betreuungsvoraussetzung nach § 1896 BGB hinausgehen).

die Neuregelung des Rechts der Vormundschaft und Pflegschaft für Volljährige die Eingriffsmöglichkeiten differenzierter ausgestaltet wurden, nicht dagegen die Systematik des Rechts der Geschäftsfähigkeit vollkommen verändert wurde, sind die obengenannten Grundsätze für die Einordnung der Wirkungen ausländischer Entmündigung weiterhin anwendbar. Die Entmündigung einer Person ist eben danach nicht ein rechtsschöpferischer Akt, der unabhängig von seiner Ermächtigungsnorm seine Wirkung entfaltet[118]. Die Entscheidung greift vielmehr in das materielle Recht ein, da dieses es zuläßt. Die materielle Rechtskraft hat diese Wirkung dagegen nicht[119], da sie ihr durch das materielle Recht nicht zugewiesen wird.

Die Beschränkungen der Geschäftsfähigkeit einer Person durch staatliche Gestaltungsentscheidung beruhen weiterhin auf der Regelungen des materiellen Rechts und ihre Wirkung beurteilt sich daher nach den Regeln des internationalen Privatrecht, also nach Art. 7 EGBGB.

Wird ein ausländischer Staatsangehöriger im Ausland entmündigt, so bestimmen sich die Auswirkungen dieser Entscheidung auf seine Geschäftsfähigkeit gemäß Art. 7 Abs. 1 EGBGB nach seinem Heimatrecht. Erfolgte die Entmündigung nicht durch den Heimatstaat, so entfaltet sie im Inland in dem Umfang Wirkungen, in dem sie diese Wirkungen auch nach dem Heimatrecht des Betroffenen entfaltet.
Von dem Grundsatz des Art. 7 Abs. 1 EGBGB, daß das Heimatrecht des Betroffenen die Geschäftsfähigkeit bestimmt, ist auch dann nicht abzuweichen, wenn das Heimatrecht die Anerkennung der Entmündigung durch einen Drittstaat verweigert, da sie diesen im Unterschied zur deutschen Auffassung für international nicht zuständig hält. Es gibt keine Regelung des internationalen Privatrechts, die diese Ausnahme rechtfertigen würde.

Wird ein deutscher Staatsangehöriger im Ausland entmündigt, so ist die Anerkennung dieser Entscheidung bzw. ihre Wirkungen hinsichtlich der Geschäftsfähigkeit des Betroffenen gemäß Art. 7 Abs. 1 EGBGB nach deutschem Sachrecht zu bestimmen. Da das deutsche Sachrecht eine Entmündigung nicht mehr kennt und daher eine dem § 104 Nr. 3 BGB a.F. entsprechende Norm nicht mehr existiert, ist gemäß § 104 Nr. 2 BGB eine Person geschäftsunfähig, wenn ihr die natürliche Geschäftsfähigkeit fehlt. Dem deutschen Recht ist aber auch nach dem Betreuungsgesetz

[118] So Oelkers, Internationales Betreuungsrecht, § 5 B I 4, S. 315.
[119] S. oben I 2 b (2).

die Einschränkung der Geschäftsfähigkeit durch eine gerichtliche Entscheidung nicht unbekannt. So kann gemäß § 1903 BGB bei bestehender Betreuung in einem mehr oder weniger großen Umfang ein Einwilligungsvorbehalt angeordnet werden. Dies bedeutet für den Betroffenen, daß Rechtsgeschäfte, die diesem Einwilligungsvorbehalt unterfallen, nur mit Zustimmung des Betreuers wirksam sind (§ 1903 Abs. 1 S. 1 BGB). Ein solcher Einwilligungsvorbehalt kann unter Umständen für alle Angelegenheiten des Betroffenen angeordnet werden und hat damit eine Wirkung, die einer Entziehung der Geschäftsfähigkeit durch Entmündigung sehr nahe kommt. So wurde in Art. 9 § 1 BtG eine Übergangsregelung geschaffen, nach der die bis 31.12.1991 existierenden Vormundschaften über Erwachsene, die als Voraussetzung eine vorangegangene Entmündigung hatten (§ 1896 BGB a.F.), in Betreuungen umgewandelt wurden. Der Aufgabenkreis der Betreuung umfaßt nach Art. 9 § 1 Abs. 3 BtG alle Angelegenheit bis auf die Einwilligung in die Sterilisation und für den gesamten Aufgabenkreis wurde ein Einwilligungsvorbehalt angeordnet.
Es wird daher die Meinung vertreten, daß diese Regelung entsprechend herangezogen werden soll, wenn ein deutscher Staatsangehöriger im Ausland entmündigt wird[120].
Die analoge Anwendung des Art. 9 § 1 Abs. 3 BtG auf Entmündigungen ist jedoch nicht möglich, da es sich hier nicht um vergleichbare Sachverhalte handelt. Art. 9 § 1 Abs. 3 BtG trifft nur Regelungen hinsichtlich der Überleitung der Vormundschaften für Erwachsene in Betreuungen, im Hinblick auf die Entmündigung enthält er keine Aussage. Ebenso regelt Art. 9 § 5 BtG nur die Überleitung von anhängigen Entmündigungsverfahren in Betreuungsverfahren. Über bereits abgeschlossene Verfahren enthält er dagegen keine Regelung.
Die Entmündigung verliert vielmehr durch die Aufhebung des § 104 Nr. 3 BGB ihre materiell-rechtliche Wirkung.
Wurde somit ein deutscher Staatsangehöriger im Ausland entmündigt und widerspricht die Entmündigung nicht dem inländischen ordre public, so hat ihre Anerkennung zur Folge, daß dem Betroffenen für den Bereich, in dem er entmündigt wurde, einen Betreuer zu bestellen und ein Einwilligungsvorbehalt anzuordnen ist, soweit dies nach den Grundsätzen des § 1896 BGB, § 1903 BGB im konkreten Fall zulässig ist.

---

[120] Staudinger-Kropholler, EGBGB, Art. 24, Rz 126; Kropholler, Internationales Privatrecht, § 42 II, S. 290; Oelkers, Internationales Betreuungsrecht, § 5 A II 2, S. 300 und § 5 B II, S. 318.

d. Ordre public

Die Anerkennung einer ausländischen Entmündigung scheitert nicht grundsätzlich an der Vorbehaltsklausel des Art. 6 EGBGB[121].
Es gelten hier die gleichen Überlegungen, wie sie bereits im Rahmen der Anwendbarkeit ausländischen Rechts gemäß Art. 7 Abs. 1 EGBGB angestellt wurden[122].

Bei der Anerkennung einer ausländischen Entmündigung ist aber darüberhinaus noch im Rahmen des Art. 6 EGBGB zu berücksichtigen, ob der Betroffene auch an der Entmündigung im Sinne von Art. 103 Abs. 1 GG ausreichend beteiligt und angehört wurde. Wurde die Entscheidung ohne eine Beteiligung des Betroffenen ausgesprochen, so steht der Anerkennung ihrer entmündigenden Wirkung Art. 6 EGBGB entgegen.

2. Anerkennung einer ausländischen Betreuerbestellung bzw. einer ausländischen Anordnung einer der Betreuung vergleichbaren Maßnahme und die Anerkennung der Aufhebung einer solchen Entscheidung im Ausland

Von der Anerkennung einer ausländische Entmündigung ist die Anerkennung einer ausländischen Entscheidung zu unterscheiden, die eine Betreuung oder eine vergleichbare Maßnahme anordnet.
Es wurde zwar vor Inkrafttreten des Betreuungsgesetzes die Meinung vertreten, daß bei Nichtanerkennung der Entmündigung die durch den fremden Entscheidungsstaat angeordnete Vormundschaft ebenfalls nicht

---

[121] Ausführlich zum ordre public vgl. oben Kapitel 2 III 2 b und Kapitel 3 III.
[122] S. Kapitel 1 III 2 b.

anzuerkennen sei[123]; dieser Ansicht ist aber, wie im folgenden zu zeigen ist, nicht ohne weiteres zuzustimmen.

a. Meinungsstand

Eine Unterscheidung der Meinungen danach, ob sie vor oder nach Inkrafttreten des Betreuungsgesetzes vertreten wurden, erübrigt sich bei der Anerkennung ausländischer Anordnungen einer Vormundschaft bzw. Betreuung, da unabhängig von der Einführung des Rechtsinstituts der Betreuung im deutschen Recht die Meinungen unverändert geblieben sind.

Nach der herrschenden Meinung erfolgt die Anerkennung einer ausländischen Entscheidung, die einen Betreuer bestellt bzw. eine Betreuung/Vormundschaft oder eine vergleichbare Maßnahme anordnet oder eine solche Maßnahme aufhebt, gemäß § 16 a FGG, unabhängig davon, ob der Betroffenen deutscher oder ausländischer Staatsangehöriger ist[124]. Auch hinsichtlich der Wirkungen, die die anerkannte ausländische Entscheidung im Inland entfaltet, herrscht Einigkeit. Sie hat im Inland die Wirkungen, die ihr nach dem Recht des anordnenden Staates zukommen; dies gilt insbesondere für die Rechtsstellung des gesetzlichen Vertreters und den Umfang seiner Vertretungsmacht[125].
Nach einer anderen Ansicht ist eine ausländische Vormundschaft über einen deutschen Staatsangehörigen anzuerkennen, wenn dieser seinen Wohnsitz oder Aufenthalt im Entscheidungsstaat hat und die deutschen Behörden keine Vormundschaft eingeleitet haben[126]. Eine Vormundschaft über einen ausländischen Staatsangehörigen, die dessen Heimatstaat angeordnet hat, ist nach dieser Auffassung im Inland anzuerkennen; eine

---

[123] Geimer, Anerkennung ausländischer Entscheidungen auf dem Gebiet der freiwilligen Gerichtsbarkeit, Festschrift für Murad Ferid zum 80. Geburtstag, S. 89, 94.
[124] Staudinger-Kropholler (12.Aufl.), EGBGB, Art. 24, Rz 126; Staudinger-Kropholler, EGBGB, Art. 24, Rz 124; Palandt-Heldrich (50.Aufl.), EGBGB Art. 24, Rz 9; Palandt-Heldrich, EGBGB Art. 24, Rz 9; MünchKomm-Klinkhardt, EGBGB, Art. 24, Rz 42; Erman-Hohloch, EGBGB, Art. 24, Rz 19; Kropholler, Internationales Privatrecht, § 50 III 3, S. 377; v. Bar, Internationales Privatrecht, Bd. II, Rz 48; Oelkers, Internationales Betreuungsrecht, § 5 A I 3 d, S. 275 f., § 5 B I 4, S. 315; Ferid, Internationales Privatrecht, 8-412, 8-417; sowie Kegel, Internationales Privatrecht, § 20 XV 3, S. 751, der wiederum Entscheidungen der freiwilligen Gerichtsbarkeit nach § 16 a FGG und Urteile nach § 328 ZPO anerkennen will.
[125] Staudinger-Kropholler, EGBGB, Art. 24, Rz 128; MünchKomm-Klinkhardt, EGBGB, Art. 24, Rz 45; Kropholler, Internationales Privatrecht, § 50 III 3, S. 377; Ferid, Internationales Privatrecht, 8-413.
[126] Frankenstein, Internationales Privatrecht, Bd. IV, S. 268 f.

Vormundschaft durch einen Drittstaat dagegen nur, wenn sie vom Heimatstaat anerkannt wird[127]. Die materiell-rechtlichen Wirkungen einer anerkannten Vormundschaft richten sich somit nach dem Heimatrecht des Mündels, wenn dieses nicht das Recht der anordnenden Behörde für maßgeblich erklärt[128].

b. Eigene Stellungnahme

Die Bestellung eines Betreuers[129] durch ein Gericht oder eine Verwaltungsbehörde stellt einen rechtsgestaltenden Hoheitsakt dar. Durch ihn wird ein Rechtsverhältnis zwischen dem Betroffenen und dem Betreuer begründet, daß vorher noch nicht bestanden hat.
Ebenso stellt die Aufhebung einer Betreuung eine Gestaltungsentscheidung dar, da durch sie ein bestehendes Rechtsverhältnis aufgelöst wird.

Nach deutschem Recht, das auch hier bei der Einordnung der Entscheidung zunächst zugrundezulegen ist, entsteht mit der Wirksamkeit des Beschlusses, der die Betreuerbestellung beinhaltet, ein privatrechtliches[130], auf den Umfang des im Beschluß festgelegten Aufgabenkreises beschränktes Rechtsverhältnis.
An diesen Hoheitsakt der Bestellung sind verschiedene Rechtsfolgen geknüpft, die den Inhalt der Betreuung ausmachen.
So ist der Betreuer verpflichtet, die Angelegenheiten des Betroffenen in dem ihm übertragenen Aufgabenkreis dergestalt wahrzunehmen, daß es dem Wohl und den Wünschen des Betroffenen entspricht (§ 1901 BGB). Der Betreuer wird zudem in seinem Aufgabenkreis gesetzlicher Vertreter des Betroffenen, unabhängig davon, ob der Betroffene geschäftsunfähig ist oder nicht[131]. Des weiteren erhält der Betreuer je nach Aufgabenkreis

---

[127] Frankenstein, Internationales Privatrecht, Bd. IV, S. 269.
[128] Frankenstein, Internationales Privatrecht, Bd. IV, S. 270 f.
[129] Unter Betreuer sind alle die Personen zu verstehen, die im Rahmen einer drittfürsorgenden Maßnahme einem Volljährigen zur Seite gestellt wurden. Siehe zum Begriff der Betreuung Kapitel 1 II.
[130] Bienwald, Betreuungsrecht, § 1896, Rz 252; Gernhuber/Coester-Waltjen, Familienrecht, § 76 V 1, S. 1248; BGH v. 10.2.1960, BGHZ 10, 302, 311.
[131] Die Unterscheidung zwischen einem staatlich bestellten Bevollmächtigten bei einem geschäftsfähigen Pflegling und einem gesetzlichen Vertreter bei einem geschäftsunfähigen Pflegling im Rahmen der Gebrechlichkeitspflegschaft (s. MünchKomm-Goerke, (2.Aufl.), vor §§ 1909 - 1914, Rz 6 f.; Soergel-Damrau,

noch weitere Befugnisse, z.B. zur Einwilligung in ärztliche Maßnahmen, falls der Betroffene nicht einwilligungsfähig ist, zur Aufenthaltsbestimmung u.a.

Die gesetzliche Vertretungsmacht, wie auch die anderen Befugnisse, werden dem Betreuer nicht durch den Hoheitsakt verliehen[132], sondern ergeben sich unmittelbar aus dem Gesetz[133]. In der Entscheidung kann das Gericht nur den Umfang des Aufgabenkreises bestimmen, es hat aber keine Möglichkeit innerhalb dieses Aufgabenkreises die Vertretungsmacht des Betreuers einzuschränken oder zu erweitern. Von einer Verleihung der Vertretungsmacht durch staatlichen Hoheitsakt kann daher nicht die Rede sein. Die gesetzliche Vertretungsmacht ist vielmehr Ausfluß der Rechtsstellung als Betreuer ebenso wie dies bei der gesetzlichen Vertretungsmacht der Eltern[134] der Fall ist.

Dies zeigt, daß auch die Gestaltungswirkung der Bestellungsentscheidung als materiell-rechtliche Wirkung zu qualifizieren ist, und sich die Frage, ob diese Entscheidung im Inland Wirkungen entfaltet, nach dem gemäß Art. 24 Abs. 1 EGBGB anzuwendenden Recht[135] bestimmt.

Danach entfaltet die Anordnung einer drittfürsorgenden Maßnahme im Inland Wirkungen, wenn sie entweder durch den Heimatstaat des Betroffenen angeordnet wurde oder der Heimatstaat ihr entsprechende Wirkungen zu erkennt.

Will der "tuteur" eines französischen Staatsangehörigen, für den in Frankreich eine "tutelle des majeurs" angeordnet wurde, im Inland ein Rechtsgeschäft für diesen abschließen, so beurteilt sich die Frage, ob er als Vertreter des Betroffenen handeln kann, nach französischem Recht.

Hat ein französisches Gericht für einen deutschen Staatsangehörigen einen Betreuer nach deutschem Recht bestellt, so entfaltet diese Entschei-

---

(11.Aufl.), § 1910, Rz 14, 17) wurde nicht ins Betreuungsrecht übernommen (vgl. Bienwald, Betreuungsrecht, § 1902, Rz 5; MünchKomm-Schwab, § 1902, Rz 8).

[132] So Palandt-Heinrichs, § 164, Rz 5; MünchKomm-Schramm, § 164, Rz 5; Soergel-Leptien, vor § 164, Rz 21; Staudinger-Schilken, vor § 164, Rz 24.

[133] Für die gesetzliche Vertretungsmacht: MünchKomm-Schwab, § 1902, Rz 1; Bienwald, Vormundschafts-, Pflegschafts- und Betreuungsrecht in der sozialen Arbeit, S. 193; Sonnenfeld, Betreuungs- und Pflegschaftsrecht, Rz 196.

[134] Vgl. hierzu Palandt-Heinrichs, § 164, Rz 5; MünchKomm-Schramm, § 164, Rz 5; Soergel-Leptien, vor § 164, Rz 21; Staudinger-Schilken, vor § 164, Rz 24.

[135] S. zum anwendbaren Recht Kapitel 2 V.

dung gemäß Art. 24 Abs. 1 S. 1 EGBGB im Inland dieselben Wirkungen wie die Bestellung eines Betreuers durch deutsche Gerichte.
Wurde für einen deutschen Staatsangehörigen eine "tutelle des majeurs" in Frankreich angeordnet, so kann der "tuteur" nur als gesetzlicher Vertreter des Betroffenen handeln, wenn das deutsche Recht die "tutelle des majeurs" als eine der Betreuerbestellung gleichzusetzende Maßnahme akzeptiert.
Dies beurteilt sich nicht nach § 16 a FGG, da nicht eine prozessuale Wirkung der Entscheidung anerkannt werden soll[136].
Die Entscheidung ist insoweit wie eine Tatbestandsvoraussetzung zu behandeln. Eine Gleichsetzung mit einer entsprechenden deutschen Entscheidung kommt dann in Betracht, wenn die ausländische Entscheidung nicht gegen den inländischen ordre public verstößt. Dies könnte zum Beispiel der Fall sein, wenn der ausländische Staat eine außerordentliche internationale Zuständigkeit beansprucht hat oder im Verfahren, das zu der Entscheidung führte, die Rechte des Betroffenen nicht ausreichend gewahrt wurden, insbesondere er nicht ausreichend am Verfahren beteiligt wurde. Einer Anerkennung steht dann Art. 6 EGBGB entgegen.

3. Anerkennung vormundschaftsgerichtlicher Genehmigungen

Inwieweit und auf welcher Grundlage ausländische vormundschaftsgerichtliche oder entsprechende behördliche Genehmigungen im Inland Wirkungen entfalten, ist bisher in Literatur und Rechtsprechung wenig erörtert worden.
Richardi[137] will vormundschaftsgerichtliche Genehmigungen wie sonstige Gestaltungsentscheidungen im Bereich der freiwilligen Gerichtsbarkeit unter den Voraussetzungen § 16 a FGG ohne Berücksichtigung der lex causae anerkennen.

---

[136] Eine solche ist bei der Anordnung einer fürsorgende Maßnahme nur schwer denkbar. Fürsorgende Gestaltungsentscheidungen der freiwilligen Gerichtsbarkeit erwachsen nicht in materielle Rechtkraft, vgl. Bumiller/Winkler-Bumiller, Freiwillige Gerichtsbarkeit, § 31, Anm. 3; Habscheid, Freiwilligen Gerichtsbarkeit, § 28 II 3, S. 205; Baur, Freiwillige Gerichtsbarkeit, § 25 I 4 b, S. 267 f.; Brehm, Freiwillige Gerichtbarkeit, Rz 463 ff.; Siegert, Die Rechtskraftfähigkeit der Entscheidungen der freiwilligen Gerichtsbarkeit, ZZP 54 (1929), 435, 448.

[137] Richardi, Die Anerkennung und Vollstreckung ausländischer Akte der freiwilligen Gerichtsbarkeit unter besonderer Berücksichtigung des autonomen Rechts, § 3 V 2 A c, S. 76 f.

Geimer[138] stellt dagegen die Überlegung an, ob die gerichtliche bzw. behördliche Zustimmung zu einem Rechtsgeschäft als "Hilfsgeschäft" der lex causae zu unterstellen ist.

Zur Klärung dieser Frage muß zunächst die Rechtsnatur einer vormundschaftsgerichtlichen Genehmigung nach deutschem Recht bestimmt werden und anschließend ihre Einordnung im System des internationalen Privat- und Verfahrensrechts erfolgen.

Zunächst ist zwischen einer vormundschaftsgerichtlichen Genehmigung eines Rechtsgeschäfts gemäß § 1908 i Abs. 1 BGB iVm §§ 1810 ff BGB, § 1907 BGB und einer vormundschaftsgerichtlichen Genehmigung im persönlichen Bereich des Betreuten gemäß §§ 1904, 1905, 1906 BGB zu unterscheiden.
Die vormundschaftsgerichtliche Genehmigung eines Rechtsgeschäfts ist gemäß §§ 1829, 1831 BGB Wirksamkeitsvoraussetzung für das Rechtsgeschäft.
Eine vormundschaftsgerichtliche Genehmigung dieser Art wird zum Teil als rein hoheitlicher Akt der staatlichen Fürsorge gesehen, der zwar privatrechtliche Wirkungen entfaltet, aber keine privatrechtsgeschäftliche Willenserklärung darstellt[139]. Eine andere Ansicht sieht in der vormundschaftsgerichtlichen Genehmigung einen staatlichen Hoheitsakt mit rechtsgeschäftlichen Eigenschaften[140].
Übereinstimmend wird aber die vormundschaftsgerichtliche Genehmigung als Bestandteil des genehmigungsfähigen Rechtsgeschäfts gesehen, das sich aus den Willenserklärungen der Parteien und dem hoheitlichen Akt zusammensetzt[141]. Einen Unterfall der vermögensrechtlichen Genehmigung bilden dabei die gemäß § 1908 i Abs. 1 S. 1 BGB iVm §§ 1810, 1811, 1823 BGB erforderlichen Genehmigungen. Die Erteilung dieser sogenannten Innengenehmigungen hat keinen Einfluß auf die Wirk-

---

[138] Geimer, Anerkennung ausländischer Entscheidungen auf dem Gebiet der freiwilligen Gerichtsbarkeit, Festschrift für Murad Ferid zum 80. Geburtstag, S. 89, 93 f.

[139] Staudinger-Engler, § 1828, Rz 9; Soergel-Damrau, § 1828, Rz 6; MünchKomm-Schwab, § 1828, Rz 5; Keidel-Keidel, § 55 Rz 4; Gernhuber/Coester-Waltjen, Familienrecht, § 60 IV 1, S. 950.

[140] Palandt-Diederichsen, § 1828, Rz 2; RG vom 7.1.1890, RGZ 25, 281, 282 f.; RG vom 13.4.1928, RGZ 121, 30, 36; RG vom 9.7.1932, RGZ 137, 324, 345.

[141] Palandt-Diederichsen, § 1828, Rz 2; Staudinger-Engler, § 1828, Rz 9; MünchKomm-Schwab, § 1828, Rz 5; Gernhuber/Coester-Waltjen, Familienrecht, § 60 IV 3, S. 951.

samkeit des zu genehmigenden Rechtsgeschäftes[142]. Wurde oder wird eine vormundschaftsgerichtliche Genehmigung nicht erteilt, ist das vom Betreuer getätige Rechtsgeschäft trotzdem wirksam.

Bei der vormundschaftsgerichtlichen Genehmigung einer Maßnahme im persönlichen Bereich des Betroffen hängt die Wirksamkeit der Maßnahme ebenso nicht von der Genehmigung ab, da es sich z.B. bei der Unterbringung[143] um eine rein tatsächliche Maßnahme handelt, die mit Vornahme Wirksamkeit erlangt. Auch die Einwilligung des Betreuers in eine ärztliche Maßnahme[144], die unter § 1904 BGB fällt, ist ohne vorherige vormundschaftsgerichtliche Genehmigung wirksam[145]. Denn die Einwilligung ist keine auf eine bestimmte Rechtsfolge gerichtete Erklärung, also keine Willenserklärung, sondern die Gestattung der Vornahme tatsächlicher Handlungen, die in die körperliche Integrität des Betroffenen eingreifen[146]. In diesen Fällen führt die vormundschaftsgerichtliche Genehmigung zu einer Rechtfertigung der Maßnahmen[147].Ohne die vormundschaftsgerichtliche Genehmigung ist die Heilbehandlung oder Unterbringung nicht gerechtfertigt und damit nicht rechtmäßig[148]. Insoweit wirken auch diese Genehmigungen nicht allein im Innenverhältnis, sondern entfalten eine Wirkung nach außen[149]. Holt der Betreuer nicht die erforderliche Genehmigung ein, handelt er pflichtwidrig.
Alle genannten vormundschaftsgerichtlichen Genehmigungen entfalten damit privatrechtsgestaltende Wirkung, da sie die Vertretungsmacht des Betreuers erweitern[150]. Aus diesem Grund unterliegt die Anerkennung

---

[142] Firsching/Ruhl, Familienrecht, 2.Halbband, Rz 293; Oberloskamp-Pollak, Vormundschaft, Pflegschaft und Vermögenssorge bei Minderjährigen, Rz 112; Palandt-Diederichsen, § 1828, Rz 1.

[143] Hierzu ausführlich Kapitel 2 II 7.

[144] Hierzu ausführlich Kapitel 2 II 5.

[145] Bienwald, Betreuungsrecht, § 1904 Rz 27; Sonnenfeld, Betreuungs- und Pflegschaftrecht, Rz 296; a.A. BT-Drucks. 11/4528, S. 140; Holzhauer, Empfiehlt es sich, das Entmündigungsrecht, das Recht der Vormundschaft und der Pflegschaft über Erwachsene sowie das Unterbringungsrecht neu zu ordnen?: Gutachten B (Juristisches Teilgutachten), S. B 80; HK-HUR/Rink, § 1904, Rz 29.

[146] BayObLG vom 30.1.1985, BayObLGZ 1985, 53, 55 f.; BGH vom 5.12.1958, BGHZ 29, 33, 36; BGH vom 28.6.1988, BGHZ 105, 45, 47 f.

[147] Bienwald, Betreuungrecht, § 1904, Rz 27; Sonnenfeld, Betreuungs- und Pflegschaftsrecht, Rz 189 f., 296.

[148] MünchKomm-Schwab, § 1904, Rz 23; Palandt-Diederichsen, § 1904, Rz 3.

[149] Sonnenfeld, Betreuungs- und Pflegschaftsrecht, Rz 296; a.A. Bienwald, Betreuungsrecht, § 1904, Rz 27.

[150] Geimer, Anerkennung ausländischer Entscheidungen auf dem Gebiet der freiwilligen Gerichtbarkeit, Festschrift für Murad Ferid zum 80. Geburtstag, S. 89, 120 Fn 45; Richardi, Die Anerkennung und Vollstreckung ausländischer Akte der

dieser Wirkung ebenfalls dem internationalen Privatrecht und nicht dem internationalen Verfahrensrecht.
Nach internationalem Privatrecht beurteilt sich das Erfordernis und die Erteilung einer vormundschaftgerichtlichen Genehmigung als Maßnahme der Durchführung einer Betreuung gemäß Art. 24 Abs. 3 EGBGB nach dem Recht des Staates, der die Betreuung angeordnet hat. Die Wirkungen, die eine entsprechende, durch ein ausländisches Gericht oder eine ausländische Behörde erteilte Genehmigung entfaltet, beurteilen sich daher auch nach diesem Recht. Die Beurteilung der Anerkennung der Genehmigung nach dem Recht, dem das zu genehmigende Rechtsgeschäft unterliegt[151], würde der Regelung des Art. 24 Abs. 3 EGBGB zuwiderlaufen. Die Genehmigung ist zwar Teil des Rechtsgeschäfts, ihre Erforderlichkeit und die Art und Weise ihrer Erteilung ist aber wie die Geschäftsfähigkeit auch selbständig anzuknüpfen und bestimmt sich daher nach Art. 24 Abs. 3 EGBGB. Aus diesem Grund bestimmt sich auch die Anerkennung einer Genehmigung nach dem gemäß Art. 24 Abs. 3 EGBGB anzuwendenden Recht.

---

freiwilligen Gerichtsbarkeit unter besonderer Berücksichtigung des autonomen Rechts, § 3 V 2 A c, S. 76 Fn 134.

[151] So Geimer, Anerkennung ausländischer Entscheidungen auf dem Gebiet der freiwilligen Gerichtbarkeit, Festschrift für Murad Ferid zum 80. Geburtstag, S. 89, 93.

Kapitel 4: Verkehrsschutz, Art. 12 EGBGB

Nimmt ein ausländischer Betroffener, der nach seinem Heimatrecht in seiner Geschäftsfähigkeit beschränkt ist, im Inland am Rechtsverkehr teil, so stellt sich die Frage, ob der inländische Rechtsverkehr vor ihm unbekannten Beschränkungen der Geschäftsfähigkeit zu schützen ist.
Art. 12 EGBGB soll einen entsprechenden Schutz gewährleisten.

I. Zweck des Art. 12 EGBGB

Nach dem Grundsatz des Art. 7 Abs. 1 EGBGB bestimmt sich die Geschäftsfähigkeit einer Person jeweils nach ihrem Heimatrecht. Diese Regelung dient vor allem dem Interesse des Einzelnen[1]. Die Geschäftsfähigkeit soll sich nach der Rechtsordnung bestimmen, mit der er am nächsten verbunden ist. Nach den Vorstellungen des deutschen Gesetzgebers ist dies das Heimatrecht.

Schließt nun ein ausländischer Staatsangehöriger im Inland einen Vertrag ab, so hängt die Wirksamkeit des Vertrages unter anderem davon ab, ob die betreffende Person die entsprechende Geschäftsfähigkeit besitzt.
Die Notwendigkeit der Geschäftsfähigkeit für dieses Geschäft bestimmt sich dabei nach der Rechtsordnung, die für den Vertrag maßgeblich ist[2]. Ob die Geschäftsfähigkeit vorliegt, bestimmt sich gemäß Art. 7 Abs. 1 EGBGB, ebenso wie die Folgen fehlender Geschäftsfähigkeit[3], nach dem Heimatrecht der Partei[4].
Der inländische Geschäftspartner müßte sich somit zuerst über die Staatsangehörigkeit seines Geschäftspartner kundig machen, sodann nach den Regeln des internationalen Privatrechts die für die Geschäftsfähigkeit maßgebliche Rechtsordnung ermitteln, um festzustellen, ob sein Geschäftspartner nach den Regeln dieser Rechtsordnung geschäftsfähig ist. Dieses Beispiel zeigt, daß die Regelung des Art. 7 Abs. 1 EGBGB

---

[1] Vgl. statt aller Fischer, Verkehrsschutz im internationalen Vertragsrecht, § 2 I 1, S. 24.

[2] MünchKomm-Birk, EGBGB, Art. 7, Rz 27; Erman-Hohloch, EGBGB, Art. 7, Rz 13; Staudinger-Beitzke, (12.Aufl.), EGBGB, Art. 7, Rz 36; Palandt-Heldrich, EGBGB, Art. 7, Rz 5; Kegel, Internationales Privatrecht, § 17 I 2 b, S. 402.

[3] Erman-Hohloch, EGBGB, Art. 7, Rz 14; Staudinger-Beitzke, (12.Aufl.), EGBGB, Art. 7, Rz 36; Palandt-Heldrich, EGBGB, Art. 7, Rz 5; Kropholler, Internationales Privatrecht, § 42 I 1, S 287; a.A. MünchKomm-Birk, EGBGB, Art. 7, Rz 35.

[4] MünchKomm-Birk, EGBGB, Art. 7, Rz 20; Erman-Hohloch, EGBGB, Art. 7, Rz 1; Staudinger-Beitzke, (12.Aufl.), EGBGB, Art. 7, Rz 10; Palandt-Heldrich, EGBGB, Art. 7, Rz 3; Kegel, Internationales Privatrecht, § 17 I 2 b, S. 402.

weder die Interessen des Geschäftspartners noch die des Rechtsverkehrs an einer leichten und sicheren Abwicklung eines Rechtsgeschäfts berücksichtigt.
Dem Ausgleich dieser Interessen und dem Schutze des Rechtsverkehrs soll daher die Regelung des Art. 12 EGBGB dienen. Danach muß sich ein ausländischer Staatsangehöriger so behandeln lassen, wie wenn er als Inländer den Vertrag abgeschlossen hätte und sich seine Geschäftsfähigkeit nach der inländischen Rechtsordnung bestimmen würde[5]. Durch diese Regelung wird der in seiner Geschäftsfähigkeit beschränkte oder geschäftsunfähige ausländische Staatsangehörige zwar in seinen Rechten beschnitten, er ist aber nicht schutzlos, da die Regelungen zum Schutze geschäftsunfähiger bzw. in ihrer Geschäftsfähigkeit beschränkter Personen des Abschlußstaates Anwendung finden[6].

II. Voraussetzungen und Folgen des Art. 12 EGBGB

1. Voraussetzungen des Art. 12 EGBGB

a) Art. 12 S. 1 EGBGB erfaßt nur Verträge vom Verkehrsschutz. Da die Aufnahme des Begriffs "Verträge" wie auch des Begriffs " Handlungsfähigkeit" in den Gesetzestext auf der weitgehenden Übernahme der Formulierung des Art. 11 des Römischen EWG-Übereinkommens über das auf vertragliche Schuldverhältnisse anzuwendende Recht vom 19.6.1980 und nicht auf einer bewußten Einschränkung des Anwendungsbereichs auf Verträge durch den Gesetzgeber beruht, ist Art. 12 S. 1 BGB auch entsprechend auf einseitige empfangsbedürftige Rechtsgeschäfte anwendbar[7].
Eine Beschränkung der Anwendung auf sogenannte "Verkehrsgeschäfte", die zum Ausschluß der Anwendbarkeit auf Schenkungen führt[8], erscheint

---

[5] Hierzu ausführlich Fischer, Verkehrsschutz im internationalen Vertragsrecht, § 2, S. 25 ff.

[6] Fischer, Verkehrsschutz im internationalen Vertragsrecht, § 2 I 4 b, S. 33; zweifelnd MünchKomm-Spellenberg, EGBGB, Art. 12, Rz 9.

[7] Erman-Hohloch, EGBGB, Art. 12, Rz 8; Soergel-Kegel, EGBGB, Art. 12, Rz 20; MünchKomm-Spellenberg, EGBGB, Art. 12, Rz 18; Kropholler, Internationales Privatrecht, § 42 I 3 b, S. 288; Kegel, Internationales Privatrecht, § 17 I 1 d, S. 390; Fischer, Vertrauensschutz im internationalen Vertragsrecht, § 2 III 2, S. 44; a.A. Palandt-Heldrich, EGBGB, Art. 12, Rz 2.

[8] Fischer, Vertrauensschutz im internationalen Vertragsrecht, § 2 III 1, S. 42.

nicht angebracht. Auch bei nur einseitig verpflichtenden Verträgen entsteht ein Vertrauenstatbestand, der die Anwendung des Art. 12 EGBGB rechtfertigt[9].

Auf familien- und erbrechtliche Rechtsgeschäfte sowie auf Verfügungen über ein in einem anderen als dem Abschlußstaat belegenes Grundstück findet gemäß Art. 12 S. 2 EGBGB Art. 12 S. 1 EGBGB keine Anwendung.

b) Weitere Voraussetzung für den Vertrauensschutz nach Art. 12 S. 1 EGBGB ist, daß sich beide Parteien in dem Staat[10] aufhalten, in dem das Rechtsgeschäft vorgenommen wird[11]. Eine Vornahme des Rechtsgeschäfts bei beiderseitiger Anwesenheit der Parteien ist dagegen nicht erforderlich[12].

c) Des weiteren muß bei einer der Parteien ein Mangel in der Geschäftsfähigkeit nach ihrem Heimatrecht vorliegen, der nach dem Recht des Staates, in dem das Rechtsgeschäft getätigt wird, nicht gegeben ist[13]. Darüber hinaus findet nach h.M. Art. 12 S. 1 EGBGB auch hinsichtlich eines Mangel der gesetzlichen Vertretungsmacht der Eltern, des Vormunds, Betreuers oder Pflegers direkte oder entsprechende Anwendung[14]. Die direkte Anwendung des Art. 12 S. 1 EGBGB auf die gesetzliche Vertretung wird auf den Begriff "Handlungsfähigkeit" in Art. 12 S. 1

---

[9] MünchKomm-Spellenberg, EGBGB, Art. 12, Rz 17; Soergel-Kegel, EGBGB, Art. 12, Rz 21.

[10] Bei Mehrrechtsstaaten im selben Teilrechtsgebiet, Art. 4 Abs. 3 EGBGB (MünchKomm-Spellenberg, EGBGB, Art. 12, Rz 35).

[11] Soergel-Kegel, EGBGB, Art. 12, Rz 4; Erman-Hohloch, EGBGB, Art. 12, Rz 9; MünchKomm-Spellenberg, EGBGB, Art. 12, Rz 35; Palandt-Heldrich, EGBGB, Art. 12, Rz 2; Kropholler, Internationales Privatrecht, § 42 I 3 a, S. 288; Fischer, Vertrauensschutz im internationalen Vertragsrecht, § 2 II 1 a, S. 35.

[12] Soergel-Kegel, EGBGB, Art. 12, Rz 4; Erman-Hohloch, EGBGB, Art. 12, Rz 9; MünchKomm-Spellenberg, EGBGB, Art. 12, Rz 35; Palandt-Heldrich, EGBGB, Art. 12, Rz 2; Fischer, Vertrauensschutz im internationalen Vertragsrecht, § 2 II 1 a, S. 35.

[13] Soergel-Kegel, EGBGB, Art. 12, Rz 6; Erman-Hohloch, EGBGB, Art. 12, Rz 10; MünchKomm-Spellenberg, EGBGB, Art. 12, Rz 40; Palandt-Heldrich, EGBGB, Art. 12, Rz 2.

[14] Soergel-Kegel, EGBGB, Art. 12, Rz 11; Erman-Hohloch, EGBGB, Art. 12, Rz 11; MünchKomm-Spellenberg, EGBGB, Art. 12, Rz 27; Palandt-Heldrich, EGBGB, Art. 12, Rz 5; Kropholler, Internationales Privatrecht, § 42 I 3 d, S. 289; Kegel, Internationales Privatrecht, § 17 I 2 d, S. 405; Fischer, Vertrauensschutz im internationalen Vertragsrecht, § 10 III, S. 191 ff; näheres s. u. III.

EGBGB gestützt[15]. Nach anderer Auffassung ist die Verwendung des Begriffes "Handlungsfähigkeit" in Art. 12 EGBGB auf ein redaktionelles Versehen zurückzuführen, das auf einer ungenauen Übersetzung des Begriffes "capacité" in Art. 11 der französischen Fassung des EWG-Übereinkommens über das auf vertragliche Schuldverhältnisse anzuwendende Recht vom 19.6.1980 beruht[16]. Nach dieser Auffassung ist die gesetzliche Vertretungsmacht nicht unter den Begriff " Handlungsfähigkeit" in Art. 12 EGBGB einzuordnen, vielmehr ist insoweit Art. 12 EGBGB analog anzuwenden[17].

d) Damit außerdem ein Vertrauensschutz der anderen Partei gerechtfertigt ist, darf diese die Geschäftsunfähigkeit der anderen Partei nicht kennen und diese Unkenntnis darf nicht auf Fahrlässigkeit beruhen (§ 276 BGB)[18].

2. Folgen

Wäre das Rechtsgeschäft nach dem Heimatrecht des Geschäftspartners wegen dessen Geschäftsunfähigkeit bzw. beschränkter Geschäftsfähigkeit unwirksam, so führt Art. 12 S. 1 EGBGB zu einer alternativen Anwendung der entsprechenden Geschäftsfähigkeitsregelungen des Rechtes, das am Ort der Vornahme des Rechtsgeschäfts gilt. Ist das Rechtsgeschäft nach diesen Regelungen wirksam, so findet das Ortsrecht Anwendung[19]. Dies gilt auch dann, wenn die Ungültigkeitsfolgen weniger gravierend sind als nach dem Heimatrecht[20].

---

[15] Erman-Hohloch, EGBGB, Art. 12, Rz 11; Palandt-Heldrich, EGBGB, Art. 12, Rz 5; Kegel, Internationales Privatrecht, § 17 I 2 d, S. 405.

[16] Soergel-Kegel, EGBGB, Art. 12, Rz 10 ff; MünchKomm-Spellenberg, EGBGB, Art. 12, 30; Kropholler, Internationales Privatrecht, § 42 I 3 c, S. 288.

[17] Soergel-Kegel, EGBGB, Art. 12, Rz 14; MünckKomm-Spellenberg, EGBGB, Art. 12, Rz 27; Kropholler, Internationales Privatrecht, § 42 I 3 d, S. 289; Fischer, Verkehrsschutz im internationalen Vertragsrecht, § 10 III 1, S. 191 ff.

[18] Soergel-Kegel, EGBGB, Art. 12, Rz 7; Erman-Hohloch, EGBGB, Art. 12, Rz 12; MünchKomm-Spellenberg, EGBGB, Art. 12, Rz 44 ff.; Palandt-Heldrich, EGBGB, Art. 12, Rz 2; Kropholler, Internationales Privatrecht, § 42 I 3 a, S. 288; Fischer, Vertrauensschutz im internationalen Vertragsrecht, § 3 I 2, S. 51 f.

[19] Erman-Hohloch, EGBGB, Art. 12, Rz 13; MünchKomm-Spellenberg, EGBGB, Art. 12, Rz 51 f.; Palandt-Heldrich, EGBGB, Art. 12, Rz 3.

[20] MünchKomm-Spellenberg, EGBGB, Art. 12, Rz 57.

III. Art. 12 EGBGB und Entmündigung

1. Meinungsstand

a) Nach h.M.[21] greift Art. 12 S. 1 EGBGB bei einer anerkannten ausländischen Entmündigung ein, wenn diese aus einem dem Ortsrecht unbekannten Entmündigungsgrund erfolgte[22] oder in ihren Wirkungen weitergeht als eine Entmündigung nach dem Recht des Ortes, an dem das Rechtsgeschäft vorgenommen wird[23].
Im einzelnen wird differenziert. So wird vertreten, daß bei einem dem Ortsrecht unbekannten Entmündigungsgrund Art. 12 S. 1 EGBGB dann nicht eingreift, wenn aus anderem Grund im konkreten Fall auch eine Entmündigung nach dem Recht des Ortes, an dem das Rechtsgeschäft vorgenommen wird, möglich wäre[24]. Zum Teil wird Art. 12 EGBGB nur auf nach Ortsrecht anzuerkennende Entmündigungen eines Ausländers im Ausland angewandt, da bei der Entmündigung eines Angehörigen des Vornahme- bzw. Abschlußstaates im Ausland, das Ortsrecht auch die Geschäftsfähigkeit bestimmt (Art. 7 Abs. 1 EGBGB)[25].
Nach einer anderen Meinung findet Art. 12 S. 1 EGBGB bei einer nach Ortsrecht anzuerkennenden Entmündigung eines Ausländers in seinem Heimatstaat Anwendung[26].

Eine andere Ansicht verneint insgesamt die Anwendung des Verkehrsschutzes auf Entmündigungen, da ausländische Entmündigungen im Inland nicht anzuerkennen sind und daher keinen Einfluß auf die Geschäftsfähigkeit haben[27].

---

[21] Diese blieb vor und nach Inkrafttreten des Betreuungsgesetzes gleich.

[22] Soergel-Kegel, EGBGB, Art. 12, Rz 13; Fischer, Verkehrsschutz im internationalen Vertragsrecht, § 8 III 1 b, S. 128.

[23] Soergel-Kegel, EGBGB, Art. 12, Rz 13; Erman-Hohloch, EGBGB, Art. 12, Rz 10; Fischer, Verkehrsschutz im internationalen Vertragsrecht, § 8 III 1 c, S. 129; MünchKomm-Spellenberg, EGBGB, Art. 12, Rz 54 f; Palandt-Heldrich, EGBGB, Art. 12, Rz 4.

[24] Fischer, Verkehrsschutz im internationalen Vertragsrecht, § 8 III 1 b, S. 128.

[25] MünchKomm-Spellenberg, EGBGB, Art. 12, Rz 54 f.

[26] Palandt-Heldrich, EGBGB, Art. 12, Rz 4.

[27] Pagenstecher, Zur Geschäftsfähigkeit eines Ausländers in Deutschland, RabelsZ 15 (1949), 189, 209 f (noch zu Art. 7 Abs. 3 EGBGB a.F., der den Verkehrsschutz auf das Inland begrenzte).

Des weiteren wird die Meinung vertreten, daß eine im Inland anzuerkennende Entmündigung eines Ausländers, die aus einem im Inland unbekannten Entmündigungsgrund erfolgte, insoweit angepaßt werden soll, als sie im Inland dieselben Wirkungen erhält, wie ein ihr funktionell entsprechende Inlandsentmündigung. Ist eine solche Anpassung möglich, würde der Verkehrsschutz nicht eingreifen[28].

b) Da es mit Inkrafttreten des Betreuungsgesetzes Entmündigungen nach deutschem Recht nicht mehr gibt, wird die Meinung vertreten, daß der inländische Rechtsverkehr darauf vertrauen kann, daß ein ausländischer Staatsangehöriger höchstens in dem Ausmaß in seiner Geschäftsfähigkeit beschränkt sein kann, wie dies bei Anordnung einer Betreuung mit größtmöglichem Wirkungskreis und größtmöglichem Einwilligungsvorbehalt der Fall ist[29]. Zum Teil wird insoweit eine Ausnahme gemacht, als bei der Entmündigung einer nur körper-behinderten Person der Geschäftsverkehr im Inland auf deren volle Geschäftsfähigkeit vertrauen darf, da nach deutschem Recht hier die Einschränkung der Geschäftsfähigkeit durch die Anordnung eines Einwilligungsvorbehaltes nicht zulässig ist[30].

2. Eigene Stellungnahme

a) Grundsätzlich findet Art. 12 S. 1 EGBGB im Inland nur Anwendung, wenn der in seiner Geschäftsfähigkeit beschränkte oder geschäftsunfähige Geschäftspartner nicht deutscher Staatsangehöriger ist[31]. Ebenso gilt für im Ausland vorgenommene Rechtsgeschäfte, daß Art. 12 S. 1 EGBGB nur greift, wenn sich die Geschäftsfähigkeit der in ihrer Geschäftsfähigkeit beschränkten oder geschäftsunfähigen Partei nicht nach dem Recht des Staates richtet, in dem das Rechtsgeschäft vorgenommen wird.

---

[28] Schrick, Die Entmündigung eines Ausländers im Inland und die hierbei zu treffenden vorläufigen vormundschaftlichen Maßnahmen, S. 83 f.

[29] Erman-Hohloch, EGBGB, Art. 12, Rz 10; Palandt-Heldrich, EGBGB, Art. 12, Rz 4; Fischer, Verkehrsschutz im internationalen Vertragsrecht, § 8 III 1 c, S. 129; Oelkers, Internationales Betreuungsrecht, § 5 A IV 1, S.303, 306.

[30] Fischer, Verkehrsschutz im internationalen Vertragsrecht, § 8 III 1 c, S. 129; Oelkers, Internationales Betreuungsrecht, § 5 A IV 1, S. 303 f., 306.

[31] MünchKomm-Spellenberg, EGBGB, Art. 12, Rz 44, 49; Fischer, Verkehrsschutz im internationalen Vertragsrecht, § 8 II 1, S. 124; a.A. Oelkers, Internationales Betreuungsrecht, § 5 A IV 1 a, S. 302.

Denn nur in diesen Fällen ergibt sich ein Vertrauensschutztatbestand. Nur in solchen Fällen bestimmt sich die Geschäftsfähigkeit nach einem anderen als dem Ortsrecht.

Wurde z.B. eine deutscher Staatsangehöriger in der Schweiz entmündigt und wird diese Entmündigung in der Bundesrepublik Deutschland anerkannt, beurteilt sich seine Geschäftsfähigkeit weiterhin gemäß Art. 7 EGBGB nach deutschem Recht. Schließt er im Inland einen Vertrag, ist Art. 12 S. 1 EGBGB nicht anwendbar, da Geschäftsfähigkeitsstatut und Ortsrecht sich nach einer Rechtsordnung bestimmen. Eine Beschränkung ausländischer Entmündigungen erfolgt hier durch die Regeln der Anerkennung und nicht durch Art. 12 EGBGB.

b) Schließt dagegen ein in Frankreich unter "tutelle des majeurs" stehender Franzose im Inland einen Vertrag, so kann sich sein inländischer Vertragspartner grundsätzlich auf Art. 12 S. 1 EGBGB berufen. Der französische Staatsangehörige ist gemäß Art. 502 C.c. geschäftsunfähig, sofern ihm nicht durch das Gericht die Fähigkeit zur Vornahme bestimmter Rechtsgeschäfte gemäß Art. 510 C.c. belassen wurde.
Mit Einführung des Betreuungsrechts ist im Inland aber die Entziehung der Geschäftsfähigkeit durch Entmündigung nicht mehr möglich. Doch auch nach dem neuen Betreuungsrecht kann dem Betroffenen, soweit dies erforderlich ist, ein Betreuer bestellt werden, dessen Aufgabenkreis die gesamte Vermögenssorge umfaßt. Gleichzeitig kann, soweit dies erforderlich ist, für den gesamten Aufgabenkreis ein Einwilligungsvorbehalt angeordnet werden. In einem solchen Fall kann der Betroffene gemäß § 1903 Abs. 3 BGB nur wirksam Willenserklärungen abgeben, die ihm lediglich einen rechtlichen Vorteil bringen, denn auch die Fähigkeit, Rechtsgeschäfte des täglichen Lebens selbständig und vollwirksam vorzunehmen, kann dem Betroffenen gemäß § 1903 Abs. 3 S. 2 BGB entzogen werden.

Ein weitergehender Vertrauensschutz dahingehend, daß nach den Grundsätzen des neuen Betreuungsrechts der Einwilligungsvorbehalt nur ausnahmsweise und nicht in der Regel angeordnet werden soll[32] und damit ein inländischer Geschäftspartner auf das Nichtvorliegen eines Einwilligungsvorbehalts vertrauen könnte, besteht nicht[33]. Auch im Rechtsverkehr mit deutschen Staatsangehörigen müßte der Ge-

[32] BT-Drucks. 11/4528, S. 63 f., 137.
[33] Fischer, Vertrauensschutz im internationalen Vertragsrecht, § 8 III 1 c, S. 129 f; Oelkers, Internationales Betreuungsrecht, § 5 A IV 1a, S. 303.

schäftspartner damit rechnen, daß sein Gegenüber unter Betreuung mit Einwilligungsvorbehalt steht.

Anderes gilt nur, wenn der ausländische Staatsangehörige aus einem Grund entmündigt bzw. ihm die Geschäftsfähigkeit entzogen wurde, aus dem nach deutschem Recht ein Einwilligungsvorbehalt nicht angeordnet werden dürfte. Dies ist ebenso bei nur körperbehinderten Personen der Fall[34]. In einem solchen Fall darf der inländische Geschäftspartner auf die Geschäftsfähigkeit der anderen Partei gemäß Art. 12 S. 1 EGBGB vertrauen. Das Rechtsgeschäft ist danach nicht wegen fehlender Geschäftsfähigkeit unwirksam.

IV. Art. 12 EGBGB und gesetzliche Vertretung

1. Anwendbarkeit des Art. 12 EGBGB auf Mängel bei der gesetzlichen Vertretung

Die analoge Anwendbarkeit des Art. 12 EGBGB auf die Fälle der gesetzlichen Vertretung wird zu Recht befürwortet[35]. Eine Einordnung der gesetzlichen Vertretung unter den Begriff der "Handlungsfähigkeit" scheidet schon aufgrund der Entstehungsgeschichte des Art. 12 EGBGB aus. Zunächst war der jetzige Wortlaut des Art. 12 S. 1 EGBGB als Art. 12 Abs. 1 EGBGB im Entwurf zur Neuregelung des EGBGB vorgesehen, während in Art. 12 Abs. 2 S.1 EGBGB die Anwendbarkeit der Verkehrsschutzregel auf die Fälle der gesetzlichen Vertretung geregelt werden sollte[36]. Entsprechend dem Vorschlag des Rechtsausschusses[37] wurde Art. 12 Abs. 2 S. 1 EGBGB jedoch gestrichen und Art. 12 Abs. 1 EGBGB zu Art. 12 S. 1 EGBGB und Art. 12 Abs. 2 S. 2 EGBGB zu Art. 12 S. 2 EGBGB. Dies wurde damit begründet, daß Art. 12 EGBGB bei analoger Anwendung auf die Fälle der gesetzlichen Vertretung eine flexiblere Sachbehandlung erlaube[38].
Es bleibt somit kein Raum für eine Auslegung des Begriffes "Handlungsfähigkeit" im Sinne von Fähigkeit zur gesetzlichen Vertretung.

---

[34] BT-Drucks. 11/4528, S. 137; MünchKomm-Schwab, § 1903, Rz 7; Bienwald, Betreuungsrecht, § 1903, Rz 12; HK-BUR-Bauer, § 1903, Rz 21.
[35] S.o. I 1 c.
[36] BT-Drucks. 10/504, S. 49 f.
[37] BT-Drucks. 10/5632, S. 40 f.
[38] BT-Drucks. 10/5632, S. 40 f.

Zum einen entspricht dies nicht dem deutschen juristischen Sprachgebrauch, danach ist Handlungsfähigkeit der Oberbegriff für Geschäfts- und Deliktsfähigkeit[39]; zum anderen würde eine solche Auslegung dem Willen des Gesetzgebers widersprechen.

Die analoge Anwendung[40] des Art. 12 EGBGB auf Mängel der gesetzlichen Vertretung ist gerechtfertigt, da der Gesetzgeber hier bewußt eine Lücke gelassen hat, die durch analoge Anwendung des Art. 12 EGBGB geschlossen werden soll[41]. Zudem sind sich die Tatbestände in einer Weise ähnlich, die eine entsprechende Anwendung des Art. 12 EGBGB ermöglicht. Auch im Bereich der gesetzlichen Vertretung unterscheiden sich die einzelnen Rechtsordnungen wesentlich[42]. So gibt es zum Beispiel im anglo-amerikanische Rechtskreis das Rechtsinstitut der gesetzlichen Vertretung in der Form, die das deutsche Recht kennt, nicht. In anderen Rechtsordnungen, wie zum Beispiel in Frankreich, gibt es neben dem Vormundschaftsgericht als weiteres Kontrollorgan den Familienrat, "conseil de famille"[43]. Auch bestehen Unterschiede im Erfordernis vormundschaftsgerichtlicher Genehmigungen.

2. Konkrete Anwendung

Der Vertretungsmacht eines gesetzlichen Vertreters können aber verschiedenartige Grenzen gesetzt sein, so daß hier differenziert werden muß, wann und mit welchen Folgen ein Schutz des Rechtsverkehrs zu erfolgen hat.

---

[39] Soergel-Kegel, EGBGB, Art. 12, Rz 9; Erman-Hohloch, EGBGB, Art. 12, Rz 10; MünchKomm-Spellenberg, EGBGB, Art. 12, 30.

[40] Zu den Voraussetzung für die analoge Anwendung einer Norm vgl. Larenz, Methodenlehre der Rechtswissenschaft, S. 381 ff.; Engisch, Einführung in das juristische Denken, S. 146 ff.

[41] BT-Drucks. 10/5632, S. 40 f.

[42] Hierzu ausführlich: Fischer, Verkehrsschutz im internationalen Vertragsrecht, § 10 I 3, S. 187 m.w.N.

[43] Gemäß Art. 495 C.c. iVm Art. 407 C.c. hat das Vormundschaftsgericht auch bei der Erwachsenenvormundschaft zunächst den Familienrat zu bestellen und dieser wählt sodann gemäß Art. 495 C.c. iVm Art. 404 C.c. den Vormund aus; zur Kontrollfunktion s. z.B. Art. 496-2 C.c. und Art. 505 C.c.

a. Fehlen der gesetzlichen Vertretungsmacht

In einigen Ländern gibt es Formen der stellvertretenden Fürsorge, die nicht dazu führen, daß mit Anordnung einer Maßnahme die bestellte Hilfsperson auch zugleich gesetzlicher Vertreter des Betroffenen wird.

Zum Beispiel kann nach französischem Recht gemäß Art. 508 C.c. iVm Art. 490 C.c. für eine Person, die aufgrund geistiger Gebrechen in ihrer Willensbildung beeinträchtigt ist, eine Pflegschaft ("curatelle") durch das Vormundschaftsgericht angeordnet werden. In diesem Fall ist der Pfleger ("curateur") nur in Ausnahmefällen[44], wenn dies ausdrücklich vom Gericht angeordnet wurde, gesetzlicher Vertreter des Pfleglings. Im übrigen bedarf der Betroffene für alle Geschäfte, die nicht Erhaltungs- und Verwaltungsmaßnahmen sind, der Zustimmung des Pflegers[45]. Eine solche Pflegschaft wird im Inland anerkannt[46]. Schließt nun ein Pfleger nach französischem Recht in der Bundesrepublik Deutschland als Vertreter des Betroffenen, ohne daß der Ausnahmefall der gesetzlicher Vertretung vorliegt und ohne daß er durch den Betroffenen besonders bevollmächtigt ist, einen Vertrag, so stellt sich die Frage, ob sich sein Geschäftspartner in entsprechender Anwendung des Art. 12 S. 1 EGBGB auf das Vorliegen einer gesetzlichen Vertretungsmacht berufen kann.
Nach französischem Recht umfaßt der Wirkungskreis des Pflegers ("curateur") u.a. alle vermögensrechtlichen Angelegenheiten. Der Geschäftspartner durfte also darauf vertrauen, daß der Pfleger die entsprechende Vertretungsmacht zum Abschluß des Geschäftes hatte, da das deutsche Recht nur den Betreuer als gesetzlichen Vertreter des Betroffenen kennt. Der Vertrauensschutz ist jedoch dann nicht zu gewähren, wenn der Geschäftspartner wußte, daß der Pfleger seine Rechtsstellung mißbraucht.

b. Überschreiten der gesetzlichen Vertretungsmacht

Anders liegt der Fall, wenn die als gesetzlicher Vertreter des Betroffenen handelnde Person zwar gesetzlicher Vertreter ist, jedoch ihr Aufgabenkreis sich nicht auf das getätigte Geschäft erstreckt. Die Vertretungsmacht eines Betreuers wird nach deutschem Recht durch den Umfang des Aufgabenkreises begrenzt.

---

[44] Art. 512 C.c.
[45] Vgl. Ferid/Sonnenberger, Französisches Zivilrecht, Bd. III, 4 C 840, 4 C 834.
[46] S. hierzu Kapitel 3.

Wurde, um beim französischem Recht zu bleiben, durch ein französisches Gericht für einen französischen Staatsangehörigen wegen seiner geistigen Gebrechen gemäß Art. 492 C.c. iVm Art. 490 C.c. ein Vormundschaft ("tutelle") angeordnet, wurden gleichzeitig aber von der Vormundschaft gemäß Art. 501 C.c. Geschäfte des täglichen Lebens bis zu einem Wert von 500,- DM ausgenommen, so hat der Vormund ("tuteur") insoweit keine Vertretungsmacht.
Kauft nun der Vormund im Inland im Namen des Betroffenen eine Fahrrad für 300,- DM, so kann sich der Geschäftspartner nicht darauf berufen, er hätte auf die Vertretungsmacht vertraut.
Auch nach deutschem Recht hat ein Betreuer nur Vertretungsmacht im Rahmen seines Aufgabenkreises. Es kann also auch nach deutschem Recht niemand darauf vertrauen, daß ein Betreuer für sämtliche Angelegenheiten oder zumindest für alle vermögensrechtlichen Angelegenheiten Vertretungsmacht hat.

Gleiches gilt, wenn für einen schweizer Staatsangehörigen durch eine schweizer Vormundschaftsbehörde bzw. ein Vormundschaftsgericht[47] eine Verwaltungsbeiratschaft gemäß Art. 395 Abs. 2 ZGB angeordnet wurde. Auch diese wird im Inland anerkannt[48]. In diesem Fall hat der Beirat das Vermögen des Betroffenen zu verwalten und handelt in diesem Rahmen als gesetzlicher Vertreter des Betroffenen[49]. Schließt der Beirat nun im Inland im Namen des Betroffenen einen Vertrag, der nicht der Verwaltung des Vermögens unterfällt, wie z.B. der Kauf eines PKW, so fehlt ihm die Vertretungsmacht.
Aber auch nach deutschem Recht ist die Vertretungsmacht des Betreuers auf seinen Aufgabenkreis beschränkt. Ein Vertrauenstatbestand dahingehend, daß für vermögensrechtliche Rechtsgeschäfte Vertretungsmacht besteht, gibt es somit auch aufgrund deutschen Rechts nicht. Die analoge Anwendung des Art. 12 S. 1 EGBGB scheidet daher aus.

---

[47] Art. 397 Ab.s 1 ZGB iVm Art. 373 Abs. 1 ZGB iV mit den Zuständigkeitsbestimmungen der einzelnen Kantone.

[48] S. Kapitel 3.

[49] Sturm, Vormundschaftliche Hilfen für Betagte in Deutschland und in der Schweiz, S. 53.

c. Fehlen einer vormundschaftsgerichtlichen Genehmigung

Ein Rechtsgeschäft kann auch unwirksam sein, weil eine nach dem Recht des Anordnungsstaates erforderliche[50] vormundschaftsgerichtliche Genehmigung nicht erteilt wurde. Auch bei den Genehmigungstatbeständen unterscheiden sich die Rechtsordnungen. Nach einer Meinung unterfällt das Erfordernis einer vormundschaftsgerichtlichen Genehmigung nicht dem Verkehrsschutz nach Art. 12 EGBGB[51]. Dieser Meinung ist jedoch nicht zu folgen. Das Erfordernis der vormundschaftsgerichtlichen Genehmigung im Bereich der Vermögenssorge schränkt die gesetzliche Vertretungsmacht des Betreuers ein, indem bestimmte Rechtsgeschäfte der Überprüfung durch das Vormundschaftsgericht bedürfen. Dem steht nicht entgegen, daß die Genehmigung an sich ein Hoheitsakt ist, da seine Auswirkungen im privatrechtlichen Bereich liegen[52]. Die Einschränkung der Vertretungsmacht durch das Erfordernis einer vormundschaftsgerichtlichen Genehmigung unterfällt daher auch dem Verkehrsschutz im Sinne des Art. 12 EGBGB[53].

Wurde zum Beispiel in Frankreich für einen französischen Staatsangehörigen wegen seiner geistigen Gebrechen eine Vormundschaft ("tutelle") angeordnet, aber aufgrund des geringen Vermögens des Betroffenen gemäß Art. 499 C.c. nur ein Geschäftsführer ("gérand") durch das Vormundschaftsgericht bestellt, so kann dieser gemäß Art. 500 C.c. nur die Einkünfte des Betroffen einziehen, sie zum Unterhalt und zur Deckung des Lebensunterhalts verwenden, Unterhaltsverpflichtungen des Betroffenen erfüllen und verbleibende Überschüsse anlegen[54]. Für Rechtsgeschäfte, die darüber hinaus gehen, bedarf er der Genehmigung durch das Vormundschaftsgericht (Art. 500 Abs. 2 C.c.). Auch diese Unterform der Vormundschaft ist im Inland anzuerkennen[55].
Schließt nun ein "gérand" in der Bundesrepublik Deutschland einen Vertrag mit einem inländischen Geschäftsmann, so kann dieser auf die Vertretungsmacht des "gérand" im vermögensrechtlichen Bereich vertrauen. Ist für das zwischen den Parteien getätigte Geschäft nach deutschem Recht eine vormundschaftsgerichtliche Genehmigung nicht erforderlich,

---

[50] Nur hinsichtlich vermögensrechtlicher Genehmigung, vgl. Kapitel 3 II 8.
[51] Soergel-Kegel, EGBGB, Art. 12, Rz 16.
[52] Vgl. hierzu Kapitel 3 II 3.
[53] Ebenso Fischer, Verkehrsschutz im internationalen Vertragsrecht, § 10 I 3, S. 187.
[54] Ferid/Sonnenberger, Französisches Zivilrecht, Bd. III, 4 C 831.
[55] S. Kapitel 3.

so ist das Rechtsgeschäft trotz der fehlenden Genehmigung in entsprechender Anwendung des Art. 12 Abs. 1 EGBGB wirksam.

V. Zusammenfassung

1. Art. 12 EGBGB greift nur ein, wenn die in ihrer Geschäftfähigkeit beschränkte oder geschäftsunfähige Partei nicht die Staatsangehörigkeit des Staates besitzt, in dem das Rechtsgeschäft vorgenommen wird.

2. Bei einer anzuerkennenden ausländischen Entmündigung eines Ausländers kann sich der Geschäftspartner bei der Vornahme eines Rechtsgeschäfts im Inland nur dann auf die Geschäftsfähigkeit des ausländischen Staatsangehörigen gemäß Art. 12 EGBGB berufen, wenn das vorgenommene Rechtsgeschäft für diesen lediglich rechtlich vorteilhaft ist bzw. dieser nur aufgrund einer körperlichen Behinderung nach seinem Heimatrecht in seiner Geschäftsfähigkeit beschränkt ist.

3. Bei Mängeln der gesetzlichen Vertretungsmacht ist Art. 12 EGBGB analog anwendbar.

a) Hat eine nach ausländischem Recht zur Fürsorge bestellte Person, deren Stellung der eines Betreuers nach deutschem Recht entspricht, nach dem fremden Recht keine gesetzliche Vertretungsmacht, so kann sich der inländische Geschäftspartner in entsprechender Anwendung des Art. 12 EGBGB auf das Vorliegen einer entsprechende Vertretungsmacht eines deutschen Betreuers berufen.

b) Handelt ein nach fremdem Recht bestellter gesetzlicher Vertreter im Inland, liegt jedoch das Rechtsgeschäft nicht in dem ihm übertragenen Aufgabenkreis, so ist Art. 12 EGBGB nicht entsprechend anwendbar.

c) Der Geschäftspartner eines nach ausländischem Recht bestellten gesetzlichen Vertreters kann sich auch dann in entsprechender Anwendung des Art. 12 EGBGB auf die Wirksamkeit des Rechtsgeschäfts berufen, wenn nach dem fremden Recht das Rechtsgeschäft zur Wirksamkeit einer Genehmigung des Vormundschaftsgerichts oder einer sonstigen Institution bedurft hätte.

Kapitel 5: Zusammenfassung der wesentlichen Ergebnisse

Die vorstehende Untersuchung hat gezeigt, daß die Grundsätze, die das Betreuungsrecht im Inland beherrschen, nicht ohne Auswirkung auf das internationale Privatrecht sind. Auch bei der Bestimmung des anwendbaren Rechts kommt der Person des Betroffenen und ihren Interessen besondere Bedeutung zu.

Im folgenden werden nun kurz die wesentlichen Ergebnisse der vorgehenden Kapitel zusammenfassend dargestellt:

1) Unter Betreuung im Sinne von Art. 24 EGBGB sind alle fürsorgenden Maßnahmen der Gerichte oder sonstiger entsprechender staatlicher Stellen zu verstehen, die sich auf Erwachsene beziehen, ungeachtet ihrer Auswirkung auf die Geschäftsfähigkeit des Betroffenen.

2) Die Voraussetzungen und Wirkungen einer Entmündigung, d.h. der Entziehung der Geschäftsfähigkeit durch staatlichen Hoheitsakt, unterliegen nicht Art. 24 EGBGB, sondern bestimmen sich gemäß Art. 7 EGBGB nach dem Heimatrecht des Betroffenen.
Art. 6 EGBGB steht dabei der Anwendung ausländischer Normen, die eine Entmündigung betreffen, nicht grundsätzlich entgegen. Ebenso fehlt es für ihre Anwendung nicht an der wesenseigenen Zuständigkeit deutscher Gerichte.

3) Die Regelungen über einen Verfahrenspfleger sind dem Verfahrensrecht zuzuordnen und unterliegen daher der lex fori.

4) a) Unter Entstehung, Änderung und Ende einer Betreuung im Sinne von Art. 24 Abs. 1 EGBGB fallen neben den Bestimmungen über die Anordnung und Aufhebung einer Betreuung (§§ 1896, 1908 d BGB) auch die Regelungen über die Bestimmung und Änderung des Aufgabenkreises des Betreuers (§ 1896 Abs. 2 S. 1 BGB), über die Auswahl des Betreuers (§§ 1897 - 1900 BGB), über die Übernahmepflicht des Betreuers (§ 1898 BGB) und über die Anordnung, Änderung und Aufhebung eines Einwilligungsvorbehalts (§§ 1903, 1908 d BGB).

b) Art. 24 Abs. 3 EGBGB erfaßt dagegen als Inhalt einer Betreuung die Regelungen über das Erfordernis vormundschaftsgerichtlicher Genehmigungen, da diese Beschränkungen der Vertretungsmacht des Betreuers beinhalten, (§§ 1904 - 1907 BGB, § 1908 i Abs. 1 S. 1 BGB iVm §§ 1805

- 1821, 1822 Nr. 1-4, 6-13, 1823 - 1825, 1828 - 1831 BGB). Ebenso zählen zum Inhalt einer Betreuung die Regelungen über die Verpflichtungen des Betreuers gegenüber dem Betreuten bzw. gegenüber Dritten, wie die Verpflichtung zur Berücksichtigung der Wünsche des Betreuten (§ 1901 Abs. 2 BGB), die Verpflichtung, alle Möglichkeiten der Besserung der Krankheit oder Behinderung wahrzunehmen (§ 1901 Abs. 3 BGB) und die Verpflichtung zur ordnungsgemäßen Vermögensverwaltung (§ 1908 i Abs. 1 S. 1 BGB iVm §§ 1802 Abs. 1 S. 1, Abs. 2, 3, 1803, 1805 - 1821 BGB, § 1908 i Abs. 2 S. 1 BGB iVm § 1804 BGB).
Zudem unterfallen dem Inhalt einer Betreuung die Rechte und Pflichten des Betreuers gegenüber dem Vormundschaftsgericht, wie die Verpflichtung zur Rechnungslegung (§ 1908 i Abs. 1 S. 1 BGB iVm § 1840 f. BGB), die Verpflichtung zur Auskunftserteilung über die persönlichen Verhältnisse des Betreuten (§ 1908 i Abs. 1 S. 1 BGB iVm § 1839 BGB), die Mitteilungspflichten gemäß §§ 1901 Abs. 4, 1903 Abs. 4, 1907 Abs. 2, 1906 Abs. 3 BGB sowie die Regelungen über die Gewährung von Aufwandsersatz und Vergütung gemäß § 1908 i Abs. 1 S. 1 BGB iVm §§ 1835 f. BGB.

c) Die Haftung des Betreuers aus Pflichtverletzung unterliegt dagegen dem Deliktsstatut. Dieses ist aber wegen der bestehende Sonderverbindung zwischen Betreuer und Betreutem akzessorisch an das Recht des die Betreuung anordnenden Staates anzuknüpfen.

5) Bei Heilbehandlungen eines Betroffenen bestimmt das Deliktsstatut, das gegebenenfalls akzessorisch an den Behandlungsvertrag anzuknüpfen ist, ob eine Einwilligung des Betroffenen in die ärztliche Maßnahme erforderlich ist.

Die Einwilligungsfähigkeit des Betroffenen unterliegt dagegen dem Personalstatut und damit dem Heimatrecht des Betroffenen. Ebenso bestimmt dieses die Folgen der Einwilligungsunfähigkeit und die Möglichkeit der Vertretung.

Die Voraussetzungen für die Bestellung eines gesetzlichen Vertreters bestimmen sich dagegen nach dem von Art. 24 Abs. 1 EGBGB berufenen Recht.

6) Die Sterilisation einer Betroffenen unterliegt als Sonderfall einer medizinischen Behandlung den gleichen Grundsätzen wie die Heilbehandlung mit dem Unterschied, daß sich die Voraussetzung für die Zulässigkeit der

Sterilisation eines einwilligungsunfähigen Betreuten nach dessen Heimatrecht richten.

7) Die Bestellung eines Betreuers mit dem Aufgabenkreis der Unterbringung des Betreuten unterliegt Art. 24 Abs. 1 BGB; die Voraussetzungen für die Erteilung einer entsprechenden vormundschaftsgerichtlichen Genehmigung unterliegen dagegen dem nach Art. 24 Abs. 3 EGBGB berufenen Recht.

8) Art. 24 Abs. 1 S. 2 EGBGB ist als Ausnahmevorschrift zu Art. 24 Abs. 1 S. 1 EGBGB zu verstehen. Er findet nur Anwendung, wenn das Heimatrecht des Betroffenen nicht oder nur schwer zu ermitteln ist oder eine Bindung des Betroffenen an seinen Heimatstaat bis auf die Staatsangehörigkeit nicht mehr besteht.

9) Die Anerkennung der Gestaltungswirkung als materiell-rechtliche Entscheidungswirkung einer Entscheidung auf dem Gebiet des Betreuungsrechts bestimmt sich nach den Regeln des internationalen Privatrechts.

10) Die Anerkennung ausländischer Entmündigungen ist trotz der Abschaffung der Entmündigung im Inland nicht grundsätzlich ausgeschlossen. Die Anerkennung erfolgt gemäß Art. 7 EGBGB.

Eine ausländische Entmündigung eines deutschen Staatsangehörigen kann grundsätzlich anerkannt werden. Da aber im deutschen Recht § 104 Nr. 3 BGB aufgehoben wurde, entfaltet diese Entscheidung im Inland keine entmündigende Wirkung. Für den Betroffenen ist gegebenenfalls im Inland ein Betreuer nach den allgemeinen Grundsätzen des Betreuungsrechts zu bestellen.

11) Die Anerkennung ausländischer betreuungsrechtlicher Entscheidungen mit gestaltender Wirkung bestimmt sich nach Art. 24 EGBGB. Ausländische vormundschaftsgerichtliche Genehmigungen werden gemäß Art. 24 Abs. 3 EGBGB anerkannt.

12) Prinzipiell greift Art. 12 EGBGB nur ein, wenn die in ihrer Geschäftsfähigkeit beschränkte oder geschäftsunfähige Partei nicht die Staatsangehörigkeit des Staates besitzt, in dem das Rechtsgeschäft vorgenommen wird.

a) Der Geschäftspartner eines im Ausland entmündigten fremden Staatsangehörigen kann sich nur dann gemäß Art. 12 EGBGB auf dessen Geschäftsfähigkeit berufen, wenn das vorgenommene Rechtsgeschäft für den Entmündigten lediglich rechtlich vorteilhaft ist oder dieser nur aufgrund einer körperlichen Behinderung in seiner Geschäftsfähigkeit beschränkt ist.

b) Fehlt einer zur Fürsorge bestellten Person die gesetzliche Vertretungsmacht, so kann sich der inländische Geschäftspartner in entsprechender Anwendung des Art. 12 EGBGB auf das Vorliegen der Vertretungsmacht, wie sie ein Betreuer nach deutschem Recht hätte, berufen.

c) Handelt ein ausländischer gesetzlicher Vertreter außerhalb seines Aufgabenkreises, so findet Art. 12 EGBGB keine Anwendung.

d) Wäre nach ausländischem Recht für ein im Inland abgeschlossenes Rechtsgeschäft eine vormundschaftsgerichtliche Genehmigung erforderlich, so kann sich der Geschäftspartner in entsprechender Anwendung des Art. 12 EGBGB auf die Wirksamkeit des Rechtsgeschäfts berufen.

Literaturverzeichnis

Arens Peter	Prozeßrecht und materielles Recht, AcP 173 (1973), S. 250 - 271.
v. Bar Christian	Internationales Privatrecht, - Band I: Allgemeiner Teil, München Beck 1987. - Band II: Besonderer Teil, München: Beck 1991.
Berghmans Ron	Netherlands, in: Informed Consent in Psychiatry: European Perspectives of Ethics, Law and Clinical Practice, hrsg. v. Hans-Georg Koch, Stella Reiter-Theil, Hanfried Helmchen, Baden-Baden: Nomos 1996 (Medizin in Recht und Ethik; 33), S. 197 - 229.
Bienwald Werner	Betreuungsrecht: Gesetz zur Reform des Rechts der Vormundschaft und Pflegschaft für Volljährige (Betreuungsgesetz - BtG), 2.Auflage, Bielefeld: Gieseking 1994.
ders.	Vormundschafts-, Pflegschafts- und Betreuungsrecht in der sozialen Arbeit, 3. Auflage, Heidelberg: Decker und Müller 1992.
Böhmer Christof	Das Betreuungsgesetz und seine Bedeutung für die Tätigkeit des Standesbeamten, StAZ 1992, S. 65 - 70.
ders.	Die Rechtfertigungsgründe bei den unerlaubten Handlungen im deutschen internationalen Privatrecht, Diss. Univ. Erlangen-Nürnberg 1962.

Boelck Stefanie — Reformüberlegungen zum Haager Minderjährigenschutzabkommen von 1961, Tübingen: Mohr 1994 (Studien zum ausländischen und internationalen Privatrecht; 41), zugl. Diss. Univ. Hamburg 1994.

Brehm Wolfgang — Freiwillige Gerichtsbarkeit, 2. Auflage, Stuttgart, München, Hannover, Berlin, Weimar: Boorberg 1993.

Bruder Jens — Empfiehlt es sich, das Entmündigungsrecht, das Recht der Vormundschaft und der Pflegschaft über Erwachsene sowie das Unterbringungsrecht neu zu ordnen?, Gutachten C (Medizinisches Teilgutachten) für den 57. Deutschen Juristentag Mainz 1988, München: Beck 1988.

Bumiller Ursula, Winkler Karl — Freiwillige Gerichtsbarkeit: Gesetz über die Angelegenheiten der freiwilligen Gerichtsbarkeit, 6. Auflage, München: Beck 1995 (Beck´scher Kurzkommentar; 33), (zitiert: Bumiller/Winkler-Bearbeiter).

Bydlinski Franz — Juristische Methodenlehre und Rechtsbegriff, 2.Auflage, Wien/New York: Springer 1991.

Canaris Claus-Wilhelm — Verstöße gegen das verfassungsrechtliche Übermaßverbot im Recht der Geschäftsfähigkeit und im Schadensrecht, JZ 1987, S. 993 - 1004.

ders. — Zur Problematik von Privatrecht und verfassungsrechtlichem Übermaßverbot: Ein Schlußwort zu den vorstehend abgedruckten Erwiderungen von Ramm und Wieser, JZ 1988, S. 494 - 499.

Coester Michael — Von anonymer Verwaltung zu persönlicher Betreuung - Zur Reform des Vormundschafts- und Pflegschaftsrechts für Volljährige, Jura 1991, S. 1 - 9.

Coester-Waltjen Dagmar — Internationales Beweisrecht: Das auf den Beweis anwendbare Recht in Rechtsstreitigkeiten mit Auslandsbezug, belsbach: Gremer 1983 (Münchener Universitätsschriften, Juristische Fakultät, Abhandlungen zur rechtswissenschaftlichen Grundlagenforschung; 53).

Deutsch Erwin — Das Internationale Privatrecht der Arzthaftung, in: Konflikt und Ordnung: Festschrift für Murad Ferid zum 70. Geburtstag, hrsg. v. Andreas Heldrich, Dieter Henrich, Hans-Jürgen Sonnenberger, München: Beck 1978, S. 117 - 135.

Dölle Hans — Über einige Kernprobleme des internationalen Rechts der Freiwilligen Gerichtsbarkeit, RabelsZ 27 (1962/63), S. 201 - 244.

ders. — Die sachliche Rechtskraft der Gestaltungsurteile, ZZP 62 (1941), S. 281 - 293.

Dörner Heinrich — Qualifikation im IPR - ein Buch mit sieben Siegeln?, StAZ 1988, S. 345 - 352.

Ehricke Ulrich — Auswirkungen der Europäischen Menschenrechtskonvention auf das deutsche Kollisionsrecht, EuGRZ 1993, S. 113 - 118.

v. Eicken Barbara, Ernst Ellen, Zenz Gisela
Fürsorglicher Zwang: Eine Untersuchung zur Legitimation von Freiheitsbeschränkungen und Heilbehandlungen in Einrichtungen für psychisch Kranke, für geistig behinderte und für alte Menschen, Köln: Bundesanzeiger 1990 (Rechtstatsachenforschung).

Engel Christoph
Ausstrahlung der Europäischen Menschenrechtskonvention auf das Kollisionsrecht, RabelsZ 53 (1989), S. 3 - 51.

Engisch Karl
Einführung in das juristische Denken, 8.Auflage, Stuttgart/Berlin/Köln: Kohlhammer 1983 (Urban-Taschenbücher, Band 20).

Enßlin Joachim
Die Anerkennung ausländischer Akte freiwilliger Gerichtsbarkeit, Diss. Univ. München 1971.

Erman Walter
Handkommentar zum Bürgerlichen Gesetzbuch, 9.Auflage, Münster: Aschendorff 1993 (zitiert: Erman-Bearbeiter).

Eser Albin, v. Lutterotti Markus, Sporken Paul
Lexikon Medizin, Ethik, Recht: Darf die Medizin, was sie kann?: Information und Orientierung, Freiburg, Basel, Wien: Herder 1992 (zitiert: Lexikon Medizin, Ethik, Recht-Bearbeiter).

Fagot-Largeault — France, in: Informed Consent in Psychiatry: European Perspectives of Ethics, Law and Clinical Practice, hrsg. v. Hans-Georg Koch, Stella Reiter-Theil, Hanfried Helmchen, Baden-Baden: Nomos 1996 (Medizin in Recht und Ethik; 33), S. 67 - 96.

Ferid Murad, Sonnenberger Hans-Jürgen — Das französische Zivilrecht, 2. Auflage, Heidelberg: Verlag Recht und Wirtschaft 1987, Bd. III: Familien- und Erbrecht.

Ferid Murad — Internationales Privatrecht - Das neue Recht: Ein Leitfaden für Praxis und Ausbildung, 3. Auflage, Frankfurt a.M.: Metzner 1986.

Firsching Karl, Ruhl Werner — Familienrecht: 2. Halbband: Vormundschafts- und Betreuungsrecht sowie andere Rechtsgebiete der freiwilligen Gerichtsbarkeit, 5. Auflage, München: Beck 1992 (Handbuch der Rechtspraxis; 5).

Fischer Gerfried — Verkehrsschutz im internationalen Vertragsrecht, Köln, Berlin, Bonn, München: Heymann 1990.

Flessner Axel — Interessenjurisprudenz im internationalen Privatrecht, Tübingen: Mohr 1990 (Beiträge zum ausländischen und internationalen Privatrecht; 53).

Frankenstein Ernst — Internationales Privatrecht (Grenzrecht), Berlin: Rothschild 1926, Band I und IV.

Geimer Reinhold, Schütze Rolf A.
Internationale Urteilsanerkennung, Band I, 2. Halbband: Allgemeine Grundsätze und autonomes deutsches Recht systematischer Kommentar, München: Beck 1984.

Geimer Reinhold — Internationales Zivilprozeßrecht, 3. Auflage, Köln: O. Schmidt 1997.

ders. — Anerkennung ausländischer Entscheidungen in Deutschland, München: Beck 1995.

ders. — Anerkennung ausländischer Entscheidungen auf dem Gebiet der freiwilligen Gerichtsbarkeit, in: Festschrift für Murad Ferid zm 80. Geburtstag am 11. April 1988, hrsg. v. Andreas Heldrich, Hans-Jürgen Sonnenberger, Frankfurt a.M.: Verlag für Standesamtswesen 1988, S. 89 - 130.

Gernhuber Joachim, Coester-Waltjen Dagmar
Familienrecht, 4.Auflage, München: Beck 1994.

Gottwald Peter — Grundfragen der Anerkennung und Vollstreckung ausländischer Entscheidungen in Zivilsachen, ZZP 103 (1990), S. 257 - 293.

Grundmann Stefan — Qualifikation gegen die Sachnorm: Deutsch-portugiesische Beiträge zur Autonomie des internationalen Privatrechts, München: Beck 1984 (Münchner Universitätsschriften; 61).

Habicht Hermann — Internationales Privatrecht nach dem Einführungsgesetze zum Bürgerlichen Gesetzbuche, Berlin: J. Guttentag, Verlagsbuchhandlung 1907.

Habscheid Walter J. — Freiwillige Gerichtsbarkeit: ein Studienbuch, 7. Auflage, München: Beck 1983.

Harries Heinrich — Das deutsche internationale Entmündigungsrecht, Diss. Univ. Göttingen 1955.

Hassemer Winfried — Rechtssystem und Kodifikation: Die Bindung des Richters an das Gesetz, in: Einführung in die Rechtsphilosophie und Rechtstheorie der Gegenwart, hrsg. v. Arthur Kaufmann, Winfried Hassemer, 6. Auflage, Heidelberg: Müller 1994, S. 248 - 268.

Hausmann Rainer — Die kollisionsrechtlichen Schranken der Gestaltungskraft von Scheidungsurteilen: Eine rechtsvergleichende Untersuchung zur Abgrenzung von Internationalem Privat- und Verfahrensrecht auf dem Gebiet der Urteilswirkungen, München: Beck 1980, zugl. Diss. Univ. München 1980.

Heldrich Andreas — Internationale Zuständigkeit und anwendbares Recht, Berlin: de Gruyter 1969, (Beiträge zum ausländischen und internationalen Privatrecht; 36).

Hellwig Konrad — Wesen und subjektive Begrenzung der Rechtskraft: Eine prozessuale Abhandlung mit Beiträgen zum bürgerlichen Recht, insbesondere zur Lehre von der Rechtsnachfolge und der Verfügungsmacht des Nichtberechtigten, Leipzig: Deichert 1901.

Henrich Dieter — Familienrecht, 5.Auflage, Berlin/New York: de Gruyter 1995.

ders. Elterliche Sorge in den islamischen Rechten und ordre public, IPRax 1993, S. 81 - 83.

ders. Die Bedeutung der Grundrechte bei der Anwendung fremden Rechts, RabelsZ 36 (1972), S. 2 - 18.

ders. Wann verbietet der deutsche ordre public die Anwendung ausländischen Rechts?, StAZ 1966, S. 301 - 308.

Heyn Hanns-Christian Die "Doppel-" und "Mehrfachqualifikation" im IPR, Frankfurt a. Main: Metzner 1986 (Arbeiten zur Rechtsvergleichung; 128).

Holzhauer Heinz Wann verbietet der deutsche ordre public die Anwendung ausländischen Rechts?, StAZ 1966, S. 301 - 308.

ders. Empfiehlt es sich, das Entmündigungsrecht, das Recht der Vormundschaft und der Pflegschaft über Erwachsene sowie das Unterbringungsrecht neu zu ordnen?, Gutachten B (Juristische Teilgutachten) für den 57. Deutschen Juristentag Mainz 1988, München: Beck 1988.

Jayme Erik Methoden der Konkretisierung des ordre public im Internationalen Privatrecht: Vortrag 21. Januar 1988, Heidelberg: Müller 1989 (Schriftenreihe / Juristische Studiengesellschaft Karlsruhe; 183).

Katzenmeier Christian Ein Sondertatbestand der eigenmächtigen Heilbehandlung, ZRP 1997, S. 156 - 161.

Kahn Franz Abhandlungen zum Internationalen Privatrecht, hrsg. v. Otto Lenel, Hans Lewald, Leipzig: v. Duncker und Humblot, Band I.

Kegel Gerhard — Internationales Privatrecht: ein Studienbuch, 7.Auflage, München: Beck 1995
(zitiert: Kegel, Internationales Privatrecht).

ders. — Internationales Privatrecht: ein Studienbuch, 6.Auflage, München: Beck 1987
(zitiert: Kegel, Internationales Privatrecht (6.Auflage)).

ders. — Zur Reform des internationalen Vormundschafts- und Pflegschaftsrechts, in: Vorschläge und Gutachten zur Reform des deutschen internationalen Personen-, Familien- und Erbrechts, Tübingen: Mohr 1981, (Materialien zum ausländischen und internationalen Privatrecht; 30).

Keidel Theodor — Freiwillige Gerichtsbarkeit: Band 1: A. Kommentar zum Gesetz über die Angelegenheiten der freiwilligen Gerichtsbarkeit, 12. Auflage, München: Beck 1992
(zitiert: Keidel-Bearbeiter).

Kemper Rainer — Das Betreuungsrecht in der gerichtlichen Praxis: Übersicht über die von Juni 1992 bis Juni 1994 veröffentlichte Rechtssprechung, FuR 1994, S. 267 - 276.

Klie Thomas — Heidelberger Kommentar zum Betreuungs- und Unterbringungsrecht: HK-BUR, Heidelberg: Müller, Stand Oktober 1996
(zitiert: HK-BUR/Bearbeiter).

Kohler J. — Der Prozeß als Rechtsverhältnis: Prolegomena zu einem System des Civilprozesses, Mannheim: Benheimer 1888.

Kollmer Norbert — Selbstbestimmung im Betreuungsrecht, München: VVF 1992, (Rechtswissenschaftliche Forschung und Entwicklung; 354), zugl. Diss. Univ. Regensburg 1992.

Kropholler Jan — Internationales Privatrecht: auf der Grundlage des Werkes von Paul Heinrich Neuhaus: Die Grundbegriffe des internationalen Privatrechts, 2.Auflage, Tübingen: Mohr 1994 (zitiert: Kropholler, Internationales Privatrecht).

ders. — Gedanken zur Reform des Haager Minderjährigenschutzabkommen, RabelsZ 58 (1994), S. 1 - 19.

ders. — Internationales Privatrecht: auf der Grundlage des Werkes von Paul Heinrich Neuhaus: Die Grundbegriffe des internationalen Privatrechts, 1.Auflage, Tübingen: Mohr 1990 (zitiert: Kropholler, Internationales Privatrecht (1.Aufl.)).

Kuhlmann Jens-Michael — Einwilligung in die Heilbehandlung alter Menschen, Frankfurt a.M., Berlin, Bern, New York, Paris, Wien: Lang 1996 (Recht & Medizin; 36), zugl. Diss. Univ. Freiburg (Breisgau).

Lachwitz Klaus — Menschen mit geistiger Behinderung im Spannungsfeld zwischen Selbst- und Fremdbestimmung, BtPrax 1995, S. 114 - 121.

ders. Das neue Betreuungsrecht - Perspektiven für Menschen mit geistiger Behinderung, FuR 1990, S. 266 - 271.

Larenz Karl Methodenlehre der Rechtswissenschaft, 6.Auflage, Berlin/Heidelberg/New York/London/Paris/Tokio/Hong Kong/Barcelona/Budapest: Springer 1991 (Enzyklopedie der Rechts- und Staatswissenschaft).

Laufs Adolf Arztrecht,5. Auflage, München: Beck 1993, (Schriftenreihe der Neuen Juristischen Wochenschrift; 29).

Lent Friedrich Die sachliche Rechtskraft der Gestaltungsurteile, ZZP 61 (1939), S. 279 - 312.

Levis Otto Das internationale Entmündigungsrecht des Deutschen Reiches, Leipzig: Hirschfeld 1906.

Looschelders Dirk Die Anpassung im Internationalen Privatrecht: zur Methodik des Rechtsanwendung im Fällen mit wesentlicher Verbindung zu mehreren nicht miteinander harmonischen Rechtsordnungen, Heidelberg: C.F. Müller 1995 (Mannheimer rechtswissenschaftliche Abhandlungen; 19).

Lüke Gerhard Münchener Kommentar zur Zivilprozeßordnung: mit Gerichtsverfassungsgesetz und Nebengesetzen, Band 1: §§ 1 - 354, München: Beck 1992 (zitiert: MünchKommZPO-Bearbeiter).

Lüderitz Alexander	Anknüpfung im Parteiinteresse, Festschrift für Gerhard Kegel: Internationales Privatrecht und Rechtsvergleichung im Ausgang des 20.Jahrhunderts: Bewährung oder Wende?, hrsg. v. Alexander Lüderitz, Jochen Schröder, Frankfurt a. Main: Metzner 1977, S. 31 - 54.
ders.	Rechtsfähigkeit, Geschäftsfähigkeit und Entmündigung natürlicher Personen, in: Vorschläge und Gutachten zur Reform des deutschen internationalen Personen- und Sachenrechts, hrsg. v. Wolfgang Lauterbach, Tübingen: Mohr 1972 (Materialien zum ausländischen und internationalen Privatrecht; 16), S. 32 - 76.
Makarov Alexander	Theorie und Praxis der Qualifikation, Festschrift für Hans Dölle: Vom Deutschen zum Europäischen Recht, hrsg. v. Ernst von Caemerer, Arthur Nitsch, Konrad Zweigert, Tübingen: Mohr 1963, Band II, S. 149 - 178.
Mansel Heinz-Peter	Personalstatut, Staatsangehörigkeit und Effektivität: internationalprivat- und verfassungsrechtliche Untersuchung zur Mehrstaatern, einer Ausweichklausel für die Staatsangehörigkeitsanknüpfung und zum innerdeutschen Kollisionsrecht, München: Beck 1987, (Münchner Universitätschriften: Reihe der Juristischen Fakultät; 70).

ders. Kollisionsrechtliche Bemerkungen zu Arzthaftungsprozeß, in: Einheit in der Vielfalt: Prof. Dr. Hermann Weitnauer zum 75. Geburtstag, hrsg. v. Heinz-Peter Mansel, Franz Scheuder, Bernd G. Schober, Heidelberg: Universität Heidelberg 1985, S. 33 - 80.

Martiny Dieter Anerkennung ausländischer Entscheidungen nach autonomen Recht, in: Handbuch des Internationalen Zivilverfahrensrechts, hrsg. v. Max-Plank-Institut für Ausländisches und Internationales Privatrecht, Band III/1, Tübingen: Mohr 1984
(zitiert: Handbuch des Internationalen Zivilverfahrensrechts- Bearbeiter).

Martiny Dieter, Waehler Jan Peter
Anerkennung ausländischer Entscheidungen nach multilateralen Staatsverträgen, Anerkennung ausländischer Entscheidungen nach bilateralen Staatsverträgen, in: Handbuch des Internationalen Zivilverfahrensrechts, hrsg. v. Max-Planck-Institut für Ausländisches und Internationales Privatrecht, Band III/2, Tübingen: Mohr 1984
(zitiert: Handbuch des Internationales Zivilverfahrensrechts- Bearbeiter).

Matscher Franz Grundfragen der Anerkennung und Vollstreckung ausländischer Entscheidungen in Zivilsachen: aus österreichischer Sicht, ZZP 103, S. 294 - 321.

Mitzkus Frank | Internationales Zuständigkeit in Vormundschafts-, Pflegschafts- und Sorgerecht, Frankfurt a.M.: Verlag für Standesamtswesen 1982.

Müller W. | Das neue Betreuungsrecht - Auswirkungen auf die ärztliche Behandlung, DAVorm 1992, S. 151 - 154.

Nagel Heinrich | Geschichtlicher Überblick über die Entwicklung des internationalen Zivilverfahrensrechts: Offene Fragen und Aufgaben, in: Zeitgenössische Fragen des internationalen Zivilverfahrensrechts: Referate zur III. Münchener Ost-West-Rechtstagung 1972, hrsg. Reinhardt Maurach, Werner Schulz, Walther Rosenthal, Friedrich-Christian Schroeder, Tübingen, Basel: Erdmann 1972, (Studien des Instituts für Ostrecht, München; 24), S. 13 - 20.

Neuhaus Paul Heinrich | Die Grundbegriffe des internationalen Privatrechts, 2.Auflage, Tübingen: Mohr 1976 (Beiträge zum ausländischen und internationalen Privatrecht; 30).

ders. | Neue Wege im europäischen internationalen Privatrecht?, RabelsZ 35 (1971), S. 401 - 428.

Niederer Werner | Einführung in die allgemeinen Lehren des internationalen Privatrechts, Zürich: Polygraphischer Verlag 1954.

Niederländer Hubert | Materielles Recht und Verfahrensrecht im internationalen Privatrecht, RabelsZ 20 (1955), S. 1 - 51.

Niemeyer Th. — Das internationale Privatrecht des Bürgerlichen Gesetzbuchs, Berlin: J. Guttentag, Verlagsbuchhandlung 1901.

Nussbaum Arthur — Deutsches Internationales Privatrecht: Unter besonderer Berücksichtigung des österreichischen und schweizerischen Rechts, Tübingen: Mohr 1932.

Oberloskamp Helga — Vormundschaft, Pflegschaft und Vermögenssorge bei Minderjährigen, München: Beck 1990.

Oelkers Martina — Internationales Betreuungsrecht, Frankfurt a. Main/Berlin/Bern/New York/ Paris/Wien: Lang 1996 (Europäische Hochschulschriften: Reihe 2, Rechtswissenschaft; Bd. 1886), zugl. Diss. Univ. Osnabrück 1995.

Pagenstecher Max — Zur Geschäftsfähigkeit der Ausländer in Deutschland: Ein Beitrag zur Problematik des Art. 7 EGBGB, RabelsZ 15 (1949/50), S. 189 - 239.

ders. — Zur Lehre der materiellen Rechtskraft, Berlin: Vahlen 1905.

Palandt Otto — Bürgerliches Gesetzbuch, 55.Auflage, München: Beck 1996 (zitiert: Palandt- Bearbeiter).

ders. — Bürgerliches Gesetzbuch, 50. Auflage, München: Beck 1991 (zitiert: Palandt-Bearbeiter (50.Aufl.).

Pieroth Bodo — Die Verfassungsmäßigkeit der Sterilisation Einwilligungsunfähiger gemäß dem Entwurf für ein Betreuungsgesetz, FamRZ 1990, S. 117 - 124.

Pieroth Bodo, Schlink Bernhard
Grundrechte: Staatsrecht II, 12. Auflage, Heidelberg: Müller 1996 (Schwerpunkte; 14)

Pirrung Jörg
Internationales Privat- und Verfahrensrecht: nach dem Inkrafttreten der Neuregelung des IPR: Texte, Materialien, Hinweise, München, Münster: Bundesanzeiger und Verlag Franz Rehm 1987.

Pohl Kay-Thomas
Verfahrenspflegschaft,
- Teil 1, BtPrax 1992, S. 19 - 26.
- Teil 2, BtPrax 1992, S. 56 - 60.

Prantl Heribert
Im starken Staat kommt der Schwache zuletzt, BtPrax 1997, S. 3 - 6.

Rabel Ernst
Das Problem der Qualifikation, RabelsZ 5 (1931), S. 241 - 288.

Raape Leo, Sturm Fritz
Internationales Privatrecht, Bd. I: Allgemeine Lehren, 6. Auflage, München: Vahlen 1977.

Rebmann Kurt, Säcker Franz Jürgen
Münchener Kommentar zum Bürgerlichen Gesetzbuch:

- Band 1: Allgemeiner Teil (§§ 1 - 240), AGB-Gesetz, 3. Auflage, München: Beck 1993
(zitiert: MünchKomm- Bearbeiter).

- Band 5, Familienrecht
Halbband 2 (§§ 1589 - 1921), 2. Auflage, München: Beck 1987
(zitiert: MünchKomm- Bearbeiter (2. Aufl.).

- Band 8, Familienrecht II §§ 1589-1921, KJHG, 3.Auflage, München: Beck 1992
(zitiert: MünchKomm- Bearbeiter).

- Band 10, EGBGB, Internationales Privatrecht, 2.Auflage, München: Beck 1990
(zitiert: MünchKomm- Bearbeiter).

Reis Hans — Sterilisation bei mangelnder Einwilligungsfähigkeit, ZRP 1988, S. 318 - 322.

Rheinstein Max — Einführung in die Rechtsvergleichung, hrsg. v. Reiner v. Borries, 2.Auflage, München: Beck 1987 (Schriftenreihe der Juristischen Schulung, Heft 17).

Richardi Jörg — Die Anerkennung und Vollstreckung ausländischer Akte der freiwilligen Gerichtsbarkeit unter besonderer Berücksichtigung des autonomen Rechts, Konstanz: Hartung-Gorre 1991 (Konstanzer Schriften zur Rechtswissenschaft; 48), zugl. Diss. Univ. Konstanz 1991.

Rink Jürgen — Anforderungen an das Vormundschaftsgericht und die Vormundschaftsrichter aufgrund des Betreuungsgesetzes, FuR 1990, S. 253 - 265.

Rosenberg Leo, Schwab Karl Heinz, Gottwald Peter — Zivilprozeßrecht, 15. Auflage, München: Beck 1993.

Rosenberg Raben — Denmark, in: Informed Consent in Psychiatry: European Perspectives of Ethics, Law and Clinical Practice, hrsg. v. Hans-Georg Koch, Stella Reiter-Theil, Hanfried Helmchen, Baden-Baden: Nomos 1996 (Medizin in Recht und Ethik; 33), S. 3 - 28.

Saage Erwin, Göppinger Horst — Freiheitsentziehung und Unterbringung: materielles Recht und Verfahrensrecht: Kurzkommentar, 3. Auflage, München: Beck 1994(Beck´sche Kurzkommentare; 32), (zitiert: Saage/Göppinger-Bearbeiter).

Schack Heimo — Internationales Zivilverfahrensrecht: ein Studienbuch, 2. Auflage, München: Beck 1996.

Schäfer Irene — Die Anerkennung ausländischer Akte freiwilliger Gerichtsbarkeit: dargestellt an Entmündigung, Adoption und Legitimation, Diss. Univ. Mainz 1968.

Schlosser Peter — Gestaltungsklagen und Gestaltungsurteile, Bielefeld: Gieseking 1966, (Schriften zum Deutschen und Europäischen Zivil-, Handels- und Prozeßrecht; 39).

Schmidt Gerd — Handbuch der Freiwilligen Gerichtsbarkeit: mit zahlreichen Mustertexten, München: Rehm 1991.

Schrick Hans-Joachim — Die Entmündigung von Ausländern im Inland und die hierbei zu treffenden vorläufigen vormundschaftlichen Maßnahmen - aufgrund des deutschen IPR, Diss. Univ. Bonn 1979.

Schulte Bernd	Die "sozialstaatliche Umsetzung" des Betreuungsrechts, R & P 1991, S. 162 - 168.
Schwab Dieter	Das neue Betreuungsrecht - Bericht über die verabschiedete Fassung des Betreuungsgesetzes (BtG), FamRZ 1990, S. 681 - 693.
Schweitzer Karl-Heinz	Heilbehandlung und Selbstbestimmung: Zur Frage der Zulässigkeit ambulanter Zwangsbehandlung psychisch Kranker, FamRZ 1996, S. 1317 - 1324.
Schwimann Michael	Die Institution der Geschäftsfähigkeit - Ein Beitrag zu den Grundlagen der rechtsgeschäftlichen Privatautonomie, Wien: Manzsche Verlags- und Universitätsbuchhandlung 1965.
Schwind Fritz	Die funktionelle Anknüpfung im IPR, Festschrift für Wolfram Müller-Freienfels, hrsg. v. Albrecht Dieckmann, Baden-Baden: Nomos 1986, S. 547 - 558.
Siegert N.	Die Rechtskraftfähigkeit der Entscheidungen der freiwilligen Gerichtsbarkeit, ZZP 54 (1929), S. 434 - 450.
Siehr Kurt	Wechselwirkungen zwischen Kollisionsrecht und Sachrecht, RabelsZ 37 (1973), S. 466 - 484.

Soergel Hans Theodor, Siebert Wolfgang, Abraham Hans Jürgen
Bürgerliches Gesetzbuch: mit Einführungsgesetz und Nebengesetzen:

- Band 8, Einführungsgesetz, 11. Auflage, Stuttgart; Berlin; Köln: Kohlhammer 1984 (zitiert: Soergel-Bearbeiter (11. Aufl.), EGBGB).

- Band 1, Allgemeiner Teil §§ 1 - 240, Haustürwiderrufsgesetz, 12. Auflage, Köln: Kohlhammer 1988 (zitiert: Soergel- Bearbeiter).

- Band 8, Familienrecht II, §§ 1589 - 1921, Ehegesetz, Hausratsverordnung, 12. Auflage, Köln: Kohlhammer 1987 (zitiert: Soergel- Bearbeiter).

- Band 10, Einführungsgesetz, 12. Auflage, Stuttgart; Berlin; Köln: Kohlhammer 1996 (zitiert: Soergel-Bearbeiter, EGBGB).

Sonnenfeld Susanne
Betreuungs- und Pflegschaftsrecht, Bielefeld: Gieseking 1996 (FamRZ-Buch; 3).

v. Staudinger Julius
Staudingers Kommentar zum Bürgerlichen Gesetzbuch: mit Einführungsgesetz und Nebengesetzen:

- Buch 1: Allgemeiner Teil, §§ 164 - 240, 13. Auflage, Berlin: Sellier de Gruyter 1995 (zitiert: Staudinger-Bearbeiter).

- Einführungsgesetz: 2. Teil, Art. 7 - 31 (Internationales Privatrecht), 9. Auflage, München, Berlin, Leipzig: Schweitzer 1931
(zitiert: Raape-Staudinger, Internationales Privatrecht).

- Einführungsgesetz zum Bürgerlichen Gesetzbuch Art. 20 - 24 n.F. EGBGB, 12. Auflage, Berlin: Schweitzer de Gruyter 1988
(zitiert: Staudinger-Bearbeiter (12.Aufl.), EGBGB).

- Einführungsgesetz, Einleitung zu Art. 7 ff.; Art. 7, 8; § 12 VerschG; Internationales Gesellschaftsrecht; Art. 11, 12. Auflage, Berlin: Schweitzer de Gruyter 1984
(zitiert: Staudinger-Bearbeiter, EGBGB).

- Einführungsgesetz zum Bürgerlichen Gesetzbuch, IPR: Einleitung zum IPR; Art. 3 - 6 EGBGB (u.a.), 13. Auflage, Berlin: Sellier de Gruyter 1996
(zitiert: Staudinger-Bearbeiter, EGBGB).

- Einführungsgesetz zum Bürgerlichen Gesetzbuch, IPR: Kindschaftsrechtliche Übereinkommen, Art. 19 EGBGB, 13. Auflage, Berlin: Sellier de Gruyter 1994
(zitiert: Staudinger-Bearbeiter, EGBGB).

- Einführungsgesetz zum Bürgerlichen Gesetzbuch, IPR: Art. 20, 24 EGBGB, 13. Auflage, Berlin: Sellier de Gruyter 1996
(zitiert: Staudinger-Bearbeiter, EGBGB).

Stein Friedrich — Kommentar zur Zivilprozeßordnung:

- Band 2/I, §§ 253 - 299a, 20. Auflage, Tübingen: Mohr 1987.

- Band 2/II, §§ 300 - 510 b, 20.Auflage, Tübingen: Mohr 1989.
(zitiert; Stein/Jonas-Bearbeiter).

Stöcker Hans A. — Der internationale ordre public im Familien- und Familienerbrecht, RabelsZ 38 (1974), S. 79 - 127.

Stolz Konrad — Betreuungsgesetz: Umsetzungsdefizite im Bereich der Heilbehandlung und freiheitsentziehende Maßnahmen bei Heimbewohnern, FamRZ 1993, S. 642 - 645.

Sturm Gudrun — Vormundschaftliche Hilfen für Betagte in Deutschland und in der Schweiz, Freiburg, Schweiz: Universitätsverlag 1992, (Arbeiten aus dem Iuristischen Seminar der Universität Freiburg Schweiz; 114), zugl. Diss. Univ. Freiburg, Schweiz 1991.

Süß Theodor — Die Anerkennung ausländischer Urteile: Beiträge zum Zivilprozeßrecht: Festgabe zum siebzigsten Geburtstag von Leo Rosenberg: Sonderdruck, München, Berlin: Beck 1949.

Wahl Eduard — Zum internationalen Recht der freiwilligen Gerichtsbarkeit in Personen- und Familiensachen, RabelsZ 10 (1936), S. 40 - 52.

Weber Albrecht, Wienand Manfred
Zur Änderung des Betreuungsrechts: Der Entwurf eines Betreuungsrechts änderungsgesetzes im Überblick, FuR 1996, S. 241 - 248.

Weber Helmut
Die Theorie der Qualifikation: Franz Kahn, Etienne Bartin und die Entwicklung ihrer Lehre bis zur universalen Anerkennung der Qualifikation als allgemeines Problem des Internationalen Privatrechts (1890 - 1945), Tübingen: Mohr 1986 (Tübinger rechtswissenschaftliche Abhandlungen; 62).

Weber Jürgen, Lejeune Stefanie
Rechtliche Probleme des rheinland-pfälzischen Transplantationsgesetzes, NJW 1994, S. 2392 - 2397.

Wengler Wilhelm
Die Qualifikation der materiellen Rechtssätze im Internationalen Privatrecht, Festschrift für Martin Wolff: Beiträge zum Zivilrecht und internationalen Privatrecht, hrsg. v. Ernst v. Caemerer, Francis A. Mann, Walter Hallstein, Ludwig Raiser, Tübingen: Mohr 1952, S. 337 - 374.

Westman Per
Die schwedische vormundschaftsrechtliche Gesetzgebung im Wandel, FamRZ 1991, S. 520 - 524.

Wolff Martin
Das internationale Privatrecht Deutschlands, 3.Auflage, Berlin/Göttingen/Heidelberg: Springer 1954 (Enzyklopädie der Rechts- und Staatswissenschaft).

Zimmermann Walter — Das neue Verfahren in Betreuungssachen, FamRZ 1991, S. 270 - 279.

Zitelmann Ernst — Internationales Privatrecht, Bd. 2, München, Leipzig: Verlag v. Duncker & Humblot 1912.

Zöller Richard — Zivilprozeßordnung: mit Gerichtsverfassungsgesetz und den Einführungsgesetzen, mit internationalem Zivilprozeßrecht, Kostenanmerkungen, 20. Auflage, Köln: O.Schmidt 1996.

Zöllner Wolfgang — Materielles Recht und Prozeßrecht, AcP 190 (1990), S. 471 - 495.

Zurmühl Gustav — Die Rechtsgeschäfte der beschränkt Geschäftsfähigen, Emsdetten: Heinrich & J. Lechte 1933.